U0090767

中國學術思想 研究輯刊

十 編

林 慶 彰 主編

第 14 冊

兩漢黃老思想研究（下）

鄭 國 瑞 著

花木蘭文化出版社

國家圖書館出版品預行編目資料

兩漢黃老思想研究(下)／鄭國瑞 著 — 初版 — 台北縣永和市：
花木蘭文化出版社，2010〔民99〕
目 4+244 面；19×26 公分
（中國學術思想研究輯刊 十編；第 14 冊）
ISBN：978-986-254-343-6（精裝）
1. 黃老治術　2. 秦漢哲學
121.3　　　　　　　　　　　　　　　　　99016453

ISBN - 978-986-2543-43-6

9 789862 543436

中國學術思想研究輯刊
十 編 第十四冊　　　　　　　ISBN：978-986-254-343-6

兩漢黃老思想研究（下）

作　者	鄭國瑞
主　編	林慶彰
總 編 輯	杜潔祥
出　版	花木蘭文化出版社
發 行 所	花木蘭文化出版社
發 行 人	高小娟
聯絡地址	台北縣永和市中正路五九五號七樓之三
	電話：02-2923-1455／傳眞：02-2923-1452
網　址	http://www.huamulan.tw 信箱 sut81518@ms59.hinet.net
印　刷	普羅文化出版廣告事業
封面設計	劉開工作室
初　版	2010 年 9 月
定　價	十編 40 冊（精裝）新台幣 62,000 元

版權所有·請勿翻印

兩漢黃老思想研究（下）

鄭國瑞　著

目

次

第四章　兩漢黃老的養生思想

第一節　黃老以養生思想爲基礎

　　諸子之學都以治理天下爲最終目標，它是一種王術，而黃老思想的重心也是南面之術。但從總體來看，黃老道家爲了達到有效地長久地進行統治，不得不重視統治者個人的問題，認爲個人好壞常常是導致政治盛衰的關鍵，因此特別強調統治者應有的修養。〔註1〕《老子》說：「治人、事天莫若嗇。」〔註2〕提出治國與治身密切關聯。《呂氏春秋》說：「治身與治國，一理之術也。」〔註3〕又說：「凡事之本，必先治身。……成其身而天下成，治其身而天下治。」〔註4〕《列子》說：「養身治物之道。」〔註5〕王充也認爲：「黃老之操，身中

〔註1〕　再者，尊重生命，愛惜生命，尤其天地之間，人最爲貴，因此人的生命也最被珍視，這也是古代思想家最重視的課題。《詩經·小弁》：「天之生我，我辰安在？」《荀子·王制》：「水火有氣而無生，草木有生而無知，禽獸有生而無義；人生而有氣、有生、有知且有義，故爲天下貴也。」馬王堆出土醫書《養生方·十問》記載「堯問舜曰：天下孰最貴？舜曰：生最貴。」《易·繫辭下》也說：「天地之大德曰生」；《孝經·聖治章》：「天地之性，人爲貴。」即說明此思想的發達。就道家的內在理路的發展，貴身重生是一個必然的發展趨勢，而這趨勢又從兩種不同角度看待人：一是探討人有沒有價值，一是探討人怎樣生活才有價值。徐復觀說：「《老子》及《莊子》內篇所強調之德，乃由道所分化而來。由此可以引申出兩種意義。一種意義是人能把握到自己的德，則自己生命的本身，即圓滿自足，而無待於外，由此引申出貴身的思想。同時德乃天下之人所同具，由此而引申出由全德貴身，即可以兼善天下的思想。」（《兩漢思想史卷二》，頁 222）
〔註2〕　《老子註譯與評介》，五十九章，頁 295。
〔註3〕　《呂氏春秋注疏·審分》，卷第十七，頁 1925。
〔註4〕　《呂氏春秋注疏·先己》，卷第三，頁 311～312。

恬淡，其治無爲。」〔註6〕都可爲黃老思想作註腳。這種將生命問題與政治問題合一，治身與治國同構的思維，正是黃老思想的特色。

前人早已明確指出，黃老之術主要有兩個面相：一是「乘虛入冥，藏身遠遁」；另一則是「理國養人，施於爲政。」〔註7〕前者在於修養自身，後者在於治理政事，「治國治身」，二者缺一不可。今人馮友蘭說保全身體、性命的道理，這是道家的一個主題。黃老之學以此爲內，又把保全身體、性命的道理推廣到「各國」，以此爲外。各國就是治國之道，所以養生和治國是一個道理，這就是黃老之學的一個要點。〔註8〕朱伯崑也認爲，「黃老之學的特徵之一，是大講養生理論。」〔註9〕更明確的說，「治國與治身的原理上是相通的，所以道家的政治學，某種意義上可以說是建立在生命的直覺之上的政治學」。〔註10〕可知道家黃老爲了達到治世的目的，提出了養生治身的要求。

黃老思想是黃帝崇拜和《老子》學說結合的產物。雖合稱黃老，但黃帝並沒有確切的傳承體系和著作，黃老之學實際上是以《老子》思想爲主幹，兼採各家思想而發展出來的學說或思潮。既有同於《老子》的部份，又有異於《老子》的部份；顯然，在政治思想方面黃老與老確實不同，但對於黃老中的修養理論，大抵不脫《老子》範圍，是以之爲中心而展開的。

《老子》強調自然，對自然的熱愛，集中表現於重視人的生命。《老子》高度肯定生命的價值，把生命的存在與延續，看作是對人的自然本性理所當然的維護，因而，鄙視危身棄生以殉物的不良行徑。《老子》說：

名與身孰親？身與禍孰多？得與亡孰病？〔註11〕

貴以身爲天下，若可寄天下；愛以身爲天下，若可託天下。〔註12〕

〔註5〕 《列子集釋·黃帝》，卷第二，頁43。
〔註6〕 《論衡校釋·自然第五十四》，第十八卷，頁781。
〔註7〕 《後漢書·逸民列傳第七十三》，卷八十三，頁2771。
〔註8〕 馮友蘭《中國哲學史新編》（第二冊），頁210～211。
〔註9〕 〈莊學生死關的特徵及其影響〉，《道家文化研究》第四輯，上海古籍出版社，1994年3月。
〔註10〕 錢志熙《唐前生命觀和文學生命主題》，頁105，北京：東方出版社，1997年6月第一刷。莊萬壽也認爲，從修身到平天下的架構，幾乎全都是黃老學派的資料，由此看出此種思維，是黃老思想重要的一環。（《道家史論·大學、中庸與儒家、黃老關係之初探》，頁112～116，台北萬卷樓圖書有限公司，2000年4月初版）
〔註11〕 《老子註譯與評介》，四十四章，頁239。
〔註12〕 《老子註譯與評介》，十三章，頁109。

意思是將個體生命看的比天下更寶貴的人，才可以將天下託付給他治理。又說：

> 修之於身，其德乃眞；修之於家，其德乃餘；修之於鄉，其德乃長；
> 修之於邦，其德乃豐；修之於天下，其志乃普。故以身觀身，以家
> 觀家，以鄉觀鄉，以邦觀邦，以天下觀天下。〔註13〕

這裡所開出的統治之道，是由「修身」、「修家」、「修鄉」、「修邦」而至「修天下」。從貴己之身出發，推而廣之，至於貴天下人之身，可以說在「身、家、國、天下」四者關係上，是以「身」爲本位。〔註14〕其實，無論道家哪一個分枝，莫不以身爲本。《呂氏春秋》記載楚王問治國於詹何，詹何對曰：「何聞爲身，不聞爲國。」《呂氏春秋》論說：

> 詹子豈以國家可無爲哉？以爲爲國之本在於爲身。身爲而家爲，家
> 爲而國爲，國爲而天下爲。故曰以身爲家，以家爲國，以國爲天下。
> 此四者，異位同本，故聖人之事，廣之則極宇宙，窮日月，約之則
> 無出乎身者也。〔註15〕

更極端發展《老子》重生說者如楊朱「貴己」，〔註16〕「輕物重生之士」，〔註17〕「拔一毛而利天下，不爲也」，〔註18〕強調「全性保眞，不以物累形」，〔註19〕不以外物而虧生。〔註20〕《呂氏春秋》又說：「身者，所爲也；天下者，所以爲

〔註13〕《老子註譯與評介》，五十四章，頁 273。

〔註14〕胡孚琛、李錫琛《道學通論》，頁 25，北京：社會科學文獻出版社，1999 年 1 月第一刷。

〔註15〕《呂氏春秋注疏・執一》，卷第十七，頁 2101～2102。

〔註16〕《呂氏春秋注疏・不二》，卷第十七，頁 2087。關於楊朱的記載另可見於《莊子・應帝王》、〈寓言〉、〈駢姆〉、〈徐無鬼〉、〈山木〉、〈天下〉，《孟子・滕文公下》、〈盡心下〉，《荀子・王霸》，《韓非子・說林上》、〈六反〉，《淮南子・俶眞》、〈氾論〉、〈說林〉，《說苑・政理》、〈權謀〉，《法言・五百》，《論衡・率性》，《列子・楊朱》等。

〔註17〕《韓非子釋評・顯學第五十》，頁 1773。

〔註18〕《四書章句集注・孟子集注・盡心上》，卷十三，頁 357。

〔註19〕《淮南子校釋・氾論》，卷十三，頁 1380。

〔註20〕王博說：「己」或「生」的涵義，在楊朱那裡，主要指生命。若將生命區分爲心與形，楊朱似乎主要強調的是形的一面。所以論重生的時候，多舉豪毛、骨節等例。論及人之不貴己，則講大禹之一體偏枯。當然，「生」也包括心、性的方面，如《淮南子》所言之「全性」，或〈楊朱〉篇所說「從心而動」、「從性而游」。楊朱所謂的重生，並不含有追求長生久視的意思。（〈論楊朱之學〉，《道家文化》第十五輯，北京：三聯書店，1999 年 3 月第一刷）

也。審所以爲，而輕重得矣。」以道家子華子說昭釐侯之例，子華子說：

> 今使天下書銘於君之前，書之曰：「左手攫之則右手廢，右手攫之則
> 左手廢，然而攫之必有天下。」君將攫之乎？亡其不與？昭釐侯曰：
> 寡人不攫也。子華子曰：「甚善，自是觀之，兩臂重於天下也。身又
> 重於兩臂。」〔註21〕

《莊子》講「內聖外王」〔註22〕之道，也以內聖爲中心，又認爲「身之不能
治，而何暇治天下乎？」〔註23〕「道之眞以治身，其餘緒以國家」〔註24〕《管
子》也講「心安，是國安也。心治，是國治也。」〔註25〕可見黃老道家以「修
身」爲政治起點，政術是建立在修養基礎上，一爲先，一爲後，「貴身」爲政
治的根本。意味著先有好的人格人身，才會有好的政治。

誠然，中國另一大思想主流——儒家，也主張統治之道，由格物、致知、
誠意、正心而修身、齊家、治國、平天下。或者說：

> 一家仁，一國興仁；一家讓，一國興讓；一人貪戾；其機如此，此
> 言一言僨事，一人定國。〔註26〕

認爲「人身」或「自我」是政治的主體，藉由個體修養推及於治理天下萬物，
惟有人把握住了，理想的政治才可能實現。只是，儘管二家在基本立足點相
通，但對於「修身」或「自我」的理解，則顯現出二者的差異，由此看出道
家黃老的修養特點。

所謂「自我」，包括生命與道德兩方面，修養主要從這二方面著手。大體
而言，儒家所修爲倫常道德之身，強調人的品性，注重人的社會價值，卻忽
略了強化生命，故孔子曾說：「朝聞道，夕死可矣」。〔註27〕孟子說自然之性，
非所謂性，其所謂性及生命的本質規定爲「與仁與義」，即是仁義之性，所謂：

> 口之於味也，目之於色也，耳之於聲也，鼻之於臭也，四肢之於安
> 佚也，性也，有命焉，君子不謂性也。仁之於父子，義之於君臣也，
> 禮之於賓主也，知之於賢者，聖人之於天道也，命也，有性焉，君

〔註21〕《呂氏春秋注疏・審爲》，卷第二十一，頁 2648～2659。
〔註22〕《莊子集釋・天下第三十三》，卷十下，頁 1069。
〔註23〕《莊子集釋・天地第十二》，卷五上，頁 435。
〔註24〕《莊子集釋・讓王第二十八》，卷九下，頁 971。
〔註25〕《管子・心術下第三十七》，卷十三，頁 1354。
〔註26〕《四書章句集注・大學章句》，頁 9。
〔註27〕《四書章句集注・論語集注・里仁第四》，卷二，頁 71。

子不謂命也。〔註28〕

因此，「仁義」是道德價值的取向，理想的人格要自我完善仁義之道，所謂「盡其心者，知其性也。知其性，則知天也」。〔註29〕當自然生命與道德生命衝突，應以道德生命爲重，孔子說：

> 志士仁人，無求生以害仁，有殺生以成仁。〔註30〕

仁比生命更重要，不能爲了求得活命去損害仁義，爲了仁義之事業，寧可犧牲自己的生命。孟子也說，生命與仁義是我所欲求的，當兩者不可兼得時，理當選擇仁義而捨棄生命，「魚，我所欲也；熊掌，亦我所欲也，二者不可得兼，舍魚而取熊掌者也。生，亦我所欲也；義，亦我所欲也，二者不可得兼，舍生而取義也」。〔註31〕對於生命的長短不必計較，應努力修養自己，在世一天則盡力貢獻一天，是所謂「存眞心，養其性，所以事天也。夭壽不貳，修身以俟之，所以立命也。」〔註32〕漢儒韓嬰說：

> 以從俗爲善，以貨財爲寶，以養生爲己道，是民德也，未及於士也。
> 〔註33〕

養生非爲儒家所看重，「儒家基本上放棄了對生命本身的探討，他們完全從社會的倫理道德的角度把握生命的價值，個人的生命只有當實現了倫理道德的價值之後，才是實現了個體的價值。」〔註34〕職是之故，在儒家的思想中，有「仁者壽」〔註35〕以及「修身以道，修身以仁」，〔註36〕「大德必得其壽」

〔註28〕　《四書章句集注・孟子集注・盡心下》，卷十四，頁369。

〔註29〕　《四書章句集注・孟子集注・盡心上》，卷十三，頁349。

〔註30〕　《四書章句集注・論語集注・衛靈公第十五》，卷八，頁163。

〔註31〕　《四書章句集注・孟子集注・告子上》，卷十一，頁332。

〔註32〕　《四書章句集注・孟子集注・盡心上》，卷十三，頁349。這是標準的儒家式的不朽，將意識寄寓於歷史無窮流變的永恆性。如《左傳》襄公二十四年記載叔孫豹「三不朽」、董仲舒《春秋繁露・竹林》「君子生以辱不如死以榮」，到文天祥「留取丹心照汗青」，主要體現了儒家式的終極關懷。

〔註33〕　《韓詩外傳今註今譯》，卷三，頁94。

〔註34〕　錢志熙《唐前生命觀和文學生命主題・引言》，頁3。

〔註35〕　此語見《四書章句集注・論語集注・雍也第六》，卷三，頁90。孔子曾說「食不厭精，膾不厭細。食饐而餲，魚餒而肉敗，不食。色惡，不食。臭惡，不食。失飪，不食。不時，不食。割不正，不食。不得其醬，不食。肉雖多，不使勝食氣。惟酒無量，不及亂。沽酒市脯不食。不撤薑食。不多食。祭於公，不宿肉。祭肉不出三日。出三日，不食之矣。食不語，寢不言。」（《論語・鄉黨》）雖是一種養生之道，但這種從生理層面論述卻是被置於第二義。

〔註36〕　《四書章句集注・中庸章句》，頁28。

〔註 37〕的觀念，認為只有道德高尚的人才可能長壽；〔註 38〕更甚的是君子仁義加身，在身上會顯現道德光輝，有「生色」的現象，當君子生色時，「睟然見於面，盎於背，施於四體，四體不言而喻」。〔註39〕對於修身之方，有「富貴不能淫，貧賤不能移，威武不能屈」，〔註40〕以「不動心」「養吾浩然之氣」，〔註41〕或是以一個「誠」的方法：「唯天下至誠，為能盡其性，能盡其性，則可以贊天地之化育；可以贊天下之化育，則可以與天地參矣。」〔註 42〕進行存心養性，即能「修其身而天下平」。〔註43〕儒家具有強烈的道德色彩，通過陶冶道德情操以養生的特色，貫穿的是一個倫理原則。

　　道家黃老不同於儒家從道德倫理價值觀察人。它既重視人的道德生命，更重視人的生命型態。它以「道法自然」，「自然無為」為理論基礎，人是天道具體而微的模型，人為自然之人，應崇尚自然，以與宇宙冥合。它從心理和生理考察人的本質，認為人的生命由生理與心理所構成，前者是「形」或「身」，後者是「神」或「心」，人從長養形神或身心來顯現價值。人首要意義是生命，生命是完美的，至高的，生命自身為人道實踐之目的所在，生命的價值遠遠高於身外之物的價值，儒家的仁義即是身外之物，因此以修養自然生命為主。人應該努力去養護、珍惜與發展，而正常的生存是道德行為和其它實踐活動的前提，這是一個自然的原則。生命操作的方法就是自然無為，並將此推廣於治理天下。統治者只有先養好自身，才可能神志清明，治理好國家；否則，若自己的身心不健康，就根本無法有充沛的體力和精力去治國安邦。有這樣的思維，黃老特別重視「重人貴生」的思想，《老子》說：

　　　　道大、天大、地大、人亦大。〔註44〕

〔註37〕《四書章句集注·中庸章句》，頁 25。
〔註38〕此觀念在《儀禮·士冠禮》中有「三加」儀式：「始加祝曰：令月吉日，始加元服。棄爾幼志，順爾成德。壽考惟祺，介爾景福。再加曰：吉月令辰，乃申爾服。敬爾威儀，淑慎厥德。眉壽萬年，永受胡福。三加曰：以歲之正，以月之令，咸加爾服，兄弟具在，以成厥德。黃耇無疆，受天之慶。」此祝詞德與壽關係非常密切，藉由個人道德提高能使壽命延長，甚至長壽無疆。
〔註39〕《四書章句集注·孟子集注·盡心上》，卷十三，頁 355。
〔註40〕《四書章句集注·孟子集注·滕文公下》，卷六，頁 266。
〔註41〕《四書章句集注·孟子集注·公孫丑上》，卷三，頁 230～231。
〔註42〕《四書章句集注·中庸章句》，頁 32。
〔註43〕《四書章句集注·孟子集注·盡心下》，卷十四，頁 373。
〔註44〕《老子註譯及評介》，二十五章，頁 163。

> 名與身孰親？身與貨孰多？得與亡孰多？是故甚愛必大費，多藏必
> 厚亡。知足不辱，知止不殆，可以長久。〔註45〕

生命比名位、財產都貴重，追求名位必然勞費心神，多積財貨只會招來怨恨，
只有知足、知止方能避禍，才能平安長久。爲了達到重人貴生的目的，「養生」
〔註46〕的要求就成爲黃老思想的重要特徵。司馬談《論六家要指》一開始就
先論述道家使人精神專一，去健羨，黜聰明，指出道家的一套修養功夫，從
修養功夫體現的功效，進而指出道家的優點「指約而易操，事少而功多。」
司馬談確實把握了道家的思想本質，即是修身是本，治國是末。朱哲說：

> 在先秦道家的思想中，其玄虛的道論落實到現實人生層面，自然孕
> 育出高情遠致、透脫豁達的人生哲學，而其人生哲學的核心就是道
> 家的生死觀。先秦道家愛生、重生而不貪生，全生長生而不惡死，
> 生死一體、生死合道的思想，對死與不朽的探討，以及通過對生死
> 觀闡述所表達的對春秋、戰國這一大爭之世給人民帶來的深重痛苦
> 和災難的憤激批評。……先秦道家諸子貴生而非貪生的具體思想表
> 現爲：在思想上理論上普遍重生、貴生、惜生，在實踐上則致力於
> 養生，在實際目的和效果上，追求的是長生、全生。而道家的貴生、
> 長生又絕非是貪生惡死，而是求盡其天年，實現生命之自然發展，
> 完成生命之自然過程，合於生命的自然之道。……先秦道家貴生養
> 生主張進一步落實，就是養生說。東周以降，養生之論日盛，非道
> 家所特有，但超越了卻病延年之說而上升爲一種生命哲學的養生論
> 則爲道家所獨具。〔註47〕

可說黃老道家是重生的哲學，人一切的活動，無非圍繞「生命」這一中心來
展開，而最終無非要與自然同生共存的共融境界。

　　顧名思義，養生指的是對生命的保全，對自身的養護與長壽的規則，包
括攝生和意志情性的培養，因此如何提高生命質量，如何提昇精神境界，如
何延長生命成爲重心。只是這裡所說的養生思想並非包括一系列的技術方

〔註45〕《老子註譯及評介》，四十四章，頁 239。
〔註46〕「養生」一詞，語出《管子·立政九敗解》：「人君唯好全生，則群臣皆全其
　　　　生，而生又養生，養何也，曰滋味也，聲色也，然後爲養生。」又見《莊子·
　　　　養生主》、《呂氏春秋·節喪》。或云「攝生」，《老子》五十章，《河上公老子
　　　　注》曰：「攝，養也」，帛書甲乙本作「執生」。
〔註47〕《先秦道家哲學研究》，頁 174～176，上海人出版社，2000 年 9 月第一刷。

法，它與醫學息息相關，養生與醫學雖以相同的生命觀或身體觀作基礎，但二者有所差異。醫學主要針對病人已發生的身體上或精神上的疾病，養生則側重於在疾病未發生之前維持及增進生命的健康。它的目的在於不生病不吃藥，使醫藥沒有發揮消極的功能，可能的話，可以進一步獲得長壽或不死的生命。養生思想並非單純的醫學，而是一種人生哲學，一種建構如何身心健康的思維。

這種思想根源於人類與生俱來的生命焦慮與維護生命的本能，可說從有人類開始，意識到「自我」的存在，此種觀念就已逐步發展而落實。《韓非子》記載上古之世，民生食，多疾病，燧人氏鑽木取火，教人熟食，養人利性。〔註48〕《呂氏春秋》說：

> 昔陶唐氏之始，陰多滯伏而湛積，水道壅塞，不行其原，民氣鬱閼
> 而滯著，筋骨瑟縮不達，故作舞以宣導之。〔註49〕

這表達了古時候的養生思想。在甲骨文、早期青銅文字，就有關於「壽」、「老」等文字記載；《尚書・洪範》有「五福六極」觀念：

> 五福：一曰壽，二曰富，三曰康寧，四曰攸好德，五曰考終命。六極：
> 一曰凶短折，二曰疾，三曰憂，四曰貧，五曰惡，六曰弱。〔註50〕

《詩經》中許多「眉壽」、「壽考」、「永命」的記載，如《豳風・七月》：「為此春酒，以介眉壽。」〔註51〕《周頌・載見》：「以孝以享，以介眉壽。」〔註52〕《周頌・邕》：「綏我眉壽，介以繁祉。」〔註53〕《商頌・殷武》：「壽考且寧，以保我後生。」〔註54〕這些記載已能看出時人對生命永恆的嚮往。但真正將養生思想系統化，則要到春秋戰國的道家，從《老子》開始，才真正奠立基礎，形成養生的傳統，經由《莊子》、《管子》四篇及《呂氏春秋》的發展，〔註55〕變成了黃老思想重要的部份，這也是兩漢黃老修養理論的來源。

〔註48〕《韓非子釋評・五蠹第四十九》，頁 1692。
〔註49〕《呂氏春秋注疏・古樂》，卷第五，頁 539～540。
〔註50〕《尚書釋義・周書・洪範》，頁 101。
〔註51〕《詩經釋義》，頁 187。
〔註52〕《詩經釋義》，頁 407。
〔註53〕《詩經釋義》，頁 406。
〔註54〕《詩經釋義》，頁 437。
〔註55〕最能代表黃老思想的著作黃老帛書，主要關注點是政治思想，關於修養思想，尤其是養生之說非重心，但仍可看到隻字片語。《經法・論》：「理之所在謂之（道）。物有不合於道者，謂之失理。失理之所在，謂之逆。逆順各

第二節　先秦黃老養生思想概說

一、《老子》

　　司馬遷說老聃有一百六十餘歲或二百餘歲，「以其修道而養壽者也。」〔註56〕在前人的眼中，老聃是一個得道，藉由修煉而長生久壽之人。目前流傳的《老子》雖不一定是由老聃親著，但其中的許多思想，確實教導人們如何修養，以其可以達到長生久視的目的。

　　《老子》認識到事物的性質不是由事物本身，而是由其源頭自然——道所規定，因此《老子》把自然——道作爲世界的本原時，也把道規定爲人生修養的最終依據。認爲「人法地，地法天，天法道，道法自然。」〔註57〕崇仰並復歸於自然，按自然本性作爲即能達到生命修養的目的。

　　《老子》認爲萬物在「道」那裡得到「生命」的具體形式，萬物皆隨著道而不停變化，就是所謂的「萬物將自化」的律則上，從此而彰顯自然的本性。而在這變化中，就有「生」與「死」的兩面。就人情而論，總是好生惡死，無不希望能延長生命，《老子》也認爲人們生命得以存在的最大保障是不受死亡的威脅，滅除死亡的危險，而上達於「無死地」，〔註58〕是所謂的「深根固柢，長生久視之道」。〔註59〕不過，人總無法越出生理性，生理性的身是不能長存的，因此，長生久視其實是一種誇張，充其量不過是精神、觀念的絕對與永恆。《老子》也了解自然的律則是有生則有死，無可或免，猶如月亮有盈有虧。天地山川隨時在變，人當然也逃避不了這個規律，「飄風不終朝，驟雨不終日，天地尚不能久，而況於人乎？」〔註60〕人要看破這一層關卡，

　　　自命也，則存亡興壞可知也。存亡之知生惠，惠生正，正生靜。靜則平，平則寧，寧則素，素則精，精則神。至神之極，（見）知不惑。帝王者，執此道也。是以守天地之極，與天俱見。」〈君正〉：「因天之生也以養生。」〈四度〉：「失天則飢，失人則疾。」〈道法〉：「生有害，曰欲，曰不知足。」「動有害，曰不時。」又如論養生重要觀念之一的「神」，黃老帛書主要從認識角度說。如《經法・名理》說：「道者，神明之原也。」「靜而不移，動而不化，故曰神。神明者，見知之稽也。」很少從養生論的角度來談養神，對養氣的論述更少。

〔註56〕《史記・老莊申韓列傳第三》，卷六十三，頁2142。
〔註57〕《老子註譯及評介》，二十五章，頁163。
〔註58〕《老子註譯及評介》，五十章，頁257。
〔註59〕《老子註譯及評介》，五十九章，頁295。
〔註60〕《老子註譯及評介》，二十三章，頁157。

對於生死變化不應過於執著。如要求不死，則當不自生。第七章說：「天長地久。天地所以能長且久者，以其不自生，故能長生。是以聖人後其身而身先，外其身而身存，非以其無私耶？故能成其私。」〔註61〕天地之所以長且久，在於其生存不爲自己，所以能長生；聖人想保全自己，才把生死置之度外，由於它不自私，反而成全了它的自私。因爲過分的求生，是有違自然之道，更會妨害人之生，蔣錫昌說：

> 人不以五色等物質所誘，不爲榮寵等虛名所迷，不以此等外物損害其身，而後其身乃能長久康健。〔註62〕

《老子》認爲：

> 生之徒，十有三；死之徒，十有三；人之生，動之於死地，亦十有三。夫何故？以其生生之厚。〔註63〕

本來人生屬於生道與死道各佔三分，但人過於重視生道，在生道中動作起來而皆入於死地的也是十分中有三分，這是由於過分重視生道，奉養太過的關係。教導人們「無以生爲生者，是賢於貴生。」〔註64〕即不爲養生而操勞反比珍惜生命的人更宜於保全生命。換言之，養生之至就是無養。人生的禍患來自於過於看重自身，若能漠視自身，便無禍患可言，所謂「吾所以有大患，爲吾有身；及吾無身，吾有何患？」〔註65〕甚至在觀念上漠視自身，反而能保全其身，即「外其身而身存」，〔註66〕甚而能「沒身不殆」。〔註67〕

雖然《老子》主張身爲人之大患，要求人們不要有「生生之厚」的觀念，在道的原則下，《老子》仍然呼籲人們遵循以爲修養之法。《老子》已提出「神」（心）、「氣」、「精」的概念，並將人的身體稱爲「身」或「器」，他認識到人是精、氣、神與身或器的結合體，因此人要修養自己，就必須從培養神形開始。

在養生修煉上，《老子》已提出一些基本原則，如第十章說：

> 營魄抱一，能無離乎？專氣致柔，能如嬰兒乎？〔註68〕

人要「載營魄抱一」經由摶氣的作用，能如嬰兒或赤子「骨弱筋柔而握固」。

〔註61〕《老子註譯及評介》，第七章，頁87。
〔註62〕蔣錫昌《老子校詁》，頁43。
〔註63〕《老子註譯及評介》，五十章，頁257。
〔註64〕《老子註譯及評介》，七十五章，頁339。
〔註65〕《老子註譯及評介》，十三章，頁109。
〔註66〕《老子註譯及評介》，七章，頁87。
〔註67〕《老子註譯及評介》，十六章，頁124。
〔註68〕《老子註譯及評介》，十章，頁96。

〔註 69〕其中「營魄抱一」即是神形合一的修養思想。又如《老子》強調「治人事天，莫若嗇」，〔註 70〕嗇即是「損之又損」之「損」，它認為養生的根本之方在於強化生命的根基，即是愛惜形神，少費精力，要使自己的精神常保虛靜狀態，不要過多耗損。然此常因欲求不足而受到損害，即「禍莫大於不知足，咎莫大於欲得」，〔註71〕貪得無饜地追求身外之物，註定是一場空。《老子》認為「益生日祥」，〔註72〕即縱欲貪生乃不祥之事，因此，人應當清心寡欲，淡泊自持，懂得知足，要「去甚、去奢、去泰」，〔註73〕甚至去知去欲。在不斷否定主觀物欲與執取過程當中，達到「無為」的境界，如此，便「可以長久」。〔註74〕又如《老子》十分重視精神修養，提倡清靜無為，主張「致虛極，守靜篤」，強調「夫物芸芸，各復歸其根。歸根曰靜，靜曰復命。復命曰常，知常曰明。不知常，妄作凶。」〔註75〕各種事物，包括人的生命，其根本就是靜，遵守靜這一根本為復命，可以長久。不知道這個道理，隨意妄動則凶。人的思想要以靜為主，只有在安靜的狀態下，思維、意識相對停止，欲神才能靜息，元神才不會被耗盡，損害。生命才可以健康、長久。這樣也可以淨化心靈，使人獲得一種閒適、灑然然超脫的心境。這些見解，對黃老修養思想有根本的指導作用。

二、《莊子》

　　《莊子》是道家思想重要代表之一，繼承了《老子》的自然觀點，在政治思想方面，《莊子》有自己的特色，例如無君、無政府與黃老不同，然而在修養方面卻與黃老有密切關係。

　　《莊子》講究順任自然，與道為一，認識到有生必有死的必然性與普遍性。因此既不追求長生，也不迴避早死。他說：「吾生也有涯」，〔註76〕「死生，命也，其有夜旦之常，天也。人之有所不得與，皆物之情也。」〔註77〕

〔註69〕《老子註譯及評介》，五十五章，頁 276。
〔註70〕《老子註譯及評介》，五十九章，頁 295。
〔註71〕《老子註譯及評介》，四十六章，頁 244。
〔註72〕《老子註譯及評介》，五十五章，頁 278。
〔註73〕《老子註譯及評介》，二十九章，頁 183。
〔註74〕《老子註譯及評介》，四十四章，頁 239。
〔註75〕《老子註譯及評介》，十六章，頁 124。
〔註76〕《莊子集釋‧養生主第三》，卷二上，頁 115。
〔註77〕《莊子集釋‧大宗師第六》，卷三下，頁 241。

「死生存亡、窮達富貴、賢與不肖、毀譽、飢渴、寒暑，是事之變，命之行也。」〔註78〕以為人之被大自然造化成人，不過偶逢機運，大自然今天將我造化為人，明日未必不會將我造化成其它物類，人的生存只不過是世界紛呈現象的一種，生老病死不過是人生必經之程序，無異於世界萬物。人的生，適時而來，人的死，適時而去，生與死就像黑夜與白天轉換一般自然，亦非人力所能左右。因此，明智的態度，是一切聽任大自然的造化，無論它將我造化成任何物，都要欣然接受，人本屬大自然。在〈大宗師〉裡曾論到子祀等四人為友的話，提出「孰能以無為為首，以生為脊，以死為尻，孰知死生存亡之一體者，吾與之友矣」的條件，於是「四人相視而笑，莫逆於心，遂相與為友矣。」後來子輿生病，病的不成人形，子輿卻認為是自然所致，當坦然處之，不必憎怕，並說生命的真義：「得者時也，失者順也，安時而處順，哀樂不能入也。」〔註79〕這就說明在現實界面對生死的自然態度。此猶如〈大宗師〉中說：「善夭善老」，〔註80〕也正是《莊子》所強調的人生主張。

此外，《莊子》主張「氣」作為人體，乃至整個宇宙的根本範疇。以為生命以氣為本，人的生死只不過是氣之聚散，聚則為生，散則為死。〈知北游〉說：

生也死之徒，死也生之始，孰知其紀。人之生，氣之聚也。聚則為生，散則為死。若死生為徒，吾又何患。故萬物一也。〔註81〕

〈至樂〉記載莊子妻死，鼓盆而歌，惠施不滿，莊子說：

察其始而本無生，非徒無生也，而本無形，非徒無形也，而本無氣。雜乎芒芴之間，變而有氣，氣變而有形，形變而有生，今又變而之死。是相與為春夏秋冬四時行也。〔註82〕

《莊子》認為人們必須「生而不悅，死而不禍」，〔註83〕甚至「不知說（悅）生，不知惡死。」〔註84〕告誡人們不要因為生死之變而喜而悲，要「以死生為一條」〔註85〕或「死生存亡之一體」〔註86〕視作高妙境界，使人與自然相渾融。

〔註78〕《莊子集釋·德充符第五》，卷二下，頁212。
〔註79〕《莊子集釋》，卷三上，頁258～260。
〔註80〕《莊子集釋》卷三上，頁244。
〔註81〕《莊子集釋》，卷七下，頁733。
〔註82〕《莊子集釋》，卷六下，頁614～615。
〔註83〕《莊子集釋·秋水第十七》，卷六下，頁568。
〔註84〕《莊子集釋·大宗師第六》，卷三上，頁229。
〔註85〕《莊子集釋·德充符第五》，卷二下，頁205。
〔註86〕《莊子集釋·大宗師第六》，卷三上，頁258。

　　《莊子》的死生觀，是一種「同乎天和」的觀念，因此對於人身，就需要善加保養。《莊子》也繼承了《老子》攝生的思想，以養生主為題，認為人生目標就是〈養生主〉所說的「保身」、「全生」、「養親」、「盡年」。他與《老子》同樣主張以有身為大患，所謂的「以生為附贅縣疣，以死為絕疣潰癰」，〔註87〕生不過是累贅惡瘤，而死不過是累贅惡瘤的解脫，因此勸人要破除「悅生惡死」的觀念。只有「常因自然而不益生」，〔註88〕就能享盡天年，只要享盡天年，也就是所謂的「全生」，此亦是《老子》強調的不以生生之厚益生，即是長生的意義。

　　《莊子》認為人為神形合成體，提出了生理與心理兼顧的養生論，主張「形全精復」，要人形體健全，精神充足，二者不可偏廢，所謂「形精不虧，是謂能移」，〔註89〕就是與自然合一。

　　對於生理上的養生，主要在於恬淡寡欲。〈大宗師〉說：

　　　　其嗜欲深者，其天機淺。〔註90〕

〈刻意〉說：

　　　　夫恬淡寂寞，虛無無為，此天地之平而道德之質也。故曰：聖人休
　　　　休焉則平易矣，平易則恬淡矣。平易恬淡則憂患不能入，邪氣不能
　　　　襲，故其德全而神不虧。〔註91〕

〈天地〉說：

　　　　且夫失性有五：一曰五色亂目，使目不明；二曰五聲亂耳，使耳不
　　　　聰；三曰五臭薰鼻，困惾中顙；四曰五味濁口，使口厲爽；五曰趣
　　　　舍滑心，使性飛揚。此五者，皆生之害也。〔註92〕

無不主張清靜守神，節制嗜欲，保精養生。另有養氣、呼吸等方法，如「真人吸之以踵」及「吹呴呼吸，吐故納新，熊經鳥伸」〔註93〕的具體方式。

　　《莊子》雖然不廢形體的修鍊，但是對於養生之主，則著重於健全心理層面，即是精神境界的提昇。〈養生主〉中的「保身」指的是保全生命，「全

〔註87〕　《莊子集釋·大宗師第六》，卷三上，頁268。
〔註88〕　《莊子集釋·德充符第五》，卷二下，頁221。
〔註89〕　《莊子集釋·達生第十九》，卷七上，頁632。
〔註90〕　《莊子集釋》，卷三上，頁228。
〔註91〕　《莊子集釋》，卷六上，頁538。
〔註92〕　《莊子集釋》，卷五上，頁453。
〔註93〕　《莊子集釋·刻意第十五》，卷六上，頁535。

生」從字面上可解作「保全生命」，但實際上這裡指的是生命之所以成為其生命的東西，也就是精神。〈刻意〉說：「純素之道，唯神是守」，〔註94〕唯有精神旺盛，才是真正的健康。因此，《莊子》強調養神，重視精神修煉，以使內心無所欲求，保持良好的精神境界。那些追求名利富貴，長生不死的人，身心不寧，一生憂懼，並不快樂，《莊子》說：

> 夫天下之所尊者，富貴壽善也；所樂者，身安厚味美服好色音聲也；所下者，貧賤夭惡也；所苦者，身不得安逸，口不得厚味，形不得美服，目不得好色，耳不得音聲。若不得者，則大憂以懼，其為形也亦愚哉！夫富者，身苦疾作，多積財而不得盡用，其為形也亦外矣！夫富者，夜以繼日，思慮善否，其為形也亦疏矣。〔註95〕

人生欲望太重，得不到就會憂懼，若要得到，就必須勞心苦身，身心同樣不得安寧。人生最大快樂，在於讓內在精神得到絕對自由，拋棄外界的成見束縛。

人要養生，在於順乎自然，不為外物所泥，不為感情悲歡所左右。《莊子》批評以身殉利、殉名、殉天下，這是不智之舉。〈駢拇〉中感嘆人在名利之海浮沉：「小人以身徇利，士則以身徇名，大夫則以身徇家，聖人則以身徇天下」；〔註96〕或以「好惡內傷其身」。〔註97〕〈養生主〉中要人「為善無近名，為惡無近刑」，不為善，為善近於求名；不為惡，為惡近於刑罰，要「緣督以為經」，採取自然中道。並以庖丁為喻，認為養生之理，在於「官知止，神欲行」，不濫用感官，韜光養晦，確保感官敏銳，維持心靈的平靜，使生命力長久不墜。庖丁對文惠君說：

> 臣之所好者道也，進乎技矣。始臣之解牛之時，所見無非全牛者；三年之後，未嘗見全牛也；方今之時，臣以神遇而不以目視，官知止而神欲行。依乎天理，批大郤，導大窾，因其固然。技經肯綮之未嘗，而況大軱乎！〔註98〕

庖丁殺牛時「依乎天理」，「因其固然」，與牛合一，徹底忘我。此道理，就是道家的清靜無為。〈刻意〉說：「水之性，不雜則清，莫動則平；鬱閉而不流，亦不能清；天德之象也。故曰：純粹而不雜，靜一而不變，淡而無為，動以天行，

〔註94〕《莊子集釋》，卷六上，頁546。
〔註95〕《莊子集釋·至樂第十八》，卷六下，頁609。
〔註96〕《莊子集釋》，卷四上，頁323。
〔註97〕《莊子集釋·德充符第五》，卷二下，頁221。
〔註98〕《莊子集釋》，卷二上，頁119。

此養神之道也。」〔註99〕「萬物無足以饒（撓）心者，故靜也。」〔註100〕藉由清靜養神以保形體，即「抱神以靜，形將自正」，「神將守形」。〔註101〕

在這種理論的指導下，修鍊精神的步驟和方法，《莊子》從心性入手，主張坐忘心齋的功夫。〈大宗師〉中假借顏回與孔子的問答，提出「坐忘」的思想。

> 顏回曰：「回益矣。」仲尼曰：「何謂也？」曰：「回忘仁義矣。」曰：「可矣，猶未也。」他日復見，曰：「回益矣。」曰：「何謂也？」曰：「回忘禮樂矣！」曰：「可矣，猶未也。」他日復見，曰：「回益矣！」曰：「何謂也？」曰：「回坐忘矣。」仲尼蹴然曰：「何謂坐忘？」顏回曰：「墮肢體，黜聰明，離形去知，同於大通，此謂坐忘。」〔註102〕

遺忘自己肢體、退除聰明、離棄外形、去掉內智，以便與大通混而為一，即是擺脫由感官生理而來的欲望，並停止概念性知識活動，無知無識、一切全無、達到渾渾噩噩，逍遙之境。〈人間世〉則強調心齋：

> 若一志，無聽之以耳而聽之以心，無聽之以心而聽之以氣！耳止於聽，心止於符。氣也者，虛而待物者也，唯道集虛。虛者，心齋也。
> 〔註103〕

這是一種氣我兩忘、任氣自然，讓心境達到空明虛靈，使內心無思無慮，讓精神超然於物外，而進入寧靜和諧的自由恬適的狀態，〔註104〕是一種「聽息入靜」的功夫。此種坐忘心齋的功夫，是一種神秘的精神直覺的體驗，類似氣功養生之術，是對《老子》「致虛極，守靜篤」，「滌除玄覽」的發展，也對道家黃老的修養思想產生影響。

三、《管子》四篇

《管子》一書甚多養生之言，如「養生何也？曰：滋味也，聲色也，然後養生。」〔註105〕「滋味動靜，生之養也。」〔註106〕「道血氣，以求長年、

〔註99〕《莊子集釋》，卷六上，頁544。
〔註100〕《莊子集釋·在宥第十一》，卷四下，頁381。
〔註101〕《莊子集釋·天道第十八》，卷六下，頁609。
〔註102〕《莊子集釋》，卷三上，頁282～284。
〔註103〕《莊子集釋》，卷二中，頁147。
〔註104〕王介英〈論莊子由技入道所開拓的精神境界〉，《道家文化研究》第十四輯，北京：三聯書店，1998年7月。
〔註105〕《管子·立政九敗解第六十五》，卷二十一，頁1405。
〔註106〕《管子·戒第二十六》卷十，頁1330。

長心、長德，此爲身也。」〔註107〕其中《管子》四篇代表了黃老道家的養生理論。〈白心〉明確談到：

> 欲愛吾身，先知吾情，周視六合，以考內身，以此知象，乃知行情。
>
> 既知行情，乃知養生。〔註108〕

張舜徽說此段文字，「言養生之道，貴在自知情欲之所蔽，而有以驅遣之也。『行』，猶驅遣也。『情』，謂悲樂喜怒好惡也。必盡去斯情，然後可以清吾心，靜吾慮，以攝養其精神，然必遍察天地萬物，而返求之於己，始知天地惟能清靜無爲，方有以收其成功。」〔註109〕其說甚是。清靜無爲，攝養精神，乃道家養生之根本觀念。朱伯崑說《管子》四篇是對《老子》生命觀的新發展，代表齊稷下黃老道家的養生理論。〔註110〕其實《管子》四篇重要性不僅如此，它是先秦黃老修養思想重心。

　　《管子》四篇繼承了《老子》「道」爲宇宙本源的思想，它最大的特徵是提出將「道」作「氣」或「精氣」解釋，這在第二章已說明過。《管子》四篇對於人的認識，認爲人生於天地之間，是自然界的組成部份，與自然界是和諧的統一體。〈內業〉說人生命的生成是精氣與形體的結合，「凡人之生也，天出其精，地出其形，合此以爲人。」「氣，道（通）乃生。」人的思想和智慧也是精氣運行所得到的結果，「氣通乃生，生乃思，思乃知」，〔註111〕「思」、「知」即是人的精神活動或意識活動，它依於生命，根於精氣。另一方面，《管子》四篇特別重視心，心是人形體中最重要的器官，爲藏精之所，精氣在心，與形體不分，人才能生存，有精神活動。精氣離心，與形體分離，則表示生命結束和精神活動的停止。

　　既然《管子》認爲「精氣」爲宇宙的中心，相同的，「人」也有一個主宰，這就是「心」，〔註112〕所謂「心之在體，君之位也。」〔註113〕心是形的基礎，

〔註107〕《管子·中匡第十九》卷八，頁1315。

〔註108〕《管子·白心第三十八》，卷十三，頁1357。

〔註109〕《周秦道論發微》，頁275。

〔註110〕〈莊學生死觀的特徵及其影響〉，《道家文化研究》第四輯。

〔註111〕《管子·內業第四十九》，卷十六，頁1372～1373。

〔註112〕「心」作爲「主體心」概念，在中國思想史中淵源悠長。哲學家中較早提到主體心概念的應是孔子。《孟子·告子》轉述孔子的話：「孔子曰：操則存，舍則亡，出入無時，莫知其鄉。唯心之謂歟。」孟子本人也有關於心的名談：「心之官則思，思則得之，不思則不能得也，此天之所以與我者。」（《孟子·告子》）但是，在先秦諸子中特別注重對心作察思的哲學家，應

「全心在中不可匿，外見於形容」，欲了解道體，則必先在於心安。「心安，是國安也。心治，是國治也。治也者，心也。安也者，心也。」〔註114〕因此，「論治在心，以此長壽」，〔註115〕調養心是養生的根本。

　　《管子》四篇首先將人、氣、道聯繫起來，尤其把治氣、行氣作為修心、養生的根本手段，是「精存自生」的觀念。《管子》四篇認為道即氣，氣行即道行，人能行氣，才可九竅遂通，四體堅固，即可成就自己並及於萬物。〈內業〉說：

> 搏氣如神，萬物備存。能搏乎？能一乎？能無卜筮而知吉凶乎？能止乎？能已乎？能勿求諸人而得之己乎？思之思之，又重思之，思之而不通，鬼神將通之。非鬼神之力也，精氣之極也。〔註116〕

又說：

> 是故民氣。杲乎如登於天，杳乎如入於淵，淖乎如在於海，卒乎如在於己。是故此氣也，不可以力止，而可以安以德；不可呼以聲，而可迎以音。敬守勿失，是謂成德。〔註117〕

神妙之氣不僅可以預知吉凶，反求諸己，修養自己，進而使天下歸服，此有莫大功用。因此，《管子》四篇論養生，著重於探討如何聚集胸中精氣，特別是設法保有精氣，要「守善勿舍」「得之而勿舍」，透過不斷累積而成為聖人。所謂「浩然和平以為氣淵」，〔註118〕正是精氣累積到至高程度所得的一個結果。

　　《管子》四篇論積氣養生，「靜」是最重要的原則。〈內業〉說：

首推莊子。據統計，《莊子》一書中約有一百八十多處使用心的概念。如著名〈齊物論〉中心如死灰之說。在這裡，孔孟二子論及的心，都是作為一種思維的思維器官。很明顯的，它們二位特別注重心的思考明察功能。心與眼耳鼻舌相較，能暫時擺脫對象的拘束，天馬行空般任意馳騁。而其他感官則始終必須與對象附著於一體。然而無論心有何等玄妙靈通的作用，最終還是必然通過中介附著於對象。這就是思與思者，能知與所知總是一并建立的。因此在這種意義上建立的心概念，僅僅是一種主體，尚不具有超越的意義，但也必須看到此種主體的心也有超越的潛能。（張廣保〈論道教心性之學〉，《道家文化研究》第七輯，上海古籍出版社，1995年6月第一刷）

〔註113〕《管子·心術上第三十六》，卷十三，頁1352。
〔註114〕《管子·心術下第三十七》卷十三，頁1354。
〔註115〕《管子·內業第四十九》，卷十六，頁1373。
〔註116〕《管子·內業第四十九》，卷十六，頁1373。
〔註117〕《管子·內業第四十九》，卷十六，頁1372。
〔註118〕《管子·內業第四十九》，卷十六，頁1373。

天主正，地主平，人主安靜。

人能正靜，皮膚寬裕，耳目聰明，筋信而骨強。

心靜氣理，道乃可止。

中不靜，心不治。〔註119〕

侯外廬曾說道家所謂「養生」、「衛生」之術，其理解的「靜」主要是爲了達於「復性」、達於「養生」，故而主張以靜制動，以靜養心，如〈心術上〉「毋先物動，以觀其則，動則失位，靜乃自得」，「故物至則應，過則舍矣。舍矣者，言復所於虛也。」〔註120〕其說甚得道家深意。「靜」是道家內在修養功夫，它注重於精神內守，使人的心理平適安穩，所謂的「能正能靜，然後能定」，要先能靜心，然後才可定心，如此「定心在中，耳目聰明，四肢堅固。」〔註121〕

心如何修練，使之臻於靜的境界呢？《管子》四篇認爲關鍵就是將「欲」控制得宜。《管子》四篇把心視爲是精氣留存的房舍，房舍愈寬廣清潔，則精氣愈能積聚，積聚愈多，則「中無惑意，外無邪菑。心全於中，形全於外。不逢天菑，不遇人害」。〔註122〕相反的，房舍不潔，則精氣不來，《管子》四篇說此不潔之物，即是「欲」，必須掃除不潔之欲，精氣方能留存。〈心術上〉說：

虛其欲，神將入舍，掃除不潔，神乃留處，潔其宮，開其門，去私勿言，神明若存。紛乎其若亂，靜之而自治。

館不辟除，則貴人不舍。

只有「去欲則宣，宣則靜矣；靜則精，精則獨立矣；獨則明，明則神矣。」〔註123〕假如不能做到虛靜而欲望過度，則心動神搖，至於精氣外洩，則自難保。

這裡「欲」的涵義，一是泛指人如衣食名利的基本欲望。如〈內業〉說：

凡食之道：大充，傷而形不臧；大攝，骨枯而血沍。充攝之間，此謂和成，精之所舍，而知之所生。飢飽之失度，乃爲之圖。飽則疾動，飢則廣思，老則長慮。飽不疾動，氣不通於四末；飢不廣思，飽而不廢；老不長慮，困乃遨竭。大心而敢，寬氣而廣，其形安而

〔註119〕《管子‧內業第四十九》，卷十六，頁 1372～1373。

〔註120〕侯外廬等《中國思想通史》第一卷，頁 540，北京：人民出版社，1992 年 9 月第六刷。

〔註121〕《管子‧內業第四十九》，卷十六，頁 1372。

〔註122〕《管子‧內業第四十九》，卷十六，頁 1373。

〔註123〕《管子‧心術上第三十六》，卷十三，頁 1353。

不移，能守一而棄方苛，見利不誘，見害不懼，寬舒而仁，獨樂其
身，是謂雲氣，意行似天。〔註124〕

此食之過飽過飢，皆足以傷生而損形，必多少適度，乃足以舍精而生智。又如名利者，〈白心〉說：

臥名利者，寫生危。知周於六合之內者，吾知生之有爲阻也。〔註125〕

尹知章注：「臥，猶息也，能息名利，則除身之危。周其智於六合，則神傷竭，故於其生有阻難也。」〔註126〕追求名利不止者，是置其生於險境。〈心術上〉說：

人迫於惡，則失其所好；怵於好，則忘其所惡；非道也。故曰：不
怵乎好，不迫乎惡。惡不失其理，欲不過其情。故曰君子。〔註127〕

滿足適度慾望可促進身心健康，過其情則傷。

其次，欲是由這些欲望所引發的各種情緒，如〈內業〉說：

凡心之形，自充自盈，自生自成。其所以失之，必以憂樂喜怒欲利。
能去憂樂喜怒欲利，心乃反濟。

凡人之生也，必以其歡。憂則失紀，怒則失端，憂卑喜怒，道乃無
處。愛欲靜之，遇亂正之，勿引勿推，福將自歸。彼道自來，可藉
與謀，靜則得之，躁則失之。

思索生知，慢易生憂，暴傲生怨，憂鬱生疾。疾困乃死。思之而不
捨，內困外薄。不蚤爲圖，生將巽舍。食莫若無飽，思莫若勿致。
節適之齊，彼將自至。

忿怒失度，乃爲之圖。節其五欲，去其二凶，不喜不怒，平正擅匈。

〔註128〕

此等喜怒憂樂等情緒，足以蕩搖內心，雖不能斷絕，卻可以透過「節適」的方式，讓人得到適度的滿足，人「無利心」，〔註129〕心境平正，則可以身心健康，〈內業〉說：「節欲之道，萬物不害」，〔註130〕就是這個道理。

另一個養心的功夫在於「敬」。〈心術下〉說：

〔註124〕《管子・內業第四十九》，卷十六，頁1374。
〔註125〕《管子・白心第三十八》，卷十三，頁1356。
〔註126〕《周秦道論發微》注引，頁273。
〔註127〕《管子・心術上第三十六》，卷十三，頁1353～1354。
〔註128〕《管子・內業第四十九》，卷十六，頁1372～1373。
〔註129〕《管子・心術下第三十七》，卷十三，頁1355。
〔註130〕《管子・內業第四十九》，卷十六，頁1374。

> 凡民之生也，必以平正。所以失之者，必以喜怒哀樂。節怒莫若樂，
> 節樂莫若禮，守禮莫若敬。外敬而內靜，必反其性。〔註131〕

〈內業〉說：

> 是故此氣，杲乎如登於天，杳乎如入於淵，淖乎如在於海，足乎如
> 在於己。是故此氣也，不可止以力，而可安以德；不可呼以聲，而
> 可迎以音。敬守勿失，是謂成德，德成而智出，萬物果得。〔註132〕

想要保身養生，最好的方法就養成守禮敬事的習慣，敬守敬養，能心氣順暢
通達，而此習慣有賴讀詩書習音樂，這實際上已將儒家道德禮樂納入養生系
統，藉由外在的力量，改變人內在的本質，所以說「外敬」，此有異於「內靜」
的操持。戴濬（公元 1916～1971 年）說：

> 其（《管子》四篇）言養氣之道在於敬守。清明在躬，志氣如神，萬
> 物皆備，斯爲聖人。近乎儒家之學矣。道家以爲神之所困者，惟知與
> 情。故其云以去知與情爲致虛靜之道，去知與情，即無心也。所謂『心
> 齋』、『坐忘』。而《管子》猶言修心，是異乎道家，而近乎聖門正心
> 誠意者也。而管子之言保身，又須恃禮樂。皆似儒家口氣。〔註133〕

陳鼓應也說稷下道家就治身而言，〈內業〉提出精氣說以爲依據，認爲精氣是
人的生命力及智慧的基礎或來源。人首要目標便是養護住眞氣，其具體方法
是而內靜而外敬。內靜是指人心保持虛靜狀態。外敬則指人之形體動作要端
正。〔註134〕道家的傳統皆以「靜」作爲修養的根本大法，此在《老子》、《莊
子》就明白而清楚地看出來。而《管子》四篇秉持一貫的傳統，仍大論以靜
養心的功夫。不過，在先秦思想紛紛融合之際，《管子》四篇雖然以道家爲骨
幹，卻不能不受影響，以吸收別派的思想豐富自身的血肉，將「敬」納入作
爲修心的方法就是最大的特點。胡孚琛認爲《管子》四篇將儒家典籍和道德
規範與道家靜定反性的追求相結合，以作爲節制情緒，以達到內心平正的藥
方。所謂止怒莫若詩，去憂莫若樂，守禮莫若敬，守敬莫若靜，內靜外敬，
能反其性，性將大定。詩樂禮靜皆爲儒者的家珍，而靜定反性則爲道家法寶，
作者分別運用它們來醫治不良情緒，歸眞反性，這可謂援儒入道的一大創造。

〔註131〕《管子・心術下第三十七》，卷十三，頁 1355。
〔註132〕《管子・內業第四十九》，卷十六，頁 1372。
〔註133〕戴濬《管子學案》，頁 76，上海：學林出版社，1994 年 6 月第一刷。
〔註134〕〈道家的社會關懷〉，《道家文化研究》第十四輯。

〔註135〕援儒入道，兼收並蓄，正是黃老之學的特色之一。

　　從《管子》四篇來看，黃老養生理論到此時算是進一步的發展和完善，劉長林說：「中國攝生學和道德學有一個特點，就是攝生中蘊含道德，道德中寓藏攝生，認爲一切健身的修鍊，都有益於道德的提高，一切道德的覺悟與實踐也都有益於怯病延年。」〔註136〕這樣的情形，在代表黃老養生思想的《管子》四篇已見到這一走向，也爲兩漢黃老養生思想舖出了道路。

四、《呂氏春秋》

　　《呂氏春秋》爲秦相呂不韋集合門下客所編纂的一部書，爲雜家之作，〔註137〕在養生思想上，主要根植於道家。清人汪中說：「〈貴生〉、〈情欲〉、〈盡數〉、〈審分〉、〈君守〉五篇，尚清靜養生之術，則道家流也。」〔註138〕其實，不僅這五篇爲道家之流的思想，其它篇章，如〈本生〉、〈重己〉、〈先己〉、〈審爲〉等篇也有發揮。它結合了道家各說，注重尊生養生，發展了黃老道家的養生思想。

　　《呂氏春秋》承襲道家效法自然，人與宇宙相互統合的觀念，認爲宇宙最高原則是「太一」。

　　　　太一出兩儀，兩儀出陰陽。陰陽變化，一上一下，合而成章。渾渾
　　　　沌沌，離則復合，合則復興，是謂天常。〔註139〕

「太一」爲何？太一就是道。「道也者，視之不見，聽之不聞，不可爲狀……

〔註135〕《道學通論——道家道教仙學》，頁 141，北京：社會科學文獻出版社，1999
　　　　年 1 月第一刷。
〔註136〕《〈管子〉論攝生和道德自我超越》，收錄於《道家文化研究》第五輯，頁 170。
〔註137〕關於《呂氏春秋》，班固《漢書・藝文志》將之列於雜家，這是學界一致接受
　　　　的意見。但對「雜家」的理解和認識又有很大的差別。有的認爲是拼盤式的
　　　　雜，除了少數的篇章如十二紀外，其它各篇章之間沒有思想和邏輯關係，是
　　　　各家和不同人的作品彙編。另一種意見認爲，雜中又有一個主旨或主線。對
　　　　主旨和主線又呈現紛紜之狀。有的認爲以道家爲主，有的認爲以儒家爲主，
　　　　有的認爲以墨家爲主，有的認爲兼攝儒道。其實，與其從中找出一個主旨，
　　　　不如用雜的觀點去分析，這樣似乎更爲樸質些。《呂氏春秋》的雜，並不是雜
　　　　揉或雜湊。概括言之有如下三個特點，即雜存、雜選、雜通。（劉澤華《先秦
　　　　政治思想史》，頁 642～643，天津：南開大學出版社，1984 年 8 月）
〔註138〕《述學・呂氏春秋序》，頁 39，四部叢刊本，台北：臺灣商務印書館，1979
　　　　年 11 月台一版。
〔註139〕《呂氏春秋注疏・大樂》，卷第五，頁 496～498。

道也者，至精也，不可爲形，不可爲名，彊爲之謂之太一。」〔註140〕人由陰陽相合，造化而成。〈大樂〉：「萬物所出，造於大一，化於陰陽。」〔註141〕〈知分〉：「凡人物也，陰陽之化也。」陰陽成於自然，來自於天，〈知分〉：「陰陽者，造乎天而成者也。」〔註142〕因此，凡事必須遵循陰陽變化的自然法則，不可逾越，此觀念充分表現在十二紀。〈仲秋紀〉說：「凡舉事無逆天數，必順其時，乃因其類。」〔註143〕人的養生，莫不如此，其關鍵在於「全其天」，即是生命活動能掌握陰陽變化的規律，則可獲得成功。〈本生〉說：

> 聖人之制萬物也，以全其天也。天全則神和矣，目明矣，耳聰矣，鼻臭矣，口敏矣，三百六十節皆通利矣。若此人者：不言而信，不謀而當，不慮而得；精通乎天地，神覆乎宇宙；其於物無不受也，無不裹也，若天地然；上爲天子而不驕，下爲匹夫而不惛；此之謂全德之人。〔註144〕

因順自然，保全本性，上通天地，即是全德之人。

《呂氏春秋》以「重己」、「先己」、「貴己」爲特徵，強調「今吾生之爲我有，而利我亦大矣；論其貴賤，爵爲天子，不足以比焉；論其輕重，富有天下，不可以易之；論其安危，一曙失之，終身不復得。」〔註145〕「凡事之本，必先治身。」〔註146〕「聖人組修其身，而成文於天下矣。」〔註147〕沒有任何事物比「己」更爲重要，一切成敗榮辱全繫於一己的修治與否，而此重己、先己則以「貴生」爲首要目標。

> 聖人深慮天下，莫貴於生。夫耳目鼻口，生之役也。耳雖欲聲，目雖欲色，鼻雖欲芬香，口雖欲滋味，害於生則止。四官者不欲，利於生者則弗爲。〔註148〕

生命本身高於一切價值，養生旨在長養有形的生命，要人得壽，不受物害。這與同時期儒家類型的思想家如荀子說：「扁善之度，以治氣養生，則後彭祖；以

〔註140〕《呂氏春秋注疏·大樂》，卷第五，頁506～507。
〔註141〕《呂氏春秋注疏·大樂》，卷第五，頁499。
〔註142〕《呂氏春秋注疏·知分》，卷第二十，頁2476。
〔註143〕《呂氏春秋注疏·仲秋紀》，卷第八，頁779～780。
〔註144〕《呂氏春秋注疏·本生》，卷第一，頁65～69。
〔註145〕《呂氏春秋注疏·重己》，卷第一，頁82～83。
〔註146〕《呂氏春秋注疏·先己》，卷第三，頁310。
〔註147〕《呂氏春秋注疏·先己》，卷第三，頁334。
〔註148〕《呂氏春秋注疏·貴生》，卷第二，頁163～165。

修身自名，則配堯禹。」〔註 149〕主張社會倫理的價值相異。《呂氏春秋》雖然也強調仁義，卻不主張仁義而損害生命，爲得天下而殉身，或殺生以成仁，這都是害生的行爲，「天下，重物也，而不以害其生，又況於他物乎？」〔註150〕

　　這樣的思想，也導致了《呂氏春秋》重視《老子》主張的「長生久視」的觀念。〈重己〉說：「上世之人主貴人，無賢不肖，莫不欲長生久視。」但《呂氏春秋》的長生有其現實面的意義，它認識到人的生命有一定限度：「始生人者天也」，〔註151〕而人「凡生於天地之間，其必有死，所不免也。」〔註152〕肯定人之生死在於自然，是不可逆轉的。〔註153〕因此，又說：

　　　　生，性也；死，命也。〔註154〕

　　　　命也者，不知所以然而然者也。人事智巧以舉錯者，不得與焉。故
　　　　命也者，就之未得，去之未失。〔註155〕

人之性命不以人之意志爲轉移，隨著天地變化而生死，而「人之壽久不過百」，〔註156〕因此，人之長生並非可以長命不死，「長生者，非短而續之也，畢其數也。」〔註157〕這就是「全其天」觀念的發揮。有這層理路，長生也就是「全生」，全其自然所賦予的本性。徐復觀認爲《呂氏春秋》的人性論，主要落實在節欲養生這一方面，但「全性」「全德」，依然是他們追求的目標，這是他們所接受的道家傳統。不過他們是以生理的生命爲性，所以他們之所謂的全德即全性，全性即全生；而所謂全生，是把性所稟賦的壽命能完全享受到，而不致中途夭折，可爲全生做一註腳。〔註158〕

〔註149〕《荀子集釋・修身》，頁 24。
〔註150〕《呂氏春秋注疏・貴生》，卷第二，頁 167。
〔註151〕《呂氏春秋注疏・大樂》，卷第五，頁 504。
〔註152〕《呂氏春秋注疏・節喪》，卷第十，頁 967。
〔註153〕關於生死與養生，在春秋時子產與伊和對病理的探討中，已涉及到這個問題。早期道家也提出過「不爲物累」與「全形葆眞」的養生觀。但這種養生觀只能把人們引向消極避世、無欲無我的道路，最終導致神秘主義，或追求莊子的「眞人」，或方士的神仙。之後，《晏子春秋》的作者對這一問題探討深入了一步，提出了「生之有死，天之分也」（李潤英校點《晏子春秋・外篇・重而有異者第七・景公置酒泰山四望而泣晏子諫第二》，百子全書本，頁 1257，長沙：嶽麓書社，1994 年 9 月第二刷。）的生死自然觀。
〔註154〕《呂氏春秋注疏・知分》，卷第二十，頁 2473。
〔註155〕《呂氏春秋注疏・知分》，卷第二十，頁 2483。
〔註156〕《呂氏春秋注疏・安死》，卷第十，頁 989。
〔註157〕《呂氏春秋注疏・盡數》，卷第三，頁 293。
〔註158〕《中國人性論史》，頁 441，台北：臺灣商務印書館，1999 年 9 月初版第十二刷。

　　全生既是人生大目標，如何長養生命就格外重要。牟鍾鑑認爲在養生論上，儒家偏重德性修養而道家兼重生理護養，《呂氏春秋》近於後者。書中許多篇幅講去病健身、衛生長壽之道，有關論文可成系列，而多受《老子》的影響。〔註159〕不過，《呂氏春秋》強調的是貴生之術，此與之前如《老子》、《莊子》渾沌玄妙之言，如「致虛極，守靜篤」，「滌除玄覽」，「心齋」，「坐忘」的神秘體驗有所不同。它已落到實際可操作的層面，這也可以從《管子》四篇以降，看出黃老養生思想的發展趨勢。

　　在養生全生思想上，《呂氏春秋》闡述了兩大要點：

　　首先，《呂氏春秋》說人源於自然，人性受之於天，「性也者，所受於天，非擇取而爲之也」，〔註160〕「性也者，所受於天也，非人所能爲也。」〔註161〕天賦予人有欲有惡，〈大樂〉說：

> 始生人者，天也，人無事焉。天使人有欲，人弗得不求；天使人有惡，人弗得不辟。欲與惡所受於天也，人不得興焉。不可變，不可易。〔註162〕

既然欲望本是天性，就不該滅絕，應當順應人體生理的自然狀態，使之順遂。《呂氏春秋》藉子華子的話說：

> 全生爲上，虧生次之，死次之，迫生爲下。故所謂尊生者，全生之謂。所謂全生者，六欲皆得其宜也。所謂虧生者，六欲分得其宜也。虧生則於其尊之者薄矣。其虧彌甚者也，其尊彌薄。所謂死者，無有所以知，復其未生也。所謂迫生者，六欲莫得其宜也，皆獲其所甚惡者，服是也，辱是也。辱莫大於不義，故不義，迫生也，而迫生非獨不義也，故曰迫生不若死。奚以知其然也？耳聞所惡，不若無聞；目見所惡，不若無見。故雷則揜耳，電則揜目，此其比也。凡六欲者，皆知其所甚惡，而必不得免，不若無有所以知，無有所以知者，死之謂也，故迫生不若死。嗜肉者，非腐鼠之謂也；嗜酒者，非敗酒之謂也；尊生者，非迫生之謂也。〔註163〕

〔註159〕　〈《呂氏春秋》道家說之論證〉，《道家文化研究》第十輯，上海古籍出版社，1996 年 8 月第一刷。
〔註160〕　《呂氏春秋注疏・誠廉》，卷第十二，頁 1176。
〔註161〕　《呂氏春秋注疏・蕩兵》，卷第七，頁 705。
〔註162〕　《呂氏春秋注疏・大樂》，卷第五，頁 504～505。
〔註163〕　《呂氏春秋注疏・貴生》，卷第二，頁 178～184。

所謂「六欲」指生、死、耳、目、口、鼻，全生就是要滿足六欲，不使虧損。
但是滿足並非無限制的追求物欲，而是適度供應，引導得宜，因此，《呂氏春
秋》進一步強調「適欲」。

> 凡生之長也，順之也，使生不順者欲也，故聖人必先適欲。〔註164〕

> 凡養也者，瞻非適而以之適者也，能以久處其適，則生長矣。生也
> 者其身固靜，或而後知，或使之也。遂而不返，制乎嗜欲。制乎嗜
> 欲無窮，則必失其天矣。且夫嗜欲無窮，則必有貪鄙悖亂之心，淫
> 佚姦詐之事矣。〔註165〕

適欲猶節欲，「天生人而使有貪有欲，欲而有情，情有節，聖人修節以止欲；
故不過行其情也。」〔註166〕有適有節，才能得享天年，否則放縱太過，聽任
欲望，不僅無法順利逐生長壽，反而適得其反。〈本生〉說：

> 夫水之性清，土者抇之，故不得清。人之性壽，物者抇之，故不得
> 壽。物也者，所以養性也，非所以性養也。今世之人，惑者多以性
> 養物，則不知輕重也。〔註167〕

水性本來清，受了土的擾亂，使它不能清；人的生命本來長壽，受了外物的
擾亂，使人不得長壽。外物，本來是用以養生命的，而不是用生命去養它。
顏色、聲音、美味、財貨都是養生之具，但由於人的過分追求，這些都成為
危害人的因素，成為敵對力量。所謂「以性養物」，指的是以追求物欲，影響
生命，這樣的情形，《呂氏春秋》稱之為「萬物章章，以害一生，生無不傷」。
〔註168〕只是人往往惑於聲色滋味，日夜追求，極端放縱，生命怎能不損傷，
此猶如「萬人操弓，共射一招，招無不中」，〔註169〕本來世人主動追求外物，
結果反而導致外物壓迫、摧殘人。唯有欲望有所節制，「耳目口鼻，不得擅行，
必有所制」，〔註170〕則可避免生命損傷。由此節適觀念引申至各方面，如：

> 出則以車，入則以輦，務以自佚，命之曰招蹶之機，肥肉厚酒，務
> 以自強，命之曰爛腸之食；靡曼皓齒，鄭衛之音，務以自樂，命之

〔註164〕《呂氏春秋注疏・重己》，卷第一，頁 92。
〔註165〕《呂氏春秋注疏・侈樂》，卷第五，頁 517～519。
〔註166〕《呂氏春秋注疏・情欲》，卷第二，頁 186。
〔註167〕《呂氏春秋注疏・本生》，卷第一，頁 56～59。
〔註168〕《呂氏春秋注疏・本生》，卷第一，頁 64。
〔註169〕《呂氏春秋注疏・本生》，卷第一，頁 63。
〔註170〕《呂氏春秋注疏・貴生》，卷第二，頁 165。

曰伐性之斧。〔註 171〕

從食、行、性各方面要有節制，生活不可過度安逸，物質不可太過；又如「食能以時，身必無災；凡食之道，無飢無飽，是之謂五臟之葆」，〔註 172〕飲食要定時定量；還要去烈性厚味，不吃「大甘、大酸、大苦、大辛、大鹹」。精神上要祥和平靜，避免「大喜、大怒、大憂、大恐、大哀」。居住環境要氣候適宜，防止「大寒、大熱、大燥、大濕、大風、大霖、大霧」。〔註 173〕這種適欲節欲的觀念可說是《老子》「去奢、去甚、去泰」，「少私寡欲」思想進一步的發展。

其次，《呂氏春秋》強調人與自然相應。在十二紀中自然的運行有一個春生夏長、秋收冬藏的特色。〈情欲〉說：

> 人之與天地也同，萬物之形雖異，其情一體也。故古之治身與天下者，必法天地也。〔註 174〕

這個觀念，具體表現在養生操作上，與《管子》四篇強調培養精氣，以利長生相關。《呂氏春秋》認為舉凡是人，或是從飛禽走獸的動物，至花卉樹木的植物，再至珠寶玉器的的非生物等天地萬物皆由「精氣」或「氣」的物質構成，精氣的作用微妙而廣大。

> 精氣之集也，必有入也。集於羽鳥與為飛揚，集於走獸與為流行，集於珠玉與為精朗，集於樹木與為茂長，集於聖人與為敻明。精氣之來也，因輕而揚之，因走而行之，因美而良之，因長而養之，因智而明之。〔註 175〕

既然「精氣」是人體的精華，是生命的基礎，人應該不斷聚集精氣，並使它在體內不斷運行。否則精氣鬱滯勢必導致疾病的發生。〈達鬱〉說：

> 凡人三百六十節，九竅五藏六府。肌膚欲其比也，血脈欲其通也，筋骨欲其固也，心志欲其和也，精氣欲其行也。若此，則病無所居，而惡無由生矣。病之留，惡之生也，精氣鬱也。故水鬱則為污，樹鬱則為蠹，草鬱則為蕢。〔註 176〕

〈盡數〉說：

〔註 171〕《呂氏春秋注疏・本生》，卷第一，頁 70～74。
〔註 172〕《呂氏春秋注疏・盡數》，卷第三，頁 304。
〔註 173〕《呂氏春秋注疏・盡數》，卷第三，頁 293～294。
〔註 174〕《呂氏春秋注疏・情欲》，卷第二，頁 196。
〔註 175〕《呂氏春秋注疏・盡數》，卷第三，頁 295～296。
〔註 176〕《呂氏春秋注疏・達鬱》，卷第二十，頁 2515～2517。

> 流水不腐，戶樞不螻，動也。形氣亦然，形不動則精不流，精不流
> 則氣鬱。鬱處頭則為腫為風，處耳則為挶為聾，處目則為䁽為盲，
> 處鼻則為鼽為窒，處腹則為張為疛，處足則為痿為蹶。〔註177〕

〈先己〉也說：

> 凡事之本，必先治身。嗇其大寶，用其新，棄其陳，腠理遂通。精
> 氣日新，邪氣盡去，及其天年，此之謂真人。〔註178〕

這是對《管子》四篇精氣論的進一步發揚。然《管子》強調精氣需由正靜定
加以培養而後得，而《呂氏春秋》則著重於精氣落實於人體之後，順著精氣
流動的特性，如何讓精氣在人身運行，不使滯泥，則可使人體強健，精神清
明。此種順精氣而動的觀念，成為精氣養生的一種進展，也可說代表戰國末
期黃老養生思想的特色。

第三節　兩漢黃老養生思想的代表與特色

一、《淮南子》

（一）身國同構，重身貴人

從《老子》開始，就把「道」作為宇宙的總原理，由此基本思想推演出
人生論、倫理論、知識論、政治論等學說。易言之，就是《老子》在天道與
人道之上抽象出具有絕對至上性的「道」，再由道的原則規定人類社會生活的
原則，使其使用於人世的修身與治國。

對於天道與人道的理解，道作為宇宙基本內涵是「自然無為」，即順應萬
物自然狀態或自然過程，不違反，不干涉。天道如此，人道也應如此。一方
面，以道的自然原則為修身之本，要求人能「載營魄抱一」而無離，「專氣致
柔」如嬰兒，從而達到「通於神明」的境界。另一方面，則要求現實社會的
統治者能以「道」的清靜無為為根據，愛民節時，無為而治，從而達到自然
和諧的「小國寡民」式的理想社會。這種人道與天道本然同一的模式，即是
「合一」的關係。所以說天道與人道同一，人道也與政道同一。

《老子》建立起「合一」的模型，成為往後道家各派的理論張本。修身

〔註177〕《呂氏春秋注疏・盡數》，卷第三，頁297～300。
〔註178〕《呂氏春秋注疏・先己》，卷第三，頁310～311。

與治國無分，二者一體，即是所謂的身國同構之說。《莊子‧天下》提出「內聖外王」觀念，《管子》四篇中的「心安是國安」的命題，《呂氏春秋》中的黃老思想、《論六家要指》論黃老道家，無一不從這一個大方向著手。《淮南子》同樣也繼承這個思想。

《淮南子》曾言著成的目的：

> 凡屬書者，所以窺道開塞，庶後世使知舉錯取舍之宜適，外與物接而不眩，內有以處神養氣，宴煬至和，而己自樂，所受乎天地者也。〔註179〕

又說：

> 所以紀綱道德，經緯人事。〔註180〕

大意說，此是一部指導修身治國的書，要讓後人行事有所借鏡，對外與事物接觸而不至於迷惑，對內則有頤養情志的養生方法而使自己安適，而不管對內對外，都是要在持守天地的本性中得到快樂。這無疑告訴人們，《淮南子》是一部內外兼具的著作，內是養生保身，一個可以安身立命，避禍求福的途徑；外則是探求治亂興衰的經驗教訓，一個理國安民，社會政治之道。用《淮南子》自己的話，既要「懷道而不言」，又要「澤及萬民」；〔註181〕不只要「逍遙一世之間」更要「宰匠萬物之形」。〔註182〕

道家另一項基本特質就是「重人貴身」，強調保持生命的自然發展，保證欲望的自然滿足。但當治國與治身這兩種目的同時出現時，以何者為先為根本呢？

《淮南子》將治身置於首要地位，認為生命重於一切，「生尊於天下也。」〔註183〕「身得則萬物備矣」。〔註184〕從《淮南子》二十篇章的安排，將〈原道〉列為諸篇之首，具有開宗明義的意思。〈要略〉將〈原道〉的思想主旨做了扼要的概括，即「欲一言而寤，則尊天而保真；欲再言而通，則賤物貴身；欲參言而究，則外物而返情」。〔註185〕也就是說，尊奉天道的人生論意義在於漠視聲色名利等身外之物的誘惑，以保持真實性情，頤養生命為重，它以「貴

〔註179〕《淮南子校釋‧要略》，卷第二十一，頁 2145。
〔註180〕《淮南子校釋‧要略》，卷第二十一，頁 2123。
〔註181〕《淮南子校釋‧覽冥》，卷第六，頁 642。
〔註182〕《淮南子校釋‧要略》，卷第二十一，頁 2146。
〔註183〕《淮南子校釋‧精神》，卷第七，頁 778。
〔註184〕《淮南子校釋‧原道》，卷第一，頁 110。
〔註185〕《淮南子校釋》，卷第二十一，頁 2126。

身」、「保眞」爲主。

再看各篇章有許多身國關係的描述。

〈原道〉說：

> 天下之要，不在於彼而在於我，不在於人而在於我身，身得則萬物
> 備矣。〔註186〕

〈詮言〉說：

> 未嘗聞身治而國亂者也。未嘗聞身亂而國治者也。矩不正，不可以
> 爲方；規不正，不可以爲員；身者，事之規矩也。未聞枉己而能正
> 人者也。原天命，治心術，理好憎，適情性，則治道通矣。〔註187〕

〈詮言〉又說：

> 能有天下者必不失其國，能有其國者必不喪其家，能治其家者必不
> 遺其身，能脩其身者必不忘其心，能原其心者必不虧其性，能全其
> 性者必不惑於道。〔註188〕

這是以「道」爲最高標準，治道與身道同一，以身道爲規矩，放諸於治道，
則無不通。〈詮言〉說：

> 身以生爲常，富貴其寄也，能不以天下傷其國，而不以國害其身者，
> 焉可以托天下也。〔註189〕

身體以生存作爲綱常，富貴只是一種寄託。能夠不用天下來傷害他的國家，
不用國家來傷害身體，這樣的人才可以把整個天下託付給他。即是欲治理天
下者，必先愛惜自己身體開始，由此心向外推開，才能及於萬物。〈道應〉舉
大王亶父的例子說：

> 大王亶父居邠，翟人攻之。事之以皮帛珠玉而弗受，曰：「翟人之所
> 求者地，無以財物爲也。」大王亶父曰：「與人之兄居而殺其弟，與
> 人之父處而殺其子，吾弗爲。皆勉處矣！爲吾臣，與翟人奚以異？
> 且吾聞之也，不以其所養害其養。」杖策而去，民相連而從之，遂
> 成國於岐山之下。大王亶父可謂能保生矣。雖富貴，不以養傷身；
> 雖貧賤，不以利累形。今受其先人之爵祿，則必重失之。所自來者

〔註186〕《淮南子校釋》，卷第一，頁110。
〔註187〕《淮南子校釋》，卷第十四，頁1474。
〔註188〕《淮南子校釋》，卷第十四，頁1476。
〔註189〕《淮南子校釋》，卷第十四，頁1509。

久矣，而輕失之，豈不惑哉！故《老子》曰：「貴以身爲天下，焉可
以託天下。愛以身爲天下，焉可以寄天下矣。」〔註190〕

所謂的「不以其所養害其養」就是不因用來養生的東西危害所養之人，不以
政治目的而損害人民生命，凡事莫不以生命爲重，這也是另一種養身保生之
道。另一個例子，〈道應〉說：

楚莊王問詹何曰：「治國奈何？」對曰：「何明於治身，而不明於治
國？」楚王曰：「寡人得立宗廟社稷，願學所以守之。」詹何對曰：
「臣未嘗聞身治而國亂者也，未嘗聞身亂而國治者也。故本任於身，
不敢對以末。」楚王曰：「善。」故《老子》曰：「脩之身，其德乃
眞也。」〔註191〕

更可看出身治爲國治的基礎，身亂則國亂。

總而言之，《淮南子》總是治國與養生並提，身國同一，社會是人身的化
身，「故心者，身之本也；身者，國之本也。」〔註192〕「故其身治者，可與言
道矣。」〔註193〕心身爲社會的基礎，心身處理好了，國家自然強盛。「身者，
事之規矩也。」〔註194〕人身爲社會模型，以人身衡量社會之事，凡合於治身
的，就合於治國。此養生之道中蘊藏著無事安民、無爲而治的經世之道，此
構成了《淮南子》「與化爲一體」〔註195〕的終極追求。從這個大方向而言，《淮
南子》可說繼承了先秦黃老道家的修養思想，成爲漢初黃老理論代表。

（二）養生基本原理──天人相通

每一個理論，都有其最終的思想依據，《淮南子》的養生理論也不能例外。
養生的主體對象爲人，因此我們必須先了解人。我們在第二章曾討論到《淮
南子》認爲天地之間的萬物都是由無形的氣所產生，萬物有著共同的物質基
礎。表示天人之間有一種同構關係，宇宙與生命有一內在的關聯，把宇宙、
生命看成是一種各具型態的同構體，把自然現象比附生命現象。《淮南子》提
出天與人氣感相應，物類相感，所謂的「感應」觀點。即是同性質的氣可以
感召相同或相近的物類，自然現象之間互相感應；天人之間相通，人的身體

〔註190〕《淮南子校釋》，卷第十三，頁 1238。
〔註191〕《淮南子校釋》，卷第十三，頁 1243。
〔註192〕《淮南子校釋・泰族》，卷第二十，頁 2089。
〔註193〕《淮南子校釋・詮言》，卷第十四，頁 1533。
〔註194〕《淮南子校釋・詮言》，卷第十四，頁 1474。
〔註195〕《淮南子校釋・精神》，卷第七，頁 783。

與性情都與自然氣息相通。〈本經〉說：

> 天地宇宙，一人之身也；六合之內，一人之制也。〔註196〕

人與天地相求，人身之節奏應於自然，人之生理亦與之相合。〔註197〕

　　〈精神〉有一大段論述人形成的過程，並以天地自然的屬性來比附對應人的器官功能和精神狀態：

> 夫精神者，所受於天也；而形體者，所稟於地也。故曰：一生二，二生三，三生萬物。萬物背陰而抱陽，沖氣以為和。故曰一月而膏，二月而胅，三月而胎，四月而肌，五月而筋，六月而骨，七月而成，八月而動，九月而躁，十月而生。形體以成，五藏乃形，是故肺主目，腎主鼻，膽主口，肝主耳。外為表而內為裏，開閉張歙，各有經紀。故頭之圓也象天，足之方也象地。天有四時、五行、九解、三百六十六日，人亦有四支、五藏、九竅、三百六十六節。天有風雨寒暑，人亦有取與喜怒。故膽為雲，肺為氣，肝為風，腎為雨，脾為雷，以與天地相參也，而心為之主。是故耳目者日月也，血氣者風雨也。〔註198〕

人體與天體的同構，涉及到三種結構關係。一是時間結構，天有春夏秋冬四季，人有四肢，人的四肢與天體運行的四季相對應。二是空間結構，天有九解，人有九竅，所謂的九解，就是〈天文〉中的九野，中央和八方之天的簡稱，人的九竅與天的九解相對應。三是物質結構，天有金木水火土五星，人有心肝脾肺腎五臟，五臟與五星，亦即五行相對應，內部器官則和風雲雷雨

〔註196〕《淮南子校釋》，卷第八，頁819。

〔註197〕此觀念，同時期資料也有同樣的主張。如漢簡《引書》：「治身欲與天地相求，猶橐籥也，虛而不屈，動而愈出。閉玄府，啟繆門，闔五臟，逢九竅，利啟闔奏理，此利身之道也。燥則婁虖、婁臥，濕則婁炊，毋臥、實陰，暑則精婁煦，寒則勞身。此與燥濕寒暑相應之道也。」（張家山漢簡整理組：〈張家山漢簡《引書》釋文〉，《文物》1990年第10期。）《養生方‧十問》：「黃帝問於容成曰：民始賦淳流行，何得而生。流行成體，何失而死。何世之人也，有惡有好，有夭有壽。欲聞民氣贏屈弛張之故。容成答曰：君若欲壽，則順察天地之道。天氣月盡月盈，故能長生。地氣歲有寒暑，險易相取，故地久而不腐。君必察天地之情，而行之似身，有徵可知。間雖聖人，非其所能，唯道者知之。天地之至精，生於無微，長於無形，成於無體，得者壽長，失者夭死。故善治氣摶精者，以無微為積，精神泉溢，吸甘露以為積，飲瑤泉靈尊以為經，去惡好俗，神乃流行。」

〔註198〕《淮南子校釋》，卷第七，頁722。

等自然現象相對應，而人的感情搏動也和天氣的變化聯繫在一起。

人的性情、形體、精神等也都是由自然環境決定。〈地形〉說：

> 凡地形：東西爲緯，南北爲經；山爲積德，川爲積刑；高者爲生，
> 下者爲死；丘陵爲牡，谿谷爲牝；水圓折者有珠，方折者有玉；清
> 水有黃金，龍淵有玉英。土地各以其類生，是故山氣多男，澤氣多
> 女，障氣多暗，風氣多聾，林氣多癃，木氣多傴，岸下氣多腫，石
> 氣多力，險阻氣多癭，暑氣多夭，寒氣多壽，谷氣多痹，丘氣多狂，
> 衍氣多仁，陵氣多貪，輕土多利，重土多遲，清水音小，濁水音大，
> 湍水人輕，遲水人重，中土多聖人。皆象其氣，皆應其類。〔註199〕

人的壽命長短，身體輕重，容貌美醜，動作快慢，聲音大小，性格強弱，品
質好壞，道德善惡，都與一定的土質、氣候、環境相像。中央土地上之所以
多聖賢之人，它們聰明穎慧善於治理國家，就在於中央的四面通達，八風、
雲氣、雨露所會合之處。相反，在昏暗不見陽光的地方，是被上天所封閉之
處，那裡的人就愚笨，沒有智慧。這就是說存在物之間並非孤立的，而是一
個完整的有機體。

《淮南子》論證了自然與人有著共同的本原，人與自然是相應統一，人
身既取象於天，而萬物出於道，天亦道之所生，故人不可以違道，對於道或
是天只有遵循。〈精神〉說：「是故聖人法天順情，不拘於俗，不誘於人。以
天爲父，以地爲母，陰陽爲綱，四時爲紀。天靜以清，地定以寧，萬物失之
者死，法之者生。」〔註200〕從人性自然的觀點出發，提出了自然無爲，與天
地相參的思想，就是按照人的本性的要求，不帶半點主觀意識，只要順乎其
理，合乎其規，生養人性，即是養生的基本原則。

（三）養生重心——養神

先秦黃老道家著作《管子·內業》說：「凡人之生也，天出其精，地出其
形，合此以爲人。」〔註201〕又說：「精也者，氣之精者也」，「一物能化謂之神。」
〔註202〕認爲天出精氣地出形體，藉由精氣——神的作用，形成爲人。清楚表
述精氣、神、形三者共構的關係。

〔註199〕《淮南子校釋》，卷第四，頁451。
〔註200〕《淮南子校釋》，卷第七，頁719。
〔註201〕《管子·內業第四十九》，卷十六，頁1373。
〔註202〕《管子·內業第四十九》，卷十六，頁1372。

　　《淮南子》繼承並發展〈內業〉的思想，也認爲人生命的誕生由氣、形、神三個因素結合而成，「夫形者，生之舍；氣者，生之充也；神者，生之制也，一失位則三者傷矣。」〔註203〕從總根源上看，人的形和神來自天地之間存在的氣，氣是聯繫著形和神，它既能聚成形，又能化神，人的生命活動力全依賴它的支持。就個別而言，人的生命寓於形，形是生命的住所，氣使生命充盈，神是生命的主宰，三者相互結合，以維持人體的生命，三者缺一不可，失去了一個，其餘的都要受到傷害。可以說人之生命的夭壽、強弱，皆取決於氣、形、神的狀態。

　　氣、形、神爲人的根本，它們的義涵如何呢？

　　「形」爲物質性的東西，是顯諸於外可得而可感者，指生命基礎，「四肢、五臟、九竅、三百六十六節」，〔註204〕五官百體，即肉身及器官組織。氣指血氣或氣志，這是生命活動的基本原始物質，但是氣並不限定於此，更重要的意義即是生命力，代表一種生命運動的方式。這是人們無法外識清楚的，故有時又稱「精」，「精泄於目則其視明，在於耳則聽聰，流於口則其言當，集於心則其慮通。」〔註205〕它是流動的，沒有固定處所，如果人們的精神集中於五臟，則血氣可以引到五臟，五臟就能夠充實，「是故血氣者，人之華也，而五臟者，人之精也。夫血氣能專於五臟而不外越，則胸腹充而嗜欲省矣」。〔註206〕形與氣在《淮南子》當中並不難理解，但對於神就需要仔細抽繹，才能清楚其義涵。

　　「神」在《淮南子》裡並沒有宗教迷信中的神靈意義，《淮南子》的神在道指天地的變化功能和發展規律，稱爲「神明」，如〈精神〉說：

　　　　天地之道，至紘以大，尚猶節其章光，愛其神明。〔註207〕

〈泰族〉說：

　　　　天設日月，列星辰，調陰陽，張四時，日以暴之，夜以息之，風以乾之，雨露以濡之。其生物也，莫見其所養而物長；其殺物也，莫見其所喪而物亡，此之謂神明。〔註208〕

〔註203〕《淮南子校釋・原道》，卷第一，頁124。
〔註204〕《淮南子校釋・精神》，卷第七，頁722。
〔註205〕《淮南子校釋・本經》，卷第八，頁859。
〔註206〕《淮南子校釋・精神》，卷第七，頁731。
〔註207〕《淮南子校釋》，卷第七，頁723。
〔註208〕《淮南子校釋》，卷第二十，頁2035。

經由「神明」的功能作用，萬物乃成。

「神」在人的意義有二：一是指生命活動的總機能，生命活動表現於外的象徵。〈原道〉說：「今人之所以眭然能視，營然能聽，形體能抗，而百節可屈伸，察能分白黑、視醜美，而知能別同異、明是非者，何也？氣為之充，而神為之使也。」〔註209〕神是人的生命之根，人的一切知覺活動源於發於神，神去人的活動便熄滅了。所以人體之神就是生命活動的顯示。

另一指人的意識思維等精神活動。〈俶眞〉說：

夫目視鴻鵠之飛，耳聽琴瑟之聲，而心在雁門之間，一身之中，神之分離剖判，六合之內，一舉而千萬里。〔註210〕

夫化生者不死，而化物者不化，神經於驪山、太行而不能難，入於四海九江而不能濡，處小隘而不塞，橫扁天地之間而不窕。〔註211〕

上山下海，不受外在客觀條件限制，唯意志與思維能當之。《黃帝內經》也說：「耳不聞，目明心開而志先，慧然獨悟，口弗能言，俱視獨見，適若昏，昭然獨明，若風吹雲，故曰神。」〔註212〕即是超乎一切感官之上，而能獨然燭見。

神與「心」有密切關係。《淮南子》的心，有與神同者。神為生之制，而「心者，五臟之主也，所以制使四肢，流行血氣，馳騁於是非之境，而出入於百事之門戶者也。」〔註213〕它也是生命的關鍵，生命活動表現於外的象徵，其作用與神無異，於此，「心有所至，而神喟然在之」，〔註214〕心就是神，神就是心，心神合一。

不過，心與神仍具分別。大抵而言，心的性質，可分為經驗層與超越層二方面。經驗層是經驗心，即心理學的心，為情意我，和認知意義的心，為主體思維的器官。超越層則是自由無限的心，或名之曰本心，為一潛伏狀態的眞心，心即是本體，它不但無形無象，而且不可思議。經驗心雖無形象但可說，二心本質上是一心，只是存在樣態不同。超越心與物無對；認知心與

〔註209〕《淮南子校釋・原道》，卷第一，頁 124。
〔註210〕《淮南子校釋》，卷第二，頁 172。
〔註211〕《淮南子校釋・俶眞》，卷第二，頁 225。
〔註212〕牛兵占、陳志強等通釋《黃帝內經・素問・八正神明論第二十六》，卷第八，頁 314，石家庄：河北科技學術出版社，1994 年 3 月第一版。
〔註213〕《淮南子校釋・原道》，卷第一，頁 103。
〔註214〕《淮南子校釋・俶眞》，卷第二，頁 215。

物有對，它是一種時空中的認知作用。

　　《淮南子》的心最主要意義是經驗層的認知之心，「發一端，散無竟，周八極，總一筦，謂之心。」〔註215〕「中有本主，以定清濁，不受於外，而自爲儀表也。」〔註216〕此「具有認識功能，但這不是對自然界進行分析、分類及推理等邏輯認識，即不是對主體以外的的客體進行對象性認識，而是對人性的自我體驗、自我認識。」〔註217〕因爲《淮南子》的心最終「游心於虛」。〔註218〕所以，〈俶眞〉說：

　　　夫人之所受於天者，耳目之於聲色也，口鼻之於芳臭也，肌膚之於寒燠，其情一也，或通於神明，或不免於癡狂者，何也？其所爲制者異也。是故神者智之淵也，淵清則智明矣；智者心之府也，智公則心平矣。人莫鑑於流沫，而鑑於止水者，以其靜也；莫窺形於生鐵，而窺於明鏡者，以睹其易也。夫唯易且靜，形物之性也。由此觀之，用也必假之於弗用也，是故虛室生白，吉祥止也。〔註219〕

神是一種精神境界，是智慧的泉源，而智慧是心所具有，人有超越自身的精神需要，同時也有潛在的本體存在，雖然並非人人可以達到。〔註220〕在這意義上，我們可以看出，《淮南子》的心，它不似儒家如孟子以心爲本體，並將之歸於理義，「心之所同然者何也？謂理、義也。聖人先得我心之所同然耳。」〔註221〕「盡其心者，知其性也；知其性，則知天矣。」〔註222〕此處心性天皆指本體而言。不過，《淮南子》雖是認知之心，但它已有超越自身的意義，可說同時有本體存在的可能性。

　　對於心與神的關係，《淮南子》說的很清楚，〈精神〉：

　　　心者，形之主也；而神者，心之寶也。〔註223〕

心是形之主，神是心之寶，神是心的功能表現，神是心的派生物，心能否顯現作用，完全依神而定，或者說心借神而彰顯，彼此密不可分，此與《荀子》：

〔註215〕《淮南子校釋・人間》，卷第十八，頁 1831。
〔註216〕《淮南子校釋・氾論》，卷第十三，頁 1369。
〔註217〕蒙培元《中國心性論》，頁 136，台北：台灣學生書局，1990 年 4 月初版。
〔註218〕《淮南子校釋・俶眞》，卷第二，頁 198。
〔註219〕《淮南子校釋》，卷第二，頁 215。
〔註220〕蒙培元《中國心性論》，頁 132～133。
〔註221〕《四書章句集注・孟子集注・告子上》，卷十一，頁 330。
〔註222〕《四書章句集注・孟子集注・盡心上》，卷十三，頁 349。
〔註223〕《淮南子校釋》，卷第七，頁 745。

「心者，形之君而神明之主也。」〔註224〕《黃帝內經》：「心者，君主之官也，神明出焉。」〔註225〕的說法一致。神之可養可治，即是透過心的實體聯繫，形成形軀生命的動源。

　　《淮南子》的養生思想，是一種養性思想。《淮南子》「性」的意義，根據羅光的說法，認爲在道家的思想裡，性字和天字的意義相同，即性便是天然，天然是自然，自然即是性。《淮南子》所講的的性爲天性，天性爲純樸的自然，不加人爲的修養。因此常稱人的壽命爲性命，性命就等於生命。生命活動不息，常有自己的要求。生命的要求乃人生來就有，即是人的天性，因此性命也有天性的意義。〔註226〕張立文也認爲《淮南子》的性命之論上承《莊子》外雜篇，近繼《呂氏春秋》，以性命爲生命。「夫性命者，與形具出其宗，性命成而好憎生矣。」〔註227〕作爲生命形式的知覺現象，與形體同宗。〔註228〕這種見解是正確的，羅光所說的天，就是道的同義詞，前面我們所討論的，《淮南子》用宇宙生成論說明人性的來源和內容，它重視外在的自然律，而不是內在的道德律，必然將性定義爲自然之性。〈原道〉中有這樣的描述：

> 所謂天者，純粹樸素，質直皓白，未始有與雜糅者也。所謂人者，
> 偶瞚智故，曲巧偽詐，所以俛仰於世人而與俗交者也。

對於「天性」，它舉例說是「牛岐蹄而戴角，馬被髦而全足者，天也。」而「人爲」，則是「絡馬之口，穿牛之鼻者，人也。」〈原道〉又說：

> 夫萍樹根於水，木樹根於土，鳥排虛而飛，獸蹠實而走，蛟龍水居，
> 虎豹山處，天地之性也。〔註229〕

又說：

> 夫舉天下萬物，蚑蟯貞蟲，蠕動蚑作，皆知其所喜憎利害者，何也？
> 以其性之在焉而不離也，忽去之，則骨肉無倫矣。〔註230〕

這種實證性的論析，說明自然給予萬物的生理特質就是性。而《淮南子》視

〔註224〕《荀子集釋・解蔽第二十一》，頁 488。
〔註225〕《黃帝內經・素問・靈蘭秘典論第八》，卷第三，頁 245。
〔註226〕《中國哲學史・兩漢、南北朝篇》，頁 575，台北：臺灣學生書局，1985 年 8月再版。
〔註227〕《淮南子校釋・原道》，卷第一，頁 111。
〔註228〕《中國哲學範疇發展史・人道篇》，頁 12，台北：五南圖書公司，1997 年 1月初版。
〔註229〕《淮南子校釋》，卷第一，頁 47。
〔註230〕《淮南子校釋》，卷第一，頁 124。

人是道的體現，「身者，道之所託」，〔註231〕道在人的身上就成為人的自然本性，人的自然本性就是得自於道的德，「率性而行謂之道，得其天性謂之德」，〔註232〕人的自然本性就是道德本性，只是這裡的道德本性並非義理上的意義，而是自然形而上的意義。

人由神、形、氣三者構成，意味人所要長養的就是這些自然本能的要求，就是「原心反性」，〔註233〕「反性於初」，〔註234〕最終是「順其在己」〔註235〕而自得。〈道原〉說：

> 夫得道已定，而不待萬物之推移也，非以一時之變化而定吾所以自得也。吾所謂自得者，性命之情處其所安也。〔註236〕

即是滿足生命形式的需要，為人們最大自得需要，這種需要就是生命本性和必然的自然真情。《莊子・庚桑楚》說「性者，生之質也。」〔註237〕即是性包含生，生也決定「性」之為「性」，故不當脫離生來談性。《莊子》說：

> 三皇五帝之治天下也，名曰治之，亂莫甚焉。……莫得安其性命之情，而猶自以為聖人，不可恥乎？〔註238〕

又說：

> 聖人之愛人也終無已，人之安之亦無已，性也。〔註239〕

一切制度文物，都是「使人不得安其性之情」的人為東西，所謂性命之情者，即性命的自然狀態，聖人治天下不再予以己意加諸於百姓，而在於順其本性，如此則國安。可見《淮南子》所說的性以自得自安為主旨之所本，亦見出此屬道家本色。

這種從「萬物莫不尊道而貴德」的命題出發，去規定人的先天本性，性為自然，以養性為「斗極」〔註240〕的大方向，《淮南子》認為長養人的根本不在於道德理性的培養，而在於自然屬性神、形、氣的健全，養生即養此三者。

〔註231〕《淮南子校釋・齊俗》，卷第十一，頁1152。
〔註232〕《淮南子校釋・齊俗》，卷第十一，頁1109。
〔註233〕《淮南子校釋・繆稱》，卷第十，頁1106。
〔註234〕《淮南子校釋・俶真》，卷第二，頁198。
〔註235〕《淮南子校釋・繆稱》，卷第十，1079。
〔註236〕《淮南子校釋》，卷一，頁111。
〔註237〕《莊子集釋・庚桑楚第二十三》，卷八上，頁810。
〔註238〕《莊子集釋・天運》，卷五下，頁527。
〔註239〕《莊子集釋・則陽第二十五》，卷八下，頁882。
〔註240〕《淮南子校釋・齊俗》，卷第十一，頁1132。

形者非其所安也而處之，則廢；氣不當其所充而用之，則泄；神非
其所宜而行之，則昧；此三者，不可不愼守也。〔註241〕

「愼守」的基本方式是「將養其神，和弱其氣，平夷其形」。此即養生爲養性
之義。

人爲形神、身心的統一體，二者同等重要，不可過度操勞，「形勞而不休
則蹶，精用而不已則竭」。但《淮南子》認爲心神比形體要尊貴，這在於心神
是由天授與的，形體是由地給予的。產生心神的氣是精緻的，而構成身體之
氣則是雜亂的，心神居於主導地位，「制使四支，流行血氣」，「經天下之氣」，
〔註242〕故養性以養神爲要務。《淮南子》曾批評專事養形的行爲，〈精神〉說：

若吹呴呼吸，吐故內新，熊經鳥伸，鳧浴蝯躩，鴟視虎顧，是養形
之人也，不以滑心。使神滔蕩而不失其充，日夜無傷而與物爲春，
則是合而生時於心也。且人有戒形而無損於心，有綴宅而無耗精。

夫癩者趨不變，狂者形不虧，神將有所遠徙，孰暇知其所爲！〔註243〕

吐納、導引，是彭祖之類養形之人的做法，不是眞人之道，唯有「精神內守」
而「不可使外淫」〔註244〕才不會勞煩精神，耗損氣質，而使神氣消散，短壽
夭亡。〈齊俗〉也有批評學習王喬、赤誦子鍊氣養形之人，「不得其養氣處神，
而放其一吐一吸，時詘時伸，其不能乘雲昇假亦明矣。」〔註245〕不以養神爲
爲主，而僅模仿其動作，即可輕舉升天，無疑是不能達成目的的。〈原道〉說
養神與養形不同，養形是「以外樂內」，沒有排除外物的影響，終究人還是無
法解脫世俗桎梏。養神則不同，「以內樂外」，「有以自得」，〔註246〕根本排除
外界的影響，進而成爲一得道之人。「以神爲主者，形從而利；以形爲制者，
神從而害」，〔註247〕「神貴乎形也，故神制則形從，形勝則神窮。」〔註248〕
因此，〈泰族〉說：

治身，太上養神，其次養形。治國，泰上養化，其次正法。神清志
平，百節皆寧，養性之本也。肥肌膚，充腸腹，供嗜欲，養生之末

〔註241〕 《淮南子校釋‧原道》，卷第一，頁 124。
〔註242〕 《淮南子校釋‧原道》，卷第一，頁 103。
〔註243〕 《淮南子校釋》，卷第七，頁 748。
〔註244〕 《淮南子校釋‧精神》，卷第七，頁 732。
〔註245〕 《淮南子校釋‧齊俗》，卷第十一，頁 1158。
〔註246〕 《淮南子校釋‧原道》，卷第一，頁 103。
〔註247〕 《淮南子校釋‧原道》，卷第一，頁 125。
〔註248〕 《淮南子校釋‧詮言》，卷第十四，頁 1533。

也。〔註249〕

唯有精神充實，心靈平順，心神調和，不在乎聲色滋味，「樂亡乎富貴而在於德合」，〔註250〕才是養生的極致。

（四）養生方法——原心返性

《淮南子》視情、欲爲人性之本然，持以情爲性的看法。〔註251〕〈俶眞〉說：

> 人之所受於天者，耳目之於聲也，口鼻之於芳臭也，肌膚之於寒煥，其情一也。〔註252〕

〈本經〉說：

> 人之性，心有憂喪則悲，悲則哀，哀斯憤，憤斯怒，怒斯動，動則手足不靜。人之性，有侵犯則怒，怒則血充，血充則氣激，氣激則發怒，發怒則有所釋憾矣。〔註253〕

〈泰族〉說：

> 民有好色之性，故有大婚之禮；有飲食之性，故有大饗之誼；有喜樂之性，故有鐘鼓筦絃之音；有悲哀之性，故有衰絰哭踊之節。〔註254〕

五色、五音、五味，人所能辨；喜、怒、哀、樂，人之所具；因美聲色好滋味而喜樂，因失意喪志而悲傷，人之常情，這是不排斥情欲爲人內在所有。另一方面，《淮南子》又認爲道與德爲宇宙至高之善，人之自然本性得諸於道與德，人性爲道的體現，故人性爲至善之性。〔註255〕由此可知，《淮南子》認爲順從人的本質天性，而不主張人爲地泯滅人的本性，即是滿足人的情欲爲

〔註249〕《淮南子校釋》，卷第二十，頁 2074。

〔註250〕《淮南子校釋・原道》，卷第一，頁 95。

〔註251〕先秦思想家一派主張以情欲爲性，如荀子，《荀子・正名》：「性者天就也，情者性之質，欲者情之應也。」〈王霸〉認爲人對聲色味臭佚的追求，乃「人情所必不免也。」另一派則主張情欲非性，如孟子，認爲飲食男女爲人之大欲，但此欲在人不可謂性，此爲人身上的獸性，人之所以爲人，在於人有道德觀念，即是仁義理智四端，此才是人之性。

〔註252〕《淮南子校釋》，卷第二，頁 215。

〔註253〕《淮南子校釋・本經》，卷第八，頁 878。

〔註254〕《淮南子校釋・泰族》，卷第二十，頁 2052。

〔註255〕關於人性的問題，《淮南子》全書並非完全一致，雜有儒家孟子性善之說，「人有仁義之質」；也有性三品（混合）之說，可見其出於多人之手。但如果從整個以道爲宗主要線索而言，其論人性仍以爲人性得之於天，爲一至善之性，則無可懷疑。

實現人之自然本性，「有其性，無其養，不能遵道」。〔註256〕故養生以通於情性爲準則，「故通性之情者，不務性之所無以爲；通命之情者，不憂命之所無奈何；通於道者，物莫不足滑其調。」〔註257〕

　　同時，《淮南子》也看到人的至善之性，容易「以物煩其性命」，〔註258〕「原人之性，蕪穢而不得清明者，物或堁之也。」〔註259〕《淮南子》說：

> 人之情，耳目應感動，心志知憂樂，手足之攢疾蟲、辟寒暑，所以與物接也。蜂蠆螫指而神不能憺，蚊虻噆膚而知不能平，夫憂患之來，攖人心也，非直蜂蠆之螫毒而蚊虻之慘怛也，而欲靜漠虛無，柰之何哉！夫目察秋豪之末，耳不聞雷霆之音；耳調玉石之聲，目不見太山之高。何則？小有所志而大有所忘也。今萬物之來，擢拔吾性，攓取吾情，有若泉源，雖欲勿稟，其可得邪！〔註260〕

即是人之情欲因外物影響而引起變化，使無法內心安靜而全身。這是由於「人生而靜，天之性也。感而後動，性之害也。物至而神應，知之動也。知與物接，而好憎生焉。好憎成形，而知誘於外，不能反己，而天理滅矣。」〔註261〕人性雖然安靜，但人生而有知，感物而動，人之心智隨外物而追逐之，則失性而從物，「夫素之質白，染之以涅，則黑，縑之性黃，染之以丹則赤；人之性無邪，久湛於俗則易，易而忘本」，〔註262〕忘本從物使內心若有所失，惆悵迷茫就不能達到久壽的目的。

　　所謂的「外物」，指對外界聲色五味的各種享受，而最大的外物在於占有天下之心。「知養生之和，則不可以懸以天下」，〔註263〕「天下神器，不可爲也。」〔註264〕《淮南子》對於此，主張根本之道在於「反性」或「反初」，即是用心加以節制：

> 神明定於天下，心反其初，心反其初而民性善。〔註265〕

〔註256〕《淮南子校釋・泰族》，卷第二十，頁 2053。
〔註257〕《淮南子校釋・詮言》，卷第十四，頁 1474。
〔註258〕《淮南子校釋・俶眞》，卷第二，頁 147。
〔註259〕《淮南子校釋・齊俗》，卷第十一，頁 1131。
〔註260〕《淮南子校釋・俶眞》，卷第二，頁 226。
〔註261〕《淮南子校釋・原道》，卷第一，頁 34。
〔註262〕《淮南子校釋・齊俗》，卷第十一，頁 1132。
〔註263〕《淮南子校釋・精神》，卷第七，頁 748。
〔註264〕《淮南子校釋・原道》，卷第一，頁 110。
〔註265〕《淮南子校釋・本經》，卷第八，頁 820。

體現以心為主體，拋棄物累，勿使情欲過度膨脹，使精神內守而不外越，〈詮言〉說：「聖人損欲而從事於性」，〔註266〕使「神明藏於無形，精神反於至眞」。〔註267〕〈詮言〉又說：

> 原天命，治心術，理好憎，適情性，則治道通矣。原天命則不惑禍福，治心術則不妄喜怒，理好憎則不貪無用，適情性則欲不過節。不惑禍福則動靜循理，不妄喜怒則賞罰不阿，不貪無用則不以欲害性，欲不過節則養性知足。〔註268〕

強調反性節欲，使欲適足。在〈道應〉中有一個例子可以替這個觀念作註解：

> 中山公子牟謂詹子曰：「身處江海之上，心在魏闕之下。爲之奈何？」詹子曰：「重生。重生則輕利。」中山公子牟曰：「雖知之，猶不能自勝。」詹子曰：『不能自勝，則從之。從之，神無怨乎！不能自勝而強弗從者，此之謂重傷。重傷之人，無壽類矣！」故《老子》曰：「知和曰常，知常曰明，益生曰祥，心使氣曰強。」是故「用其光，復歸其明」也。〔註269〕

此例子來自於《莊子・讓王》，文中公子牟主張重生，重生必須輕利寡欲，但輕利寡欲容易傷心，於是他又主張「從之」，即順從欲望，但他又不主張放縱欲望，應該對情欲有所節制，舍口腹之養而求精神之全。由此看出《淮南子》用節適性情的方法使欲不能損害純樸自然的本性。〔註270〕

《淮南子》所講的節適情欲，與儒家不同，儒家將仁義視爲人性本然，認爲行仁義，就是回歸人性本善的一面。《淮南子》則認爲儒家的仁義禮樂是外在強制性的規範，就好像「衣服禮俗者，非人之性也，所受於外也。」〔註271〕並不是出自於人的本性，汲汲於仁義，必然喪失純樸自然的本性。仁義禮樂的出現純粹是因應人世逐漸背離自然所致。〈齊俗〉說：

> 率性而行謂之道，得其天性謂之德。性失然後貴仁，道失然後貴

〔註266〕《淮南子校釋》，卷第十四，頁1497。
〔註267〕《淮南子校釋・本經》，卷第八，頁859。
〔註268〕《淮南子校釋・詮言》，卷第十四，頁1474。
〔註269〕《淮南子校釋・道應》，卷第十二，頁1241。
〔註270〕這種以心制情欲，並非如儒家荀子所言人之性惡，情欲爲人的本性，順從此本性即會造成險亂，必須制定禮義以規範之說。（《荀子・性惡》：「故古者聖王以人之性惡，以爲偏險而不正，悖亂而不治，是以爲之起禮義、制法度，以矯飾人之情性而正之，以擾化人之情性而導之也。始皆出於治而合於道也。」）
〔註271〕《淮南子校釋・齊俗》，卷第十一，頁1132。

義。是故仁義立而道德遷矣，禮樂飾則純樸散矣，是非形則百姓
眩矣，珠玉尊則天下爭矣。凡此四者，衰世之造也，末世之用也。
〔註272〕

〈本經〉說：

> 逮至衰世，人眾財寡，事力勞而養不足，於是忿爭生，是以貴仁。
> 仁鄙不齊，比周朋黨，設詐諝，懷機械巧故之心，而性失矣，是以
> 貴義。陰陽之情，莫不有血氣之感，男女群居雜處而無別，是以貴
> 禮。性命之情，淫而相脅，以不得已，則不和，是以貴樂。是故仁
> 義禮樂者，可以救敗，而非通治之至也。〔註273〕

行仁義是大道失去以後，不得已的手段，而欲行儒家之仁義以達到反性於初
而節適情欲，無異於緣木求魚，猶如以火救火，終究無法實現。

《淮南子》論到過分貪欲，會使人精氣失散；喜好、憎惡，使人精神疲
勞；追求利益、嗜欲，就會妨害養生，情欲不節，將會禍患上身。

> 耳目淫於聲色之樂，則五臟搖動而不定矣，五臟搖動而不定，則血氣
> 滔蕩而不休矣，血氣滔蕩而不休，則精神馳騁於外而不守矣。〔註274〕

放任耳目，縱淫聲色，則導致精神外騁而恍惚，以致不辨事物。這是由於人
之五官失位，使得五臟搖動、血氣滌蕩，精神不定，因此而傷身。

> 好憎者，使人心勞，弗疾去，則志氣日耗，夫人之所以不能終其壽
> 命，而中道夭於刑戮者。〔註275〕

> 夫悲樂者，德之邪也，而喜怒者，道之過也，好憎者，心之暴也。
> 〔註276〕

情緒過度喜怒悲樂好憎，造成精神及形體上的不良影響，〈詮言〉說：

> 心有憂者，筐床衽席弗能安也，菰飯犓牛弗能甘也，琴瑟鳴竽弗能
> 樂也。患解憂除，然後食甘寢寧，居安游樂。〔註277〕

一旦情緒無法控制得宜，心掛憂愁，如此居不安，寢不寧，食不知味，則百
事不樂，焉能得壽。例如：顏回、子路、子夏、冉伯牛等人，皆是才俊秀士，

〔註272〕《淮南子校釋·齊俗》，卷第十一，頁1109。
〔註273〕《淮南子校釋·本經》，卷第八，頁820。
〔註274〕《淮南子校釋·精神》，卷第七，頁731。
〔註275〕《淮南子校釋·精神》，卷第七，頁732。
〔註276〕《淮南子校釋·精神》，卷第七，頁745。
〔註277〕《淮南子校釋·詮言》，卷第十四，頁1527。

最後顏回夭死，季路菹於衛，子夏失明，冉伯牛爲厲，肇因於任情傷神的結果，「七竅交爭以害其性，日引邪欲而澆其身」，〔註278〕「情心鬱殪，形性屈竭，猶不得已自強也，故莫能終其天年」。〔註279〕想要避免這些情形發生，〈詮言〉說：

　　凡治身養性，節寢處，適飲食，和喜怒，便動靜，使在己者得，而
　　邪氣因而應生，豈若憂瘕疵之與痤疽之發，而豫備之哉。〔註280〕

養生要主動節制飲食起居調和情緒，這樣就不必擔憂疾病。〈本經〉也說要「閉四關，止五遁」，〔註281〕四關爲耳、目、口、心，五遁指停滯五種物質享受，也就是停滯金木水火土五種物質享受，金，如器物之用；木，如宮室之盛；水，如泛舟之樂；火，如烹調之美；土，如樓台之高。只有這樣，「使耳目精明玄達而無誘慕，氣志虛靜恬愉而省嗜欲，五臟定寧充盈而不泄，精神內守形骸而不外越。」〔註282〕「損欲而從性」，〔註283〕不受嗜欲干擾，才能讓心神保持清明，才是合乎自然的養生之道，否則「縱欲而失性，動未嘗正也，以治身則危，以治國則亂，以入軍則破。」〔註284〕換句話說，作爲人主體自身來說，爲得性命之情而不喪失，便不能嗜欲無度，而應自然無爲；作爲治天下來說，要滿足人的性命和必然的自然需要，「古之治天下者，必達乎性命之情」，「誠達於性命之情，而仁義固附矣」。〔註285〕

　　《淮南子》認爲要使情欲不能傷身，達到適性養神，有個更根本的方法，就是效法「虛靜」的原則。養生中的虛靜之所以重要，那是因爲它與本體虛靜無爲的常態相一致。《老子》第十六章認爲萬物變化無常，最終歸於虛靜，與道爲一。靜是道的根本性質，《老子》崇道，相應地也尚靜，故有「清靜爲天下正」〔註286〕的說法。《莊子・天道》也說：

　　夫虛靜恬淡寂寞無爲者，天地之平而道德之至也，故帝王聖人休焉。

又說：

〔註278〕《淮南子校釋・泰族》，卷第二十，頁2089。
〔註279〕《淮南子校釋・精神》，卷第七，頁791。
〔註280〕《淮南子校釋》，卷第十四，頁1479。
〔註281〕《淮南子校釋》，卷第八，頁859。
〔註282〕《淮南子校釋・精神》，卷第七，頁731。
〔註283〕《淮南子校釋・詮言》，卷第十四，頁1497。
〔註284〕《淮南子校釋・齊俗》，卷第十一，頁1132。
〔註285〕《淮南子校釋・俶眞》，卷第二，，頁216。
〔註286〕《老子註譯及評介》，四十五章，頁241。

夫虛靜恬淡寂寞無爲者，萬物之本也。〔註287〕

《莊子》亦宗《老子》，認爲寂靜不僅是天地萬物的根本，也是人類道德的最高境界。《管子》四篇主張靜能制動，〈心術上〉說：「紛乎其若亂，靜之而自治。」「陰則能制陽矣，靜則能制動矣，故曰靜乃自得。」〔註288〕黃老帛書也認爲治國與養生皆當以虛靜爲原則。從養生方面來說，認爲靜乃能去欲，「靜則平，平則寧，寧則素，素則精，精則神。」〔註289〕《黃帝內經》也秉持道家傳統，《素問‧痺論》：「靜則神藏，燥則消亡。」〔註290〕《素問‧上古天眞論》：「恬淡虛無眞氣從之，精神內守病安從來。」〔註291〕只要能做到虛靜篤極，人體內的精氣就能內持而不損耗，這樣外邪也就無從入侵，病安從來？可見靜是最根本的養生之道。

《淮南子》繼承先秦道家之說，反動倡靜，它認爲靜是人的天性：「人生而靜，天之性也。」〔註292〕因此，順從靜的原則，爲養生的法門，「夫精神氣志者，靜而日充者以壯，燥而日耗者以老。」〔註293〕「形勞而不休則蹶」，否則運動失度，嗜欲無節，「則五臟搖動而不定矣；五臟搖蕩而不定，則血氣滔蕩而不休矣；血氣滔蕩而不休，則精神馳騁於外而不守矣；精神馳騁於外而不守，則禍福之至雖如邱山而無由識之矣。」〔註294〕它曾批評導引，以動達到養生的方法，提倡「寧身體，安形性」，〔註295〕「靜漠恬澹，所以養性也；和愉虛無，所以養德也。外不滑內，則性得其宜；性不動和，則德安其位。養生以經世，抱德以終年，可謂能體道矣。若然者，血脈無鬱滯，五藏無蔚氣，禍福弗能撓滑，非譽弗能塵垢，故能致其極。」〔註296〕體道的原則，不僅要靜漠恬淡養性，和愉虛無養德，而且要養生以經世，才能夠抱德以終年，如此則血脈流通無滯，神志清靜安寧，心情愉快，能少生病，身體健康，而「同精於太清之本」，〔註297〕

〔註287〕《莊子集釋‧天地第十三》，卷五中，頁 457。
〔註288〕《管子‧心術上第三十六》，卷第十三，頁 1352～1353。
〔註289〕《經法‧論》，頁 53。
〔註290〕《黃帝內經‧素問‧痺論第四十三》，卷第十二，頁 365。
〔註291〕《黃帝內經‧素問‧上古天眞論第一》，卷第一，頁 209。
〔註292〕《淮南子校釋‧原道》，卷第一，頁 34。
〔註293〕《淮南子校釋‧原道》，卷第一，頁 125。
〔註294〕《淮南子校釋‧精神》，卷第七，頁 731。
〔註295〕《淮南子校釋‧時則》，卷第五，頁 602。
〔註296〕《淮南子校釋‧俶眞》，卷第二，頁 225。
〔註297〕《淮南子校釋‧精神》，卷第七，頁 747。

「還反於樸」、「與造化者俱」，〔註298〕成爲有道之人。

　　《淮南子》認爲主觀掌握各種養生的方法，切實努力實踐之餘，尚提到養生必須考慮到客觀社會因素。〈俶眞〉：

> 今夫樹木者，灌之以潔水，疇之以肥壞，一人養之，十人拔之，則
> 必無餘蘗，又況與一國同伐之哉？雖欲久生，豈可得乎。〔註299〕

又說：

> 逮至夏桀、殷紂，燔生人，辜諫者，爲炮烙，鑄金柱，剖賢人之心，
> 析才士之脛，醢鬼侯之女，葅梅伯之骸。當此之時，峣山崩，三川涸，
> 飛鳥鍛翼，走獸擠腳。當此之時，豈獨無聖人哉？然而不能通其道者，
> 不遇其世。夫鳥飛千仞之上，獸走叢薄之中，禍猶及之，又況編户齊
> 民乎？由此觀之，體道者不專在于我，亦有繫于世矣。夫歷陽之都，
> 一夕反而爲湖，勇力聖知與罷怯不肖者同命。巫山之上，順風縱火，
> 膏夏紫芝與蕭艾俱死。故河魚不得明目，稚稼不得育時，其所生者然
> 也。故世治則愚者不能獨亂，世亂則智者不能獨治。身蹈于濁世之中，
> 而責道之不行也，是猶兩絆騏驥，而求其致千里也。〔註300〕

人的養生受到外部社會環境制約，社會環境摧殘人，人就無法長生久壽。所謂「非有其世，孰能濟焉？有其人不遇其時，身猶不能脫，又況無道乎？」〔註301〕體道的原則，不僅在於靜漠恬淡，和愉虛無，同時還要有修鍊的外在環境，一個合適於得道體道之人的時空。如遇不好的時勢，就不能脫身修鍊，尤其當擧國喪敗，一人獨善其身更顯艱難。

　　對於這個難題，《淮南子》說：

> 得道之士，外化而內不化。外化，所以入人也；內不化，所以全身
> 也。〔註302〕

即是外界儘管多變，但內心仍應不受影響引起變化，以保持心性純樸；同時又要適應外部變化，以便與世人和諧相處。如果這樣還不能養生，只能視爲「命」之所致，因爲儘管希望有一個適合於養生的環境，然而整個社會的反樸歸眞並非僅靠一人之力就能完成的，當面臨到這種困境，這時則不必苦惱，

〔註298〕《淮南子校釋・原道》，卷第一，頁1、18。
〔註299〕《淮南子校釋》，卷第二，頁226。
〔註300〕《淮南子校釋》，卷第二，頁234。
〔註301〕《淮南子校釋・俶眞》，卷第二，頁225～226。
〔註302〕《淮南子校釋・人間》，卷第十九，頁1919。

不必憂傷，用精神的超脫來化解殘酷的現實。〈詮言〉說：

> 知命之情者，不憂命之無所奈何。〔註303〕

〈繆稱〉說：

> 性者，所受於天也；命者，所遭於時也。有其材，不遇其世，天也。
> 太公何力，比干何罪，循性而行指，或害或利。求之有道，得之在
> 命，故君子能爲善，而不能必其得福；不忍爲非，而未能必免其禍。
> 〔註304〕

命是宇宙自然對事物的規定，它規定著萬物生滅存亡、形貌屬性、處境遭遇，它同於性，故有「性命」之稱，所謂性定而後命成。但性與命不同者，命是人所無可奈何者，當宇宙萬物運化，本身對此即無法改變，更無法逃脫。因此有其性而無其命，性雖稟自天而人藉之能爲善者，命卻不能必得其福或以免其禍，這可說是道家莫知命而常自然、委天知命的思想。〔註305〕

（五）養生目的與境界——得道之人

《淮南子》的養生觀念著重於養性，養性以修鍊心神爲主，它所追求的是內在的功夫，目的不在於生命長存不滅，而在精神境界與永恆的宇宙本體和變化法則同一，它嚮往的是達到一種至高無上的精神境界、人格理想，即「性合於道」〔註306〕、「神與化游」、「與道浮沉俯仰」〔註307〕的境界。這可透過生死觀而顯現出來。

《淮南子》在生死問題上源自《莊子》生死氣化與《管子》精氣說，把人的生命看成氣化過程中具有暫時性的型態。精神屬於天，形骸屬於地，生也比於有形之類，死而歸土淪於無形。生死僅爲物質無意的聚散離合，個體的生非有心的創造，死也非有意的安排，只以氣爲形下根據，以道爲形上根據，自然運作而已。人的性命雖可以因善養而延年益壽，但畢竟不能常駐不滅，其總要死亡，死亡是事物的自然變化過程，即「其死也物化。」〔註308〕

〔註303〕《淮南子校釋》，卷第十四，頁1474。

〔註304〕《淮南子校釋》，卷第十，頁1079。

〔註305〕關於委天知命，參項退結〈從董仲舒、淮南子至王充的「天」與「命」〉，頁422～424，收錄於《漢代文學與思想學術論文集》，國立政治大學中文所系主編，台北：文史哲出版社，1991年10月初版。

〔註306〕《淮南子校釋·精神》，卷第七，頁747。

〔註307〕《淮南子校釋·原道》，卷第一，頁1。

〔註308〕《淮南子校釋·精神》，卷第七，頁745。

所以，〈精神〉說：

　　　生，寄也；死，歸也。〔註309〕

即指出人生的偶然性與有限性。〔註310〕

　　《淮南子》有對生命過程的客觀認識，不在意於生命有形的長短，也否定肉體外形可以長生不死。〈繆稱〉說：

　　　天下有至貴而非勢位，有至富而非千金也，有至壽而非千歲也，原

　　　心反性則貴矣，適情知足則富矣，明死生之分則壽矣。〔註311〕

這已將生死長壽的道理說的很清楚。所謂的長壽並非至於千歲不死，而是認清生死的本質，盡用天所給予的本性而爲，〈精神〉說：

　　　夫人之所以不終其壽命，而中道夭於刑戮者，何也？以其生生之厚。

　　　夫惟能無以生爲者，則所以脩得生也。〔註312〕

脩得生就是長得生，長得生者，並非長生不死，而是終其天年而不中道夭折之意。即是以不養爲養，不刻意把生放在心上，乃前面所說的不追求外物，使心神不能清靜安寧。能不把生命當一回事，一切順乎自然，不惜生，亦不摧殘，自然能終其天年。終其天年，也就是《莊子·養生主》說的「盡年」，也就是《呂氏春秋·盡數》中的「畢其數」。這是《淮南子》將個人生死置於宇宙大化的情境中，認爲生和死，在漫漫無盡的自然界，不過是一個問題的兩面。「夫大塊載我以形，勞我以生，逸我以老，休我以死。善我生者，乃所以善我死也。」〔註313〕不以生死爲喜憂，表現了極爲樂觀、超自然的態度。故而養生最大的目的，在於精神修養的境界。外形骸，修鍊精神，神化自我，超越生死的拘束，「體本抱神，以游於天地之樊，芒然仿佯於塵垢之外，而逍遙於無事之業」，〔註314〕

〔註309〕《淮南子校釋》，卷第七，頁 763。

〔註310〕《淮南子·精神》中認爲人死爲鬼，「鬼者，歸也。」歸於何處？《淮南子》只說化爲氣，歸於天地。倒是《韓詩外傳》有詳細說明：「人死爲鬼，歸也。精氣歸於天，肉歸於土，血歸於水，脈歸於澤，聲歸於雷，動歸於風，眠歸於日月，骨歸於木，筋歸於山，齒歸於石，膏歸於露，髮歸於草，呼吸之氣歸於人。」後來這種「鬼者，歸也」，一直成爲黃老思想的基本見解。漢武帝時黃老學者楊王孫遺囑薄葬說：「精神者天之所有也，形骸者地之所有也，精神離形，各歸其眞，故謂之鬼，鬼之爲言歸也。」東漢王充《論衡》也有此說。

〔註311〕《淮南子校釋》，卷第十一，頁 1106。

〔註312〕《淮南子校釋》，卷第七，頁 732。此處「脩」字當作「長」字解。這是劉安避其父之諱的緣故。

〔註313〕《淮南子校釋·俶眞》，卷第二，頁 146。

〔註314〕《淮南子校釋·精神》，卷第七，頁 747。

才能達到個體精神生命上的自由，只有得到精神生命上的自由，肉體生命的存在才有意義。

《淮南子》認爲透過養生修鍊的實踐，可以成就自我本質的完美顯現，成爲理想人格的典範。在《淮南子》中我們可以看到他所嚮往追求的人格典範是所謂的「得道之人」。得道之人的名號甚多，「眞人」、「至人」、「聖人」等，其中表述最完整的是「眞人」，而「聖人」出現的次數最多。

關於「眞人」的內涵，《淮南子》在〈俶眞〉、〈精神〉、〈詮言〉、〈本經〉等篇論之甚詳。

〈詮言〉說：

> 洞同天地，渾沌爲樸，未造而成物，謂之太一。同出於一，所爲各異，有鳥有魚有獸，謂之分物。方以類別，物以群分，性命不同，皆形於有。隔而不通，分而爲萬物，莫能及宗，故動而謂之生，死而謂之窮。皆爲物矣，非不物而物物者也，物物者亡乎萬物之中。稽古太初，人生於無，形於有，有形而制於物。能反其所生，若未有形，謂之眞人。眞人者，未始分於太一者也。〔註315〕

眞人所出，出於太一之道，它不像鳥獸產生後便分以類別，阻隔不通而無法返回其原本混一的狀態，他能夠返回到渾沌太一的境界，即「能反其所生」，復歸於道，其意識上「未始分於太一者」。〔註316〕可以說在精神境界上眞人無形，未有從太一中分離。這一段的描述，眞人超越時空，等同於道，只有形而上學的意義上才可以理解。

〈本經〉說：

> 天愛其精，地愛其平，人愛其情。天之精，日月星辰雷電風雨也；地之平，水火金木土也；人之情，思慮聰明喜怒也。故閉四關，止五遁，則與道淪。是故神明藏於無形，精神反於至眞，則目明而不以視，耳聰而不以聽，心條達而不以思慮，委而弗爲，和而弗矜，冥性命之情，而智故不得雜焉。精泄於目則其視明，在於耳則其聽聰，留於口則其言當，集於心則其慮通。故閉四關則身無患，百節莫苑，莫死莫生，莫虛莫盈，是謂眞人。〔註317〕

〔註315〕《淮南子校釋》，卷第十四，頁1469。
〔註316〕馮友蘭《中國哲學史新編》（第三冊），頁176。
〔註317〕《淮南子校釋》，卷第八，頁859。

真人之道，情欲智故不能擾亂其心靈，即一切勢利，聲色、美物在他面前均無意義，不起作用。無知無慮，莫知生，莫知死。

〈俶真〉說：

> 古之真人，立於天地之本，中至優游，抱德煬和，而萬物雜累焉，孰肯解構人間之事，以物煩其性命乎！」〔註318〕

> 又說：若夫真人，則動溶于至虛，而游于滅亡之野，騎蜚廉而從敦圉，馳於外方，休乎宇內，爛十日而使風雨，臣雷公，役夸父，妾宓妃，妻織女，天地之間，何足以留其志！〔註319〕

此處的真人，悠游於人世之外，不以人間之事煩擾其性命，外生死，偏聰明，達利害，和神志。

在〈精神〉篇中描繪的更為詳細：

> 所謂真人者，性合于道也。故有而若無，實而若虛，處其一不知其二，治其內不識其外，明白太素，無為復樸，體本抱神，以游于天地之樊，芒然彷徉于塵垢之外，而消搖于無事之業。浩浩蕩蕩乎，機械知巧弗載於心。是故死生亦大矣，而不為變；雖天地覆育，亦不與之抮抱矣。審乎無瑕，而不與物糅；見事之亂，而能守其宗。若然者，正肝膽，遺耳目，心志專于內，通達耦于一。居不知所為，行不知所之，渾然而往，逯然而來。形若槁木，心若死灰，忘其五藏，損其形骸。不學而知，不視而見，不為而成，不治而辯。感而應，迫而動，不得已而往，如光之燿，如景之放，以道為紃，有待而然。抱其太清之本而無所容與，而物無能營，廓惝而虛，清靖而無思慮，大澤焚而不能熱，河、漢涸而不能寒也，大雷毀山而不能驚也，大風晦日而不能傷也。是故視珍寶珠玉猶石礫也，視至尊窮寵猶行客也，視毛嬙、西施猶其醜也。以死生為一化，以萬物為一方，同精於太清之本，而游於忽區之旁。有精而不使，有神而不行，契大渾之樸，而立至清之中。是故其寢不夢，其智不萌，其魄不抑，其魂不騰。反覆終始，不知其端緒，甘暝太宵之宅，而覺視于昭昭之宇，休息于無委曲之隅，而游敖于無形埒之野。居而無容，處而無所，其動無形，其靜無體，

〔註318〕《淮南子校釋》，卷第二，頁147。
〔註319〕《淮南子校釋》，卷第二，頁187。

存而若亡，生而若死，出入無間，役使鬼神，淪於不測，入於無間，以不同形相嬗也，終始若環，莫得其倫。此精神之所以能登假於道也。是故真人之所游。〔註320〕

這一段綜合上面所有的說法，認為真人有二個特質：一是精神超脫於人世間，與天地為一體，不分彼此。其精神純粹潔白，不受人世間生死、欲望、榮辱、窮達所牽絆，做任何事，都能從心所欲，應付合度，不愁時不可安，順不可處。二是真人還似乎有某種奇特的、神異的超人性能，能視不用目，不學而致，不為而成，役使鬼神，入火不熱，觸冰不寒，大雷毀山不驚，大風晦日不傷，此超人有神仙的形象。

對於「至人」，〈精神〉說：

夫至人倚不拔之柱，行不關之塗，稟不竭之府，學不死之師，無往而不遂，無至而不通。生不足以挂志，死不足以幽神，屈伸俛仰，抱命而婉轉。禍福利害，千變萬紾，孰足以患心！若此人者，抱素守精，蟬蛻蛇解，游於太清，輕舉獨住，忽然入冥。鳳凰不能與之儷，而況斥鷃乎！勢位爵祿何足以概志也！

至人依於道，所以能夠靠不拔之柱，行不閉之路，有不竭之神，得不死之師，至人能夠報樸守真，與自然合一，絕非勢位可以衡量。又說：

若夫至人，量腹而食，度形而衣，容身而游，適情而行，餘天下而不貪，委萬物而不利，處大廓之宇，游無極之野，登太皇，馮太一，玩天地於掌握之中，夫豈為貧富肥臞哉！〔註321〕

至人放達，以自然為適，所以不以富貴、貧賤、肥瘦而憂心。

《淮南子》心目中的至人，在本質上與真人並未有分別，都是不食人間煙火，不役於外物，純然出世，名稱雖改，但二人品行不異；真人是「渾然而往，逯然而來」，至人是「無往而不遂，無至而不通」；真人是「以死生為一化，以萬物為一方」，至人是「生不足以掛志，死不足以幽神」，「禍福利害，千變萬紾，孰足以患心」；真人是「游邀於無形埒之野」，至人是「游於太清」、「無極之野」。真人至人都是一回事，都是道的化身，都是《淮南子》認定最高的人格典型。

關於「聖人」，《淮南子》在二十篇文章當中費了大力氣描述，幾乎每一

〔註320〕《淮南子校釋・精神》，卷第七，頁 747～748。
〔註321〕《淮南子校釋・精神》，卷第七，頁 772。

篇都可以看到它的出現，聖人一詞運用了二百多次。整體而言，聖人與自然
同道，今舉其一隅：

> 不以人滑天，不以欲亂情，不謀而當，不言而信，不慮而得，不爲
> 而成，精通于靈府，與造化者爲人。〔註322〕

> 將養其神，和弱其氣，平夷其形，而與道沈浮俛仰，恬然則縱之，
> 迫則用之。〔註323〕

> 用心杖性依神，相扶而得終始，是故其寐不夢，其覺不憂。〔註324〕

> 法天順情，不拘於俗，不誘於人，以天爲父，以地爲母，陰陽爲綱，
> 四時爲紀。〔註325〕

> 人之性無邪，久湛於俗則易。易而忘本，合於若性。故日月欲明，
> 浮雲蓋之；河水欲清，沙石濊之；人性欲平，嗜欲害之。惟聖人能
> 遺物而反己。〔註326〕

聖人守道反性，偃智故保精神，遺外物損情欲，安於性命，屬「保持自我純
粹的自然狀態中的人」。〔註327〕此得眞人或至人超脫特性的一體，但未具有眞
人特異的性能。

　　聖人得眞人之一體，此二者類似之處。而聖人與眞人至人最大不同，在
於聖人不脫離現實界，尚未超然物外，與造化同流。幾乎所有描繪聖人的地
方，都與人世間的事功有關：

> 聖人內修其本，而不外飾其末，保其精神，偃其智故，漠然無爲而
> 無不爲也，澹然無治也而無不治也。〔註328〕

> 聖人在位，懷道而不言，澤及萬民。君臣乖心，則背譎見於天。神
> 氣相應，徵矣。〔註329〕

> 古者聖人在上，政教平，仁愛洽，上下同心，君臣輯睦，衣食有餘，

〔註322〕《淮南子校釋・原道》，卷第一，頁 59。
〔註323〕《淮南子校釋・原道》，卷第一，頁 125。
〔註324〕《淮南子校釋・俶眞》，卷第二，頁 146。
〔註325〕《淮南子校釋・精神》，卷第七，頁 719。
〔註326〕《淮南子校釋・齊俗》，卷第十一，頁 1132。
〔註327〕金春峰《漢代思想史》，頁 249。225 頁說眞人是「眞正與太一，即與自然混
　　　　爲一體的人。」
〔註328〕《淮南子校釋・原道》，卷第一，頁 60。
〔註329〕《淮南子校釋・覽冥》，卷第六，頁 642。

　　家給人足，父慈子孝，兄良弟順，生者不怨，死者不恨，天下和洽，
　　人得其願。夫人相樂，無所發洩，故聖人爲之作樂以和節之。〔註330〕

　　聖人事省而易治，求寡而易澹，不施而仁，不言而信，不求而得，
　　不爲而成，塊然保眞，抱德推誠，天下從之，如響之應聲，景之像
　　形，其所修者本也。〔註331〕

　　聖人在上，則民樂其治；在下，則民慕其意。〔註332〕

　　聖人者，不恥身之賤，而愧道之不行，不憂命之短，而憂百姓之窮。
　　〔註333〕

此皆說明聖人如何行大道，如何有功。

　　隱約之中，《淮南子》提出以眞人、至人爲楷模，似乎是無可奈何之舉。
《淮南子》認爲理想的社會情形是：「神氣不蕩于外，萬物恬漠以愉靜，攙搶
衡杓之氣莫不彌靡，而不能爲害。當此之時，萬民猖狂，不知東西，含哺而
游，鼓腹而熙，交被天和，食于地德，不以曲故是非相尤，茫茫沈沈，是謂
大治。於是在上位者，左右而使之，毋淫其性；鎮撫而有之，毋遷其德。是
故仁義不布而萬物蕃殖，賞罰不施而天下賓服。其道可以大美興，而難以算
計舉也。是故日計之不足，而歲計之有餘。」〔註334〕一種魚相忘於江湖，人
相忘於道術，相濡以沫的混冥的社會。無奈的是，隨著人世發展，漸趨背離
自然的變化，人們競相追逐物欲，「淫而相脅」，〔註335〕喪失本性，而且此至
德之世難以返回，人們也不易再拾回純樸的眞情，如同《老子》感嘆文明一
去不返。可歎的是眞人、至人的境界，並非學習可至，亦非人人皆能達到的
境界。儘管如此，《淮南子》仍大力拈出，或許其意可爲全社會樹立一個理想
的標準人格，以利於匡救俗弊，教化民性。可以說眞人或至人是《淮南子》
刻意高懸的不可能之舉，它不屬於人世間的，僅作爲可望卻難以企及的理想。
而眞人與聖人相較，境界有高下。〈俶眞〉說：

　　聖人之所以駭天下者，眞人未嘗過焉；賢人之所以矯世俗者，聖人

〔註330〕《淮南子校釋・本經》，卷第八，頁878。
〔註331〕《淮南子校釋・主術》，卷第九，頁898。
〔註332〕《淮南子校釋・繆稱》，卷第十頁1038。
〔註333〕《淮南子校釋・修務》，卷第十九，頁1940。
〔註334〕《淮南子校釋・俶眞》，卷第二，頁147。
〔註335〕《淮南子校釋・本經》，卷第八，頁820。

未嘗觀焉。〔註336〕

聖人事功驚動天下，眞人不曾在乎；賢人矯正世俗，聖人也不在乎。就此而言，眞人與聖人最大差異在於聖人無法忘情於俗世，不能放棄功業。如果單純就人格典型來看，眞人是《淮南子》心目中不替的類型，但如果考慮到既要紀綱道德，又要經緯人事，內聖外王之道，則「聖人」爲不二的典型。這是《淮南子》用了許多力氣描繪聖人的形象，間接看出聖人下落於現實界，則是努力可得，而切實可行的理由。因此，《淮南子》雖然嚮往眞人的至上之境，但在渾濁不堪的人世，則需要有聖人般的人入世捨身，爲萬民謀求福祉，則是《淮南子》眞正的期待。由此也知道《淮南子》一方面強調全性保眞，維持個人身形的健全，一方面又不忘情於淑世濟人，所走的仍是繼承黃老的路線。

二、《老子河上公章句》

（一）作者與成書時代

1、作　者

《老子道德經河上公章句》〔註337〕是一部註解《老子》的著作。相傳爲河上公所作。河上公是什麼人呢？從古籍文獻記載來看，情形不一，歸納起來有兩種說法：

一說河上公就是河上丈人。其說出自嵇康《聖賢高士傳》，曰：「河上公，不知何許人也，謂之丈人。隱德無言，無德而稱焉，安丘先生等從之，修其黃老業。」〔註338〕據嵇康之說，河上公是一位黃老學者，何時之人呢？其與安丘先生同時，葛洪說：「成帝時，老子章句有安丘之學。」〔註339〕則河上公當活動於漢成帝前後。又皇甫謐《高士傳》曰：「河上丈人著，不知何國人也。明老子之術，自匿姓名，居河之湄。著《老子章句》，故世號曰河上丈人。當戰國之

〔註336〕《淮南子校釋》，卷第二，頁197。
〔註337〕《老子道德經河上公章句》名稱不一，據王卡《老子道德經河上公章句》附錄三〈《老子道德經河上公章句》版本提要〉觀之，有題《老子道德經河上公章句》（影宋本）、《道德眞經河上公章句》（道藏本）、《老子道德經河上公注》（明嘉靖本）、《老子河上公注》（清四庫全書本）、《老子河上公章句》（民國蒙文通校本）。本文原文依據王卡點較本《老子道德經河上公章句》（北京：中華書局，1997年10月第二刷），並簡稱《老子河上公章句》。
〔註338〕《太平御覽》卷五百十引，頁2450。
〔註339〕《抱朴子內篇》佚文，見王明《抱朴子內篇校釋》，頁333，北京：中華書局，2002年3月第五刷。

末，諸侯交爭，馳說之士，咸以權勢相傾。唯丈人隱身修道，老而不虧，傳業于安期生，爲道家之宗焉。」〔註340〕此河上丈人活動於戰國末，是道家人物。

　　另一說法是河上公非河上丈人，是漢文帝時人。其說出自東晉葛玄《道德經序訣》。《道德經序訣》說：

　　　　河上公者，莫知其姓名也。漢孝文皇帝時，結草爲菴于河之濱，常讀《老子道德經》。文帝好老子之言，詔命諸王公大臣州牧二千石朝直眾官，皆令誦之。有所不解數句，天下莫能通者。聞侍郎說河上公誦《老子》，乃遣詔使所不了義問之。公曰，道尊德貴，非可遙問也，文帝即駕從詣之。帝曰，普天之下，莫非王土，率土之賓，莫非王臣，域中有四大，王居其一也。子雖有道，猶朕民也，不能自屈，何乃高乎？朕足使人富貴貧賤。須臾，河上公即拊掌坐躍，冉冉在虛空之中，如雲之升，去地百餘丈，而上玄虛。良久，俛而答帝曰，余上不至天，中不累人，下不居地，何民之有？陛下焉能令余富貴貧賤乎？帝乃悟，知是神人，方下輦稽首禮謝，曰，朕以不德，忝統先業，才不任大，憂於不堪，雖治世事，而心敬道德。直以闇昧，多所不了。唯蒙道君弘愍，有以教之，則幽夕睹太陽之耀光，河上公即授素書《老子道德經章句》二卷，謂帝曰，熟研此，則所疑自解。余注是經以來，千七百餘年，凡傳三人，連子四矣，勿示非其人。文帝跪受經，言畢，失公所在。論者以爲文帝好老子大道，世人不能盡通其義，而精思遐感，仰徹太上道君，遣神人特下教之便去耳。恐文帝心未純信，故示神變，以悟帝意，欲成其道真。時人因號曰河上公焉。〔註341〕

此說荒誕不經，爲神仙家言，讓人難以相信世上真曾有河上公這一個人物。又《隋書・經籍志》列多種《老子道德經》二卷，在首列的的一種之下注云：

　　　　周柱下史李耳撰。漢文帝時，河上公注。梁有戰國時河上丈人注《老子經》二卷，漢長陵三老毋望丘之注《老子》二卷，漢徵士嚴遵注《老子》二卷，虞翻注《老子》二卷，亡。〔註342〕

〔註340〕皇甫謐《高士傳》，卷中，頁7，台北：臺灣中華書局，四部備要本據漢魏叢書本校刊，1987年2月台六版。

〔註341〕彭耜《道德真經集注序》，《道藏》第十三冊，北京：文物出版社、上海書店、天津古籍出版社，1994年8月第一版第三刷。

〔註342〕《隋書・志第二十九・經籍三》，卷三十四，頁1000。

直說老子河上公注與老子河上丈人注分別二書，則河上公與河上丈人非同一人。

　　前人對河上公身分，或說戰國末，或說文帝時，或說漢成帝前後，沒有一個確實可靠的說法，尤其漢文帝時的河上公，更讓人起疑。據王明先生考證，認爲河上丈人實有其人，《史記・樂毅傳》贊曰：「樂臣公學黃帝老子。其本師號曰河上丈人，不知其所出，河上丈人教安期生，安期生教毛翕公，毛翕公教樂瑕公，樂瑕公教樂臣公，樂臣公教蓋公，蓋公教于齊高密膠西，爲曹相國師。」河上丈人生于戰國之末，爲一黃老人物，卻未著作《老子章句》。河上公者，本無其人，葛玄《道德經序訣》所記者是神仙家言，不可信。後人又合河上丈人與河上公爲一人，遂生許多糾葛。今傳《章句》，絕非戰國末之河上丈人所作，至於《河上公章句》眞正的作者是誰，今已不得而知，可能是養生家托名「河上公」之作。〔註343〕王明的考證縝密，論析詳細，其說可從。

2、成書時代

　　史上無河上公，有河上丈人，而《老子河上公章句》非漢文帝時河上丈人所作，這是目前學術界比較公認的說法。而我們都知道，考辨古籍，如果作者確定，那麼成書年代自然迎刃而解；相對的，如果無法知道作者，那只能推測古籍的約略著成時代。由於史料欠缺，《老子河上公章句》同許多古籍一樣，無法斷定確切的成書年代。前人對《河上公注》的成書時代的見解紛紜，沒有一個定論。綜觀前人之說，大致上有幾種說法：

一、魏晉或更後說。

　　此說主要代表者，有馬敘倫定爲「（南）齊處士仇嶽傳之。」〔註344〕日人武內義雄《老子原始》認爲「河上公注《老子》，實本於葛玄所著《老子節解》，與葛洪的《玄洞經》，校正整理而成。因謂河上注乃葛洪一家之學。」〔註345〕蒙文通認爲《老子河上公章句》爲「魏晉方士徐來勤之所作。」〔註346〕谷方以

〔註343〕《道家與道教思想研究・老子河上公章句考》，頁303，中國社會科學出版社，1990年8月第三刷。
〔註344〕《老子叢詁・序》，收錄於嚴靈峰《無求備齋老子集成續編》第十一涵，頁3，台北：藝文印書館。
〔註345〕轉引自饒宗頤《老子想爾注校證・想爾注與河上公注》，頁79，江蘇：上海古籍出版社，1991年11月第一版。
〔註346〕《古學甄微・校理老子成玄英疏敍錄》，頁345。又〈道教史瑣談〉也說：「《老子河上公章句》自不得爲周、漢古籍，《太平御覽》引嵇康《高士傳》云：『河

爲「《河上公注》與《抱朴子》屬於同一思想體系，認定《河上公注》是葛洪派道教徒撰寫的一部著作。」「至於產生的時代，看來前者晚於後者。它們也可能同時產生。但《河上公注》絕不可能出現於《抱朴子》產生之前。」〔註347〕

二、東漢說。

馮友蘭認爲《老子河上公章句》大概是東漢時期的作品。〔註348〕王明主張「《河上公章句》者，蓋當後漢中葉迄末造間，有奉黃老之教者，爲敷陳養生之義，希幸久壽不死，託名於河上公而作。」〔註349〕饒宗頤比較《老子想爾注》與《老子河上公章句》兩本書的思想，認爲「《想爾注》部分取自《河上》。《想爾》爲張陵（或張魯）作，蓋曾見《河上公注》，則《河上注》成書，明在張陵立教之前，不能下至葛洪之世。」〔註350〕王卡謂成書於西漢之後，魏晉之前，大約在東漢中後期。〔註351〕許抗生認爲「《漢書・藝文志》中沒有著錄此家，說明西漢時此書尚未問世。」「從思想內容看，河上公《老子注》基本上是用元氣說來解釋老子思想的。而元氣說盛行的時期只是在東漢時代。」以此認爲「此書可能是東漢時代產物。」〔註352〕

三、西漢末至東漢中期說。

熊鐵基認爲早不會過嚴遵《老子指歸》，但大體與嚴遵同時也有可能，晚不至於到東漢末年，不會與道教的形成接軌，從思想的性質看，時間大約是西漢後期或者東漢前期。〔註353〕韓人吳相武綜合批判各家之說，認爲「《河上公注》較《論衡》尚早，而較《道德指歸》稍晚一些，大概成書於兩漢之際。」〔註354〕陳麗桂結合各家之說，以爲「西漢末之成書上限是可信的，至其下限，

上公，不知何許人也，謂之丈人。隱德無言，無德而稱焉，安丘先生等從之，修其黃老業。』既云『無言』則不得有《章句》之作。皇甫士安《高士傳》云：『河上丈人著，不知何國人也。明老子之術，自匿姓名，居河之湄。著《老子章句》』則士安固已見《章句》一書，而嵇康未之見，殆《章句》正出於二氏之間。」（《古學甄微》，頁322。）

〔註347〕〈《河上公老子章句考證—兼論其與抱朴子的關係》〉，頁48、54，《中國哲學》第七輯，北京：三聯書店，1982年版。

〔註348〕《中國哲學史料學初稿》，頁51，上海人民出版社，1962年版。

〔註349〕《道家與道教思想研究・老子河上公章句考》，頁323。

〔註350〕《老子想爾注校證・想爾注與河上公注》，頁82。

〔註351〕《老子道德經河上公章句・前言》，頁3，1997年10月北京第二刷。

〔註352〕《老子研究》，頁208，台北：水牛出版社，1992年1月。

〔註353〕《中國老學史》，頁185，福建人民出版社，1995年7月第一版。

〔註354〕〈關於《河上公注》成書年代〉，《道家文化研究》第十五輯，頁246，北京：

則可將王明之說稍移前，定爲東漢中期以前，應是較爲保守而可靠的推斷。」
〔註 355〕

四、西漢說。

葛玄《序訣》、葛洪《神仙傳》、《隋書‧經籍志》、陸德明《經典釋文‧
序錄》認爲成書於文帝時之河上丈人，此說代表唐前的傳統觀念。今人金春
峰從使用名詞、觀念、思想、風習、制度、學風等方面論證都透露出漢代氣
息。如「天門謂北極紫微宮，開闔謂終始五際也。是漢代流行的天文觀點；「王、
相、死、囚、休、廢」是漢代流行的五行休王思想；「六情」是漢代通用語；
以左爲柔弱，爲卑，爲生位，爲陽，爲吉；以右爲剛強，爲尊，爲死位，爲
陰，爲殺，爲喪，爲凶，完全是秦漢流行的觀念和風俗；與《抱朴子》比較，
《河上公章句》的學風完全沒有魏晉玄思之氣。又歸納了《漢志》未著錄、
體裁論、思想演變三點，認爲《河上公章句》當在西漢成帝時嚴遵《道德指
歸》以前的作品。〔註 356〕

就以上的說法觀察，有幾個理由說明《老子河上公章句》成書於漢代是
比較堅強的。一就體裁來說，王卡說，「章句」之體，西漢已有，尤其東漢更
爲盛行，自從王弼注《周易》、《老子》以後，魏、晉玄風大興，而章句之風
衰歇，「通人惡煩，羞學章句。」即說明《老子河上公章句》章句之體，最可
能是漢代作品。其次，就思想風格而言，金春峰認爲漢人重訓詁，講天人感
應，陰陽五行思想瀰漫一切，魏晉則大倡玄風，不論儒道佛，或文學、或藝
術，都無不滲透玄思的影響，拿《河上注》與《抱朴子》比較，可以看出，《抱
朴子》即滲透著魏晉時代特有的玄思的影響，《河上公注》則完全沒有這種情
形。至於成書於何時呢？我們認爲，成書的下限，應如饒宗頤所言，應在張
陵立教之前即已存在；而成書的上限，應如吳相武所言，在《道德指歸》之
後。這一段期間，正是中國道教成形之際，但又還沒有眞正立教，《老子河上
公章句》本身所顯現的思想，正符合這段期間黃老思想的特色，尚未帶黃老
道教的痕跡，放置於這段期間論述其思想，應是合理的。

三聯書店，1999 年 3 月第一版。
〔註 355〕《〈老子河上公章句〉所顯現的黃老養生之理〉，《中國學術年刊》第二十一期，
　　　　　2000 年 3 月。
〔註 356〕〈也談老子河上公章句之時代及其與抱朴子之關係〉，《中國哲學》第九輯，
　　　　　北京：三聯書店，1983 年。

（二）思想特色

我們一再強調，黃老道家重視現實的政治與人生，它運用道的原理，貫穿天道與人道，以建立起長養生命，同時又能達到天下大治的有效手段，把治國與養生集爲一體，就是所謂的身國一同，治身與治國道理相通的思想特徵。《老子河上公章句》在這一方面的發展是一脈相承的，充分體現了黃老之學重視社會政治和現實人生的基本精神。

《老子河上公章句》認爲「萬物皆從道所生」，〔註357〕強調「天道與人道同」，〔註358〕「聖人治國與治身同也。」〔註359〕在註解經文時，出現大量的「治身與治國」並提的說法。粗步統計，全書約有二十餘處。今舉例如下：

> 治身者，愛氣則身全；治國者，愛民則國安。

> 治身者呼吸精氣，無令耳聞；治國者，佈施惠德，無令下知也。

> 治身者當除情去欲，使五藏空虛，神乃歸之。治國者寡能，摠眾弱共扶強也。〔註360〕

> 謂用道治國，則國富民昌。治身則壽命延長，無有既盡之時也。〔註361〕

> 法道無爲，治身則有益於精神，治國則有益於萬民，不勞煩也。〔註362〕

> 天下，人主也。 希能有及道無爲之治身治國也。〔註363〕

> 人能知止足則福祿在己，治身者，神不勞；治國者，民不擾，故可長久。〔註364〕

> 道之於萬物，非但生之而已，乃復長養、成孰、覆育，全其性命。人君治國治身，亦當如是也。〔註365〕

> 治國者當愛〔惜〕民財，不爲奢泰。 治身者當愛〔惜〕精氣，不爲放逸。〔註366〕

〔註357〕卷二〈象元〉第二十五，頁102。
〔註358〕卷三〈鑑遠〉第四十七，頁184。
〔註359〕卷一〈安民〉第三，頁11。
〔註360〕卷一〈無用〉第十一，頁41。
〔註361〕卷二〈仁德〉第三十五，頁140。
〔註362〕卷三〈偏用〉第四十三，頁173。
〔註363〕卷三〈偏用〉第四十三，頁173。
〔註364〕卷三〈立戒〉第四十四，頁176。
〔註365〕卷三〈養德〉第五十一，頁197。
〔註366〕卷三〈守道〉第五十九，頁231。

　　道德洞遠，無不覆濟，全身治國，恬然無爲，故可爲天下貴也。〔註367〕

　　說古之善以道治身及治國者，不以道教民明智巧詐也，將以道德教
　　民，使質朴不詐僞。〔註368〕

　　治國者刑罰酷深，民不聊生，故不畏死也。治身者嗜欲傷神，貪財
　　殺身，民不知畏之也。〔註369〕

從這些例句，我們看到了《老子河上公章句》極力說明治身與治國同理，這
是治國與治身是實現人生不可分離的雙重奏。

　　《老子河上公章句》的政治思想，承襲漢初黃老治國思想，從自然無爲
出發，要求「以無爲養神，以無事安民」，〔註370〕「內無思慮，外無政事」。
〔註371〕其根本目的在於安集百姓，達到理想的「人無貴賤，皆有仁心。有刺
之物，還反其本。有毒之蟲，不傷於人」的「太平之世」。〔註372〕主張實施清
靜不擾民的政策，「我好靜，不言不教，而民自忠正也。」〔註373〕治民當如烹
小魚，「烹小魚不去腸、不去鱗、不敢撓，恐其糜也。治國煩則下亂，治身煩
則精散。」〔註374〕爲政不造作，重因循，「百姓心之所便，聖人因而從之。」
「百姓爲善，聖人因而善之。」〔註375〕民之所喜則從之，民之所惡則去之，
凡事以民爲依歸。

　　對於統治者自身的要求，《老子河上公章句》認爲最重要的是去欲。「民
之不可治者，以其君上多欲，好有爲也。是以其民化上有爲，情僞難治。」
〔註376〕君王在上位以身作則，「我常無欲，去華文，微服飾，民則隨我爲質
朴也。」〔註377〕去欲節奢，不好寶物，「天子身能節儉，故民日用廣矣。」
〔註378〕「言人君不御好珍寶，黃金棄於山，珠玉捐於淵也。」〔註379〕則人

〔註367〕卷四〈爲道〉第六十二，頁242。
〔註368〕卷四〈淳德〉第六十五，頁254。
〔註369〕卷四〈制惑〉第七十四，頁285。
〔註370〕卷一〈體道〉第一，頁1。
〔註371〕卷一〈能爲〉第十，頁34。
〔註372〕卷三〈玄符〉第五十五，頁211～212。
〔註373〕卷三〈淳風〉第五十七，頁221。
〔註374〕卷四〈居位〉第六十，頁235。
〔註375〕卷三〈任德〉第四十九，頁188～189。
〔註376〕卷四〈貪損〉第七十五，頁290。
〔註377〕卷三〈淳風〉第五十七，頁221。
〔註378〕卷四〈三寶〉第六十七，頁263。
〔註379〕卷一〈安民〉第三，頁10。

民起而效法，造成樸實不文，百姓自化的理想社會。這是作者看到統治者最容易產生權力過大，欲望隨之而無窮的毛病，如此則會奪財於民，強而有爲，這是違反天道無爲的原則。

> 人民所以饑寒者，以其君上稅食下太多，民皆化上爲貪，叛道違德，
> 故飢。〔註380〕

食稅太多，則要輕徭薄賦，厲行節儉，唯有去欲，不因欲望迷惑自身，隨道的軌跡，讓心處在清靜空明的狀態，公正無私，「能知道之所常行，能去情忘欲，無所不包容也。無所不包容，則公正無私，眾邪莫當。公正無私則可以爲天下王。」〔註381〕

在維護社會秩序的方法上，《老子河上公章句》認爲清靜無爲，以道德化民，固然是最高理想，但它主張此目標無法完全發揮作用時，並不反對刑罰存在的必要性。

> 以道教化而民不從，反爲奇巧，乃應王法執而殺之，誰敢有犯者？
> 老子疾時王不先道德化之，而先刑罰也。〔註382〕

治民應先以道德感化，刑罰爲不得已的手段，統治者使用刑罰，必須謹慎小心。它一再告誡，「爲人君而樂殺人者，此不可使得志於天下矣。」〔註383〕要寬刑罰，不妄行刑誅，否則「治國者刑罰酷深，民不聊生，故不畏死也。」〔註384〕違逆民情，人民必然不順從，國家就會陷於不安。

另外，《老子河上公章句》對於王權的維護非常重視。認爲「王者至尊」，〔註385〕統治者高高在上的地位，與臣民不同，主張貴賤不相犯，人君爲一國之主，要有一定的威嚴，「人君不重則不尊」，「不靜則不威。」〔註386〕君王要牢牢掌握權力，不可分於臣下，「利器者，謂權道也。治國權者，不可以示執事之臣也。治身道者，不可以示非其人也。」〔註387〕「民多利器，國家滋昏。利器者，權也。民多權則視者眩於目，聽者惑於耳，上下不親，故國家昏亂。」

〔註380〕卷四〈貪損〉第七十五，頁289。
〔註381〕卷一〈歸根〉第十六，頁64。
〔註382〕卷四〈制惑〉第七十四，頁286。
〔註383〕卷二〈偃武〉第三十一，頁126。
〔註384〕卷四〈制惑〉第七十四，頁285。
〔註385〕卷二〈重德〉第二十六，頁107。
〔註386〕卷二〈重德〉第二十六，頁106。
〔註387〕卷二〈微明〉第三十六，頁142。

〔註 388〕一旦事權不專，就容易使人有乘亂之機。

　　以上所敘，是《老子河上公章句》政治思想重要者。從中了解《老子河上公章句》所談的問題不脫黃老清靜無為，道法共治，人君應節制欲望，對民不苛不煩，愛惜民用，甚至講求「太平」的理想社會也來自黃老思想。〔註 389〕就這一點來說，《河上公章句》並無突破前人的看法。黃老思想不僅在漢武帝之後失去政治舞台，連帶的在理論方面並沒有長足的進展，這大概能夠說明，黃老思想在文、景之治繁榮一段期間之後，退居幕後的原因。

　　儘管《老子河上公章句》的政治思想沒有創新之處，但另一個論題——治身——養生，與先秦或西漢前期如《淮南子》比較起來，則具特色，明顯的表現西漢中期至東漢中後期的黃老養生理論，代表黃老思想發展的另一個高峰。

　　《老子河上公章句》認為治國治身雖是一理之術，但是，它將治身視為比經世治國還重要。〈體道〉第一，一開頭就對「道可道，非常道。」註解「可道」之道，為「經術政教之道」。而且無論是皓首窮經之「經術」，或是勞形傷神的「政教」，對於養生都是不利的，這種道，就是「非常道」；相反地，「不可道之道」則為「自然長生之道」，它是一種「常道」。而常道的內容當以「無為養神」，然後才能「無事安民」，乃至「含光藏輝，滅跡匿端」。〔註 390〕它高深莫測，「不可稱道」，而認識不可道的常道遠遠重於可把握之道：「聖人學所不能學，人學智詐，聖人學自然；人學治世，聖人學治身，守道真也。」〔註 391〕顯然通過解釋，將養生之術高懸於經術政教之道上。再者，從章節的標題來看，「體道第一」、「養身第二」、「安民第三」，似乎又看到作者主張養生治身的原則遠遠重於經世治國原則。尤其《老子河上公章句》作註，經文明明不關乎治身，卻刻意往治身方面作詮釋，如〈能為〉第十註解「愛民治國，能無為。」說：

　　　治身者，愛氣則身全；治國者，愛民則國安。

〔註 388〕卷三〈淳風〉第五十七，頁 221。
〔註 389〕「太平」二字首見於《黃帝四經・經法・六分》：「天下太平，正以明德，參之於天地，而兼覆載而無私也，故王天下。」四經所講的「太平」是指帝王的美德要像天覆地載一樣，養育萬物而無私，這樣才可以王天下。另亦見於《莊子・天道》亦云：「知謀不用，必歸於天，此之謂太平，治之至也。」而《老子河上公章句》所講的太平也是由於統治者法道，以無私的態度治國，以達到一個美好的境界。一個是做法，一個是目的，二者息息相關。（參余明光、譚建輝〈黃老學術黃老道教之轉變〉，《中國哲學與哲學史》1996 年第 10 期）
〔註 390〕頁 1。
〔註 391〕卷四〈守微〉第六十四，頁 205。

治身者呼吸精氣，無令耳聞；治國者，布施惠德，無令下知也。
〔註392〕

〈微明〉第三十六「國之利器，不可以示人。」說：

利器者，謂權道也。治國權者，不可以示執事之臣也。治身道者，
不可以示非其人也。〔註393〕

〈淳德〉第六十五「古之善爲道者，非以明民，將以愚之。」說：

說古之善以道治身及治國者，不以道教民明智巧詐也，將以道德教
民，使質朴不詐僞。〔註394〕

大力陳說養生之論，將養生視爲首要大事，這與《老子》思想有出入，也與
漢初特別強調治國之術相異，養生成爲《老子河上公章句》思想最大的特色。

（三）養生思想

1、養生根本依據——天人相通

同許多道家著作一樣，《老子河上公章句》也以「道」作爲天地萬物根源
與基始，天地萬物皆由道生化而來。但它最大的特點，是將《老子》的「道」
解釋爲「元氣」。在〈能爲〉第十章注解「生而不有」句時說：「道生萬物，無
所取有」；〔註395〕而在〈養生〉第二章解釋「生而不有」句時則說：「元氣生
萬物而不有。」〔註396〕明顯地把「道」與「元氣」等同起來看待。

什麼是元氣呢？它說「根，元也。」〔註397〕元乃根本之義，意味道是產
生天地萬物的原初之氣，稱之爲元氣，「萬物中皆有元氣」，〔註398〕天地萬物
都由元氣分化而成，都依賴道與氣而生長發育，整個宇宙的演變是氣的分化
過程。《老子》第四十二章：「道生一，一生二，二生三，三生萬物。」注說：

道所始生者一也，一生陰與陽也，陰陽生和、清、濁三氣，分爲天
地人也。〔註399〕

「虛極」、「恍惚」、「無形」的道——元氣產生一，而「一者，道始所生，太

〔註392〕頁 35。
〔註393〕頁 143。
〔註394〕頁 254。
〔註395〕頁 36。
〔註396〕頁 7。
〔註397〕卷一〈成象〉第六，頁 22。
〔註398〕卷三〈道化〉第四十二，頁 169。
〔註399〕卷三〈道化〉第四十二，頁 168～169。

和之精氣也。」〔註400〕「德，一也。一主布氣而蓄養之。」〔註401〕「一」是精氣，主「經營生化」，〔註402〕透過一的作用，產生陰陽二氣，變出清、濁、和三氣，分爲天地人三才。

　　有道爲根源，氣爲中介，聯繫起天與人的關係，《老子河上公章句》認爲養生根本依據是「天人相通，精氣相貫」，〔註403〕就是說天與人本質上都是一種氣，因而可以一氣貫通。相通的原因在於天與人最初都是由一氣化成，因而兩者的本性上有一致之處，由此確定了人與天地相統一的理論。在漢代天人神秘的思想氛圍之下，《老子河上公章句》強調天人可以感應，如說「大軍之後，必有凶年」，是由於「天應之以惡氣」；〔註404〕解「天亦將知之」與「知之，所以不殆」爲「人能法道行德，天亦將知之」，「天知之，則神靈佑助」，〔註405〕「人君清靜，天氣自正；人君多欲，天氣煩濁」，〔註406〕這一切都是「修道承天」〔註407〕的結果。這是《淮南子》式的「天人相類」、「天人相應」，天人一體的模式。即是人與自然作爲統一的有機體，相互影響，相互作用，遵循同一的宇宙規律。養生，就是要「人如何體驗道、持守道、把握道。」〔註408〕「萬物皆得道精氣而生，動作起居，非道不然。」〔註409〕「道之於萬物，非但生之而已，乃復長養、成熟、覆育，全其性命。人君治國治身，亦當如是也。」〔註410〕認清天地陰陽的變化規律，以此爲基礎，而形成正確的方法。此與當時的醫書如馬王堆《養生方‧十問》：「君若欲壽，則需察天地之道。」或是《黃帝內經》：「其知道者，法於陰陽，合於術數，飲食有節，起居有常，不妄作勞，故能形與神俱，而盡終其天年，度百歲乃去。」〔註411〕都是一貫相續的。

　　以體道爲中心的養生論，《老子河上公章句》主張效法道的精神來養生。

〔註400〕卷一〈能爲〉第十，頁34。
〔註401〕卷三〈養德〉第五十一，頁196。
〔註402〕卷二〈虛心〉第二十一，頁86。
〔註403〕卷三〈鑑遠〉第四十七，頁184。
〔註404〕卷二〈儉武〉第三十，頁121。
〔註405〕卷二〈聖德〉第三十二，頁131～132。
〔註406〕卷三〈鑑遠〉第四十七，頁184。
〔註407〕卷三〈淳風〉第五十七，頁221。
〔註408〕那薇《漢代道家的政治思想與直覺體悟》，頁248，山東：齊魯書社，1992年1月第一刷。
〔註409〕卷二〈虛心〉第二十一，頁87。
〔註410〕卷三〈養德〉第五十一，頁197。
〔註411〕《黃帝內經‧素問‧上古天眞論第一》，卷第一，頁209。

對於道，它認為「無為，道之子也。」〔註412〕「道以無為為常也。」〔註413〕無為是道的根本性質，人當以此為原則。所謂「道無為而萬物自化成」，「法道無為，治身則有益於精神，治國則有益於萬民，不勞煩也。」〔註414〕此外，《老子河上公章句》又認為「安靜」是道的另一種特性：

> 道似在天帝之前，此言道乃先天地之生也。至今在者，以能安靜湛然，不勞煩。欲使人修身法道。〔註415〕

> 人乃天下之神物也，神物好安靜，不可以有為治。〔註416〕

> 道清靜不言，陰行精氣，萬物自成也。〔註417〕

可見《老子河上公章句》希望透過天人相通的原理，效法天道安靜無為的原則從事養生，如此才可能達到「無為養神，無事安民」，治身又治國的目標。

2、養生重心──神形合一

《老子河上公章句》認為人由元氣所生，人由有形的形與無形的神兩個部分構成。〈無用〉第十一解釋「故有之以為利」時說：

> 利，物也，利於形用。器中有物，室中有人，恐其屋破壞，腹中有神，畏其形消亡也。〔註418〕

人之形猶如屋房，屋壞形亡，神寓居形中，形亡神亦亡。形又稱魄，神又稱魂。〈成象〉第六說：

> 天食人以五氣，從鼻入藏於心。五氣輕微，為精、神、聰、明、音聲五性。其鬼曰魂，魂者雄也，主出入於人鼻，與天通，故鼻為玄也。

> 地食人以五味，從口入藏於胃。五味濁辱，為形、骸、骨、肉、血、脈六情。其鬼曰魄，魄者雌也，主出入於人口，與地通，故口為牝也。〔註419〕

人依靠天的五氣和地的五味維持生存，五氣為精神，五味為形骸，「魂靜魄定，

〔註412〕卷三〈法本〉第三十九，頁154。
〔註413〕卷二〈為政〉第三十七，頁144。
〔註414〕卷三〈偏用〉第四十三，頁173。
〔註415〕卷一〈無源〉第四，頁15。
〔註416〕卷二〈無為〉第二十九，頁118。
〔註417〕卷二〈象元〉第二十五，頁103。
〔註418〕頁42。
〔註419〕頁21～22。

故生。」〔註420〕

在中醫理論「五臟」是人體內部的重要器官，也掌管人的精神活動。《黃帝內經》說：「五臟所藏：心藏神，肺藏魄，肝藏魂，脾藏意，腎藏志，是謂五臟所藏。」〔註421〕《老子河上公章句》繼承這樣的看法：

> 人能養神則不死也。神，謂五臟之神也。肝藏魂，肺藏魄，心藏神，
> 腎藏精，脾藏志，五藏盡傷，則五神去矣。〔註422〕

五臟屬形，寓有魂魄這樣的神，人之所以成為人；五臟盡傷，神離開了人的軀體，人的生命也就停止了。這裡的神，不僅是人的精神官能，尚有神靈的意義，即駐守人體五臟之中的靈魂。《老子河上公章句》在注釋「載營魄抱一」時，指出：

> 營魄，魂魄也。人載魂魄之上得以生，當愛養之。喜怒亡魂，卒驚
> 傷魄。魂在肝，魄在肺。美酒甘肴，腐人肝肺。故魂靜志道不亂，
> 魄安得壽延年也。〔註423〕

這是說，人是生命的魂（精神）與魄（形體）的統一。如果能使精神與形體合一不離，則形神相依，可以長壽。神形交養，是其養生主旨。

《老子河上公章句》這種觀點，非常切合黃老思想。黃老思想對於生命的觀念是神形合一，精神與形體相互依存。人們想要健康長壽，就須進行形神的統一修煉，這也與後來道教所謂的性命雙修相符。性指人的精神、意識、心理等；命指的是生命、形體、精氣。簡言之，性屬神，精氣屬命，性命雙修就是同時注意精氣、精神的修煉。這是以《老子》思想為指導的養生思想不僅要注意修命，採用各種延長壽命的方法，而且注意思想修養、道德修養、人格修養等修性。

3、養生具體方法

對於具體養生的方法，《老子河上公章句》提出以下的見解：

（1）調攝精神

《老子河上公章句》認為「人之所以生者，為有精神。」，〔註424〕人之

〔註420〕卷三〈貴生〉第五十，頁191。
〔註421〕《黃帝內經・素問・宣明五氣第二十三》，卷第七，頁306。
〔註422〕卷一〈成象〉第六章，頁21。
〔註423〕卷一〈能為〉第十，頁34。
〔註424〕卷四〈愛己〉第七十二，頁279。

所以能動能行，全依精神爲指導，因此調養精神對養生而言就變的異常重要。

我們說過，《老子河上公章句》認爲養生之根本原理在於效法自然的天道，天道性質安靜無爲，「天地所以獨能長且久者，以其安靜」，〔註425〕「勇於敢有爲，則殺其身也。勇於不敢有爲，則活其身。」〔註426〕因此，對於精神的調養也是重「靜重」，忌諱「燥疾」。

> 人君不重則不尊，治身不重則失神，草木之花葉輕，故零落，根重故長存也。

> 人君不靜則失威，治身不靜則身危，龍靜故能變化，虎躁故夭虧也。

> 治身輕淫，則失其精也。

> 治身躁疾，則失其精神。〔註427〕

可見去除急燥爲養神要務。

人何以會急燥，使精神無法長養，而步入死地？《老子河上公章句》認爲這完全是心的因素。「心」有幾層意義：心是實體的心，心是認識外界事物的主體，「心居玄明之處，覽知萬事」，〔註428〕「聖人不上天，不入淵，能知天下者，以心知之也」；〔註429〕也是一切情愛意欲的根源，「有名之物，盡有情欲」，〔註430〕「有欲無欲」，「同出人心」；〔註431〕同時「心藏神」〔註432〕、「心居神」，〔註433〕神由心所出，心居人身的關鍵地位。正由於心爲主體，與外界交接，容易受到影響，「則和氣去心。」〔註434〕連帶的神由心出，心無法把持，精神也就接著受傷。

針對這個問題，《老子河上公章句》繼承了《管子》四篇的觀點，主張養神先養心，要「專一和柔」，〔註435〕「洗心濯垢」，〔註436〕使心靈潔淨，好讓

〔註425〕卷一〈韜光〉第七，頁25。
〔註426〕卷四〈任爲〉第七十三，頁282。
〔註427〕卷二〈重德〉第二十六，頁106～107。
〔註428〕卷一〈能爲〉第十，頁35。
〔註429〕卷三〈鑑遠〉第四十七，頁184。
〔註430〕卷二〈聖德〉第三十二，頁131。
〔註431〕卷一〈體道〉第一，頁2。
〔註432〕卷一〈成象〉第六，頁21。
〔註433〕卷四〈愛己〉七十二，頁279。
〔註434〕卷一〈儉欲〉第十二，頁45。
〔註435〕卷三〈玄符〉第五十五，頁212。
〔註436〕卷四〈愛己〉第七十二，頁279。

神明進駐，而時時保有中和之氣。而心不能清明，完全是受到情欲的影響。情指「六情」，爲喜怒哀樂愛惡或目耳口鼻之需求；〔註437〕欲泛指心理與生理的各種欲求，包括聲色名利，好逸惡勞等特性。

難得之貨，謂金銀珠玉，心貪意欲，不知饜足，則行傷身辱也。〔註438〕

嗜欲傷神，財多累身。〔註439〕

人嗜五味於口，則口亡言，失於道味也。〔註440〕

外在優渥的物質條件，並非生命的依託，反而是危險的因素，這些可以滿足感官欲望，卻不足以保養精神，「精神託空虛，喜清靜。若飲食不節，忽道念色，邪僻滿腹，爲伐本厭神。」〔註441〕養神就是要讓心靈平靜，契合於大道。於此，《老子河上公章句》主張「除情去欲」是達到治心養神的手段，在這一方面可說再三強調：

除情去欲，一自歸之也。〔註442〕

人能除情欲，節滋味，清五臟，則神明居之也。〔註443〕

治身者，當除情去欲，使五臟空虛，神乃歸之。〔註444〕

得道之人，捐情去欲，五內清靜，至於虛極。〔註445〕

當恬淡如嬰兒，無所造爲。情欲斷絕，德於道合，則無所不施，無所不爲也。〔註446〕

情欲有所銳爲，當念道無爲以挫止之。

〔註437〕《老子河上公章句》並未明言六情爲何，根據漢朝人通行的説法當指喜怒哀樂愛惡。《白虎通・情性》：「六情者，何謂也？ 喜怒哀樂愛惡謂之情。」即是。或是目耳口鼻之需求，《韓詩外傳》卷五：「人有六情：目欲視好色、耳欲聽宮商、鼻欲嗅芬香、口欲嗜甘旨、其身體四肢欲安而不作、衣欲披文繡而輕暖，此六者，民之六情也。」
〔註438〕卷一〈檢欲〉第十二，頁45。
〔註439〕卷一〈運夷〉第九，頁32。
〔註440〕卷一〈儉欲〉第十二，頁45。
〔註441〕卷四〈愛己〉第七十二，頁279。
〔註442〕卷一〈贊玄〉第十四，頁54。
〔註443〕卷一〈虛用〉第五，頁18。
〔註444〕卷一〈無用〉第十一，頁41。
〔註445〕卷一〈歸根〉第十六，頁62。
〔註446〕卷三〈忘知〉第四十八，頁186。

我修道守眞，絕去六情，民自隨我而清也。〔註447〕

上面所引，說明除情去欲，合於「一」的特性，讓五臟清靜空虛，五臟之神自然得到頤養，可長居五臟之內，則形與神相和不傷。不僅讓個人之身不辱於世，更能讓百姓效法，創造出清明的政治。而修道守眞，無所造爲就是無欲，此全靠平時要求心理，控制意念，減少物質追求及名利妄念，使人的精神處於良性狀態。

《老子河上公章句》還看到無思無慮如嬰兒般的狀態，可讓人意定神閑，心理安適，可不因外界事物變化而產生大的情緒波動，大恐大驚大怒之心不起，人也就可以長壽。基於此，《老子河上公章句》反對人們一切好智而過度使用心神的行爲。即使有獨見之明，也要表現暗昧無知，「與眾庶同塵垢」，〔註448〕不表現出自己的特殊。「多事害神，多言害身，口開舌舉，必有禍患。」「不如守德于中，育養精神，愛氣希言。」〔註449〕「學多者惑于所聞」，〔註450〕「目不妄視，耳不妄聽，口不妄言，則無怨惡于天下，故得長壽。」〔註451〕甚至認爲，人們閉目塞聽是能夠長生不死的好辦法：

其生也，目不妄視，耳不妄聽，鼻不妄臭，口不妄言，手不妄持，

足不妄行，精不妄施，其死也反是。〔註452〕

用感官去接觸客觀世界，精神容易受到污染，要養生需從根本做起，「棄智慧，反無爲。」「絕仁之見恩惠，棄義之尙華言。」〔註453〕阻隔可能害生的源頭，將知識、成見消除，「夫聖人懷通達之知，託於不知者，欲使天下質朴忠正，各守純性。小人不知道意，而妄行強知之事以自顯著，內傷精神，減壽消年也。」〔註454〕精神才不至於受到束縛，自由才有可能。

（2）持守精氣

《老子河上公章句》認爲，人由道所生，由中和之氣構成，爲三才之一，「天地生萬物，人最爲貴。」〔註455〕在宇宙中的地位最爲尊貴。人的形體、

〔註447〕卷三〈淳風〉第五十七，頁222。
〔註448〕卷一〈無源〉第四，頁15。
〔註449〕卷一〈虛用〉第五，頁19。
〔註450〕卷二〈益謙〉第二十二，頁90。
〔註451〕卷二〈辯德〉第三十三，頁134。
〔註452〕卷三〈貴生〉第五十，頁192。
〔註453〕卷二〈還淳〉第十九，頁76。
〔註454〕卷四〈知病〉第七十一，頁277。
〔註455〕卷一〈虛用〉第五，頁18。

人的精神與天地萬物一樣，也是憑藉元氣、精氣而得以存在和延續的，精氣散則人亡。又由於受氣的不同，造成人的才智、稟性也不同，「稟氣有厚薄，得中和滋液則生聖賢，得錯亂污辱則生貪淫也。」〔註456〕可見養氣是養生之道的一個核心，因此它主張固守精氣以淨化性情，增長智慧，延年益壽，保全生命。

> 萬物中皆有元氣，得以和柔。若胸中有藏，骨中有髓，草木中有空
> 虛與氣通，故得久生也。〔註457〕

> 治身者當愛〔惜〕精氣，不爲放逸。〔註458〕

> 人能保身中之道，使精氣不勞，五神不苦，則可以長久。〔註459〕

> 專守精氣使不亂，則形體能應之而柔順。〔註460〕

> 自愛其身以保精氣，不自貴高榮名於世。〔註461〕

《老子河上公章句》固守精氣的方法在於「修道」，修道具體注意事項亦如修養精神一樣，要安靜無爲，除情避欲，使內心空虛，精氣自然來舍。而《老子河上公章句》認爲固守精氣更重要的是要「抱一」。它說：「人能抱一，使不离于身，則長存。一者，道德所生太和之精氣也，故曰一。」一者，精氣，抱一是抱守精氣不使精氣外洩，此即守一不移，「一之爲言，志一無二也。」〔註462〕「不與俗人相爲，守一不移，如愚人之心也。」〔註463〕就是要專一心志，如愚人之心，不隨便動心，精氣自然不離身。

《老子河上公章句》在守氣養生中，明顯與之前的黃老著作如《管子》四篇、《淮南子》不同，它明確提到呼吸吐納，導引行氣的具體功法理論：

> 治身者呼吸精氣，無令耳聞。〔註464〕

> 言不死之道，在於玄牝。玄，天也，於人爲鼻。牝，地也，於人爲
> 口。

〔註456〕卷一〈體道〉第一，頁2。
〔註457〕卷三〈道化〉第四十二，頁169。
〔註458〕卷三〈守道〉第五十九，頁231
〔註459〕卷三〈守道〉第五十九，頁231。
〔註460〕卷一〈能爲〉第十，頁34。
〔註461〕卷四〈愛己〉第七十二，頁279。
〔註462〕卷一〈能爲〉第十，頁34。
〔註463〕卷二〈異俗〉第二十，頁80。
〔註464〕卷一〈能爲〉第十，頁35。

鼻口之門，是乃通天地之元氣所從往來也。

鼻口呼噏喘息，當綿綿微妙，若可存，復若無有。

用氣當寬舒，不當急疾勤勞也。〔註465〕

天門謂北極紫微宮。開闔謂終始五際也。治身：天門，謂鼻孔，開
謂喘息闔，謂呼吸也。〔註466〕

這裡可看到將玄牝解釋爲天地，於人爲鼻、口；把天門解釋爲北極紫微宮，
於人爲鼻孔；解釋開闔爲喘息、呼吸，應是當時鍊氣術語。而呼吸吐納的法
則在於塞聽，斷絕外界音聲干擾，讓天地之元氣或精氣通過鼻口之門往來人
身，即天地之精氣與人身之精氣互通，沒有阻塞。鼻口呼吸喘息，綿綿不絕，
若存若無，行氣要寬舒緩慢，勿過急躁。說穿了類似現代氣功，也就是通過
有意識控制呼吸來練功的方法。

對於呼吸行氣可以長生的觀念由來已久。戰國初期《行氣玉佩銘》記載：

行氣，深則蓄，蓄則伸，伸則下，下則定，定則固。固則萌，萌則
長，長則退，退則天。天機春在上，地機春在下。順則生，逆則死。

據郭沫若考證，此物是公元前四七十年左右的文物。具體解釋：「這是深呼吸
的一個回合，吸氣深入則多其量，使它往下伸，往下伸則定而固。然後呼出，
如草木已萌芽，往上長，與深入時的路徑相反而退出，退到絕頂。這樣天幾
便上動，地機便朝下動。順此行之則生，逆此行之則死。」〔註467〕是對於行
氣功法具體描述。《莊子·刻意》中提到「吹呴呼吸，吐故納新。」〔註468〕
屈原《楚辭·遠遊》中赤松、王喬兩位仙人「內惟省以端操兮，求正氣之所
由，漠虛靜以恬愉兮，淡無爲而自得。聞赤松之清塵兮，願乘風乎遺則」；「無
將從王喬而娛戲，餐六氣而飲沆瀣兮，漱正陽而含朝霞，保神明之清澄兮，
精氣入而麤穢除。」〔註469〕後來的《淮南子》也說：

〔註465〕卷一〈成象〉第六，頁21～22。

〔註466〕卷一〈能爲〉第十，頁35。

〔註467〕《行氣玉佩銘》是刻在一個十二面體的小玉柱上，共計四十五字。此文物最
早刊載於鄒安《藝賸》中，命名爲「玉刀秘」，並收入羅振玉《三代吉金文存》
中。郭沫若在《奴隸制時代》對此曾進行解釋，認爲這是一件內內煉功法的
實物。此釋文及譯文，轉引自馬濟人《道教與煉丹》。(頁12～13，台北：文
津出版社，1997年5月)

〔註468〕《莊子集釋·刻意第十五》，卷六上，頁535。

〔註469〕頁164，166。

> 王喬、赤松，去塵埃之間，離群慝之紛，吸陰陽之和，食天地之精，
> 呼而出故，吸而入新，踥虛輕舉，乘雲游霧，可謂養性矣。〔註470〕

> 今夫王喬、赤誦子，吹嘔呼吸，吐故納新，遺形去智，抱素反眞，
> 以游玄眇，上通於天。〔註471〕

王充批評當時人的看法說：

> 食氣者壽而不死，雖不穀飽，亦以氣盈。〔註472〕

《陵陽子明經》說：

> 春食朝霞；朝霞者，日始欲出赤黃氣也。秋食淪陰；淪陰者，日沒
> 以後赤黃氣也。冬飲沆瀣，沆瀣者，北方夜半氣也。夏食正陽；正
> 陽者，南方日中氣也。並天地，玄黃之氣，是爲六氣也。〔註473〕

《漢書・王貢兩龔鮑傳第四十二》中王吉就說過：

> 休則俯仰曲身以利形，進退步趨以實下，吸新吐故以練臟，專意積
> 精以通神。〔註474〕

這些都牽涉到吐納行氣的記載，證明戰國已開始有追求長生的思想和方法。
只是道家黃老雖然重視精氣的功用，認爲保有精氣的多寡好壞關係到人的生
命，人應當極力去保養鍛鍊，它們點出觀念或注重原則性的問題，甚至批評
這樣的做法。對於練功行氣的具體方法更不是它們注重的。與之相比，《老子
河上公章句》提出實際的行氣功法，可視爲黃老養生理論發展的過程進一步
細緻化或技術化的趨勢。

4、養生目的──長生不死

先秦道家的養生論，以順乎自然，依乎大道爲旨趣，以求得無適而不自
得的精神愉快。漢代以後的道家，養生論一分爲二，一是以《淮南子》爲代
表，將養神與養形結合起來，將養生與醫學結合起來，主張貴生而不畏死。
這仍然堅持著先秦道家生死觀上的自然主義的立場。另一派則將養生與仙術
合流，以成神登仙，長生不死爲目的。〔註475〕《老子河上公章句》的養生論

〔註470〕《淮南子校釋・泰族》，卷第二十，頁2036。
〔註471〕《淮南子校釋・齊俗》，卷第十一，頁1158。
〔註472〕《論衡校釋・道虛第二十四》，第七卷，頁336。
〔註473〕此據王逸《楚辭・遠遊》注引，頁166。
〔註474〕卷七十二，頁3060。
〔註475〕陸玉林、彭永捷、李振綱《中國道家》，頁140，北京：宗教文化出版社，1998
　　　年6月第二刷。

接近於後者：

> 修道可以解死厄，免於眾邪。〔註476〕

> 為人子孫能修道如是，長生不死。〔註477〕

> 當湛然安靜，故能長存不亡。〔註478〕

> 德不差忒，則長生久壽，歸身於無窮極也。〔註479〕

《老子河上公章句》大膽提出長生不死是人生終極的的目標。它認為：

> 復命使不死，乃道之所常行也。能知道之所常行，則為明也；不知
> 道之所常行而妄作巧詐，則失神明，故凶也。〔註480〕

道有生無死，所以不死是道的「常行」，能認知不死之道則明，否則「凶」。這又是出自人來源於道或氣的基礎上，理所當然人身中有道或氣，或者說具有道性或氣性，所謂的「善行道者，求之於身」，〔註481〕因而修道、得道之人可成為長生久壽之人。

《淮南子》的真人有特異功能，猶如神仙般，但並不認為形體可以不死，其特異之處在於精神超脫不拘，不死是從精神層面而言。《老子河上公章句》認為：

> 修道於身，愛氣養神，益壽延年。其德如是，乃為真人。〔註482〕

成為真人的要點在於修道、守氣、養神，最大的功用乃在益壽延年。《老子河上公章句》雖然沒有明確點出真人形體不死，但是已可看到它注重生命的長度。另外《老子河上公章句》還說：

> 吾所以有大患者，為吾有身。有身憂其勤勞，念其飢寒，觸情縱欲，
> 則遇禍患也。使吾無有身體，得道自然，輕舉昇雲，出入無間，與
> 道通神，當有何患。〔註483〕

這裡的長生不死，輕舉飛昇因素已大大加強。《神仙傳》說：

> 仙人者，或竦身入雲，無翅而飛；或駕龍乘雲，上造天階；或化為

〔註476〕卷四〈為道〉第六十二，頁242。
〔註477〕卷三〈修觀〉第五十四，頁207。
〔註478〕卷一〈無源〉第四，頁15。
〔註479〕卷二〈反朴〉第二十八，頁114。
〔註480〕卷一〈歸根〉第十六，頁63。
〔註481〕卷二〈巧用〉第二十七，頁108。
〔註482〕卷三〈修觀〉第五十四，頁207。
〔註483〕卷一〈厭恥〉第十三，頁49。

　　鳥獸，游浮清雲；或潛行江海，翺翔名山；或食元氣；或食芝草；

　　或出入人間而人不識；或隱其身而莫知見。〔註484〕

仙人異於常人，能夠飛昇入雲，外身遨遊於天地之間，《老子河上公章句》的
得道之人也能輕舉昇雲，出入無間，已頗俱仙人架勢。不同的是，《老子河上
公章句》得道之人，與《老子》同樣講求「無身」，而不強調現實世界有形之
軀不朽的追求，這與神仙家心目中的形軀我可以不朽的思想尚有一段距離。
因此，《老子河上公章句》雖然已注重生命的長度，但它所關心的仍在精神層
面的超脫，藉由避免精神的夭亡，達到不死的境界。

　　從以上所探討的，《老子河上公章句》顯然與神仙思想有關，但又不同於
戰國和西漢時期那種尋找神仙，求不死之藥的方士。王充曾指出當時神仙方
術有尸解、辟穀不食、導氣養性、服藥。〔註485〕《老子河上公章句》注重內
修，主張抱道懷一，引導行氣，在自修鍊養上下工夫，不靠藥物食餌來修鍊
長生不死，屬於導氣養性這一系。不過就從黃老思想在時間的演變過程中，
黃老已從漢初個人養生逐漸傾向於神仙方術化，使黃老思想變質，這也為以
後道教的形成舖了路。

第四節　小　結

　　《淮南子》、《老子河上公章句》的養生思想，足以代表兩漢黃老養生思想
的主要情形。從這些討論當中，看到固守精氣，保養精神，要清心寡欲，內心
平正。這些和《老子》、《管子》四篇、《呂氏春秋》等篇的觀點一致，並沒有本
質的區別。它們都強調長生甚至不死，但都著重於精神層面，鍊養的重心也以
養神為主。不過由於時代的演變，逐漸有轉變為追求生命的長度，成為仙人的
傾向，只是尚未完全確立，此則有待方仙道逐步與黃老思想結合，且又進一步
轉化為黃老道教，而後得而成為追求現實世界的神仙不死的最大願望。

　　除了《淮南子》、《老子河上公章句》這兩部完全立足於黃老思想的基礎
上的著作外，其實整個兩漢，還有許多著作沾染黃老養生思想氣息的。明顯
的如一代儒宗董仲舒的《春秋繁露・循天之道》說：

〔註484〕李昉等《太平廣記》第一冊，卷二，頁9，〈彭祖〉引，北京：中華書局，1995
　　　　年8月第六刷。
〔註485〕《論衡校釋・道虛第二十四》，第七卷，頁321～338。

養生之大者，乃在愛氣。氣從神而成，神從意而出。心之所之謂意，
意勞者神擾，神擾者氣少，氣少者難久矣。故君子閑欲止惡以平意，
平意以靜神，靜神以養氣。氣多而治，則養身之大者得矣。古之道
士有言曰：將欲無陵，固守一德。此言神無離形，則氣多內充，而
忍饑寒也。和樂者，生之外泰也；精神者，生之內充也。外泰不若
內充，而況外傷乎？忿恤憂恨者，生之傷也；和說勸善者，生之養
也。君子慎小物而無大 敗也。行中正，聲向榮，氣意和平，居處虞
樂，可謂養生矣。〔註486〕

愛氣、靜神、平意，無使憂忿傷身，皆是黃老道家養生要方。〈通國身〉又說：

氣之清者爲精，人之清者爲賢。治身者以積精爲寶，治國者以積賢
爲道。身以心爲本，國以君爲主。精積於其本，則血氣相承受；賢
積於其主，則上下相制使。血氣相承受，則形體無所苦；上下相制
使，則百官各得其所。形體無所苦，然後身可得而安也；百官各得
其所，然後國可得而守也。夫欲致精者，必虛靜其形；欲致賢者，
必卑謙其身。形靜誌虛者，精氣之所趣也；謙尊自卑者，仁賢之所
事也。故治身者務執虛靜以致精，治國者務盡卑謙以致賢。能致精
則合明而壽，能致賢則德澤洽而國太平。〔註487〕

這裡所強調的是賢人之治，與道家無爲之治有根本的區別。不過主張心爲百
官之主，虛靜致精，則是吸取了黃老道家的一些因素。

又如韓嬰的養生思想也與黃老思想有關。《韓詩外傳》說：

人之所以好富貴安樂，爲人所稱譽者，爲身也；惡貧賤危辱，爲人
所謗毀者，亦爲身也。然身何貴也，莫貴於氣；人得氣得生，失氣
則死；其氣非金帛珠玉也，不可求於人也；非繒布五穀也，不可糴
買而得也，在吾身耳，不可不慎也。〔註488〕

以身爲貴，身以氣爲本。故治氣爲根本，「以治氣養生，則身後彭祖；修身自
強，則名配堯舜。」〔註489〕如何才能達到目的？「惟其無爲，能長生久視，
而無累於物。」〔註490〕這都看到黃老思想的影子在其中。

〔註486〕《春秋繁露義證・循天之道第七十七》，頁 452～453。
〔註487〕《春秋繁露義證・通國身第二十二》，頁 182～183。
〔註488〕《韓詩外傳今註今譯》，卷八，頁 318。
〔註489〕《韓詩外傳今註今譯》，卷一，頁 5。
〔註490〕《韓詩外傳今註今譯》，卷一，頁 26。

　　東漢思想家王充的養生思想也與黃老養生思想牽上關係。他曾批評：「世或以老子之道，可以度世，恬淡無欲，養精愛氣」，成為真人的說法。認為老子恬淡無欲，辟穀食氣的養生法，並無法長生久壽，不信任老子之術可以度世。他也批評「世或以辟穀不食為道術之人」，王子喬之輩以不食穀而食氣與一般人不同，「遂為仙人」。〔註491〕認為都是虛妄之談。但後來他說：

　　　　愁精神而幽魂魄，動胸中之靜氣，賊年損壽，無益於性。禍重於顏

　　　　回，違負黃、老之教，非人所貪，不得已，故為《論衡》。〔註492〕

明顯看到他因勤於著述，擾動了心神，違反了黃老養生之理，有害身體健康。根據記載他在晚年作《養性書》十六篇，「養氣自守，適食則酒，閉明塞聰，愛精自保，適輔服藥導引，庶冀性命可延，斯須不老。」〔註493〕王充想通過黃老一系列的適食節欲，養氣愛精，導引服藥等具體方法，獲得延長壽命。可惜王充的《養性書》已佚，目前無法得知其中的情形，不過由此也說明了當時是人心目中的黃老是一種養生思想。

　　最後想指出，由這種重生貴生的思維，它所產生的功效，在現實層面不見得都能夠實現，譬如長生不死的問題。但在這種思想為指導之下，影響人生的態度，轉而成為普世的人生觀，則足以促使以人為本位，自我意識的抬頭；其功效則培養簡易恬淡，樸實不奢靡，少思寡欲，不爭知足，明哲保身的處世哲學；造就清靜虛明，無私無慮的心理境界；以及養氣守神等健身方法為輔，贏得良好的生理狀態等益處。這在當時的社會確實造成極大的指導作用，此在第五章我們將有論述。

〔註491〕《論衡校釋・道虛第二十四》，第七卷，頁334～335。
〔註492〕《論衡校釋・對作第八十四》，第二十九卷，頁1179～1180。
〔註493〕《論衡校釋・自紀第八十五》，第三十卷，頁1209。

第五章　黃老思想在兩漢的實踐

　　錢賓四說：「人類行為，必受思想之指導。」〔註 1〕這話一點都沒錯，人的一切行動都在一定的思想支配下進行，歷史就是人的活動。從穴居野處，到雕瓏畫棟，從茹毛飲血，到衣繡文采，人類文明所以能日益進步，莫不得力於思想。思想是社會運轉的根源，決定道德、禮制的形式，影響個人與社會整體生活，故思想決定一切。

　　思想之所以產生，發生何種思想，與當時的生活環境息息相關，受當時的政治社會經濟情況的影響，大多數的思想家在主觀上是對特定事情所發生的反應而有所發揮，進而謀求解決的方法。因此思想是一特定歷史時代的產物，不同時代的人具有不同的思想形式與不同的思想內容。思想又有其相對的獨立性，它一經產生便會對社會存在產生作用。亦即當某種思想普遍受社會接納，成為時人信仰，原本抽象而難以名狀的思想，即可為現實社會提供策略與規範，成為個人與集體的行動及判斷的指導。在思想達到這種作用之時，所表現則為當時的一種思想趨勢，也就是所謂的思潮。思潮最重要的特徵，在於有一定的理論體系為其主導，一定思潮的流行或發生，往往肇於社會中存在著某種需求，而後轉為尋找能對這種需求作出具有一定可接受的理論的支持，所以思潮可說是反映一定環境中人們某種特定利益要求，並對社會生活發生廣泛影響的思想傾向。

　　黃老思想興起於戰國中期，此思想萌生，正值各國力征，百家學說論辯最烈的時候，由於憑藉其理論特點，與時勢的激盪，不意竟成為戰國晚期一

〔註 1〕　《中國思想通俗講話・前言》，錢賓四先生全集第 24 冊，頁 2，錢賓四先生全集編委會編，台北：聯經文化事業公司，1998 年 5 月初版。

股重要的思潮。《淮南子·要略》說先秦諸子之學起於救世之弊；太史公司馬談《論六家要指》認爲諸子各家學說，其目的皆務於治。這就表明，先秦諸子之學反映了當時社會環境的需求，而黃老思想自不例外。

如果說「歷史上每一事件或遺跡，其背後都表現著人的目的」，〔註2〕那就是史事後面灌注了人的思想。反過來說，思想成就了每一件史事與遺跡，而史事與遺跡是思想的實踐，且不論執行者有意或無意。先秦時期，諸子思想眞正有意被落實於政的，當推法家。秦自商鞅屬行法家之治，尊君崇法，重農尚武，用勢術，講權威，行之已效。黃老思想，成熟於戰國晚期，因此在先秦並不如法家有機會成爲社會的規範。但是合乎時代需求的產物，終究不會被埋沒，經過歷史的選擇，在百家之說中，黃老思想終於脫穎而出，成爲兩漢最重要的思潮之一。

本章論述，與前面幾章不同，前面所論的是探討黃老思潮，從它藉以產生的特定歷史條件，去尋求它的可解釋性。而本章主要著重黃老思想落實於兩漢現實面的情形，並藉此了解此思潮影響所在。〔註3〕

黃老思想是一種處世智慧，是一種應世之道，它隨著時代的變化，成爲治國治身的泉源。兩漢的黃老之治，史書歌頌不絕，這是對黃老思想在政治上效果的稱述。雖然黃老思想是一種術，主要是政術而言，但是黃老思想影響所及並非單在治天下，漢朝的建立，於爭天下過程中，黃老思想用謀的方針，起了決定性而關鍵的地位；在黃老思想浸潤之下，兩漢士人更多以爲處世修身的標準，起了一種安身立命的典範。

第一節　以權謀爭天下

用黃老之術爭天下，在楚漢相爭之際，劉邦與其謀士發揮的淋漓盡致。

〔註2〕 余英時《歷史與思想·自序》，頁8，台北：聯經文化事業公司，1995年3月初版第十九刷。

〔註3〕 劉澤華說：「政治思想與政治實踐的關係也應該作爲一個專門問題進行研究。政治思想與政治實踐是兩個不同的學科，後者屬於政治史。但兩者又有極爲密切的關聯。政治實踐是政治思想認識的對象和產生的主要土壤之一，反過來，政治思想對政治實踐又有直接或間接的影響，乃至起指導作用。在政治實踐過程中，有些政治家把某一種政治思想奉爲圭臬，有的則兼序並用，還有一種情況，我們難從於一家一派直接說明政治實踐的作用，而只能從各種政治思想形成的政治文化總體來考察對政治實踐的影響。」（《先秦政治思想史·前言》，頁10）

　　秦失權柄，英雄紛紛崛起，逐鹿天下。劉邦布衣出身，最後所以能打敗項羽，建立大漢帝國，綜觀他的行事，最重要原因在於深得黃老之術。史書雖然未嘗論及劉邦本人是否受到黃老思想的影響，但他處理問題的方式卻與黃老思想不謀而合。班固說：「高祖不脩文學，而性明達，好謀。」〔註4〕劉邦常以傲倨態度接見儒者，溲溺儒冠，可見對儒生的鄙視。倒是好謀，班固未明言所好何謀，今天看來，應該是近於黃老之謀。儒者不重權變，黃老重權變。劉邦不喜儒生，蓋與此有關。因為諸子百家之學，黃老最多謀。〔註5〕鄧公玄說：

> 劉邦與項羽爭天下，其左右謀臣大都皆陰謀權術之士。張良、陳平、蕭何、曹參等都是黃老信徒。……所謂黃老，除清靜自定之原則外，實以陰謀權術爲其骨幹，故與老子《道德經》相近，而與莊子之純任自然者大不相同。這種崇尚陰謀權術的黃老哲學對於楚漢相爭之際，誠然是天之驕子，劉邦因之而擊敗強梁善戰之項羽，其見重於漢初自然是沒有疑問的。〔註6〕

　　劉邦的謀，最明顯莫過於精於黃老的因循之術。首先是善於因人，乃善於發現人才和使用人才，即是用賢。而且不問出身，只問其能，因勢利導，爲之效命。趙翼曾分析劉邦集團說：「漢初諸將，惟張良出身最貴，韓相之子也。其次則張倉秦御史，叔孫通秦待詔博士，次則蕭何沛主吏掾，曹參獄掾，任教獄吏，周苛泗水卒吏，傳寬魏騎將，申屠嘉材官。其餘陳平、王陵、陸賈、酈商、酈食其、夏侯嬰等皆白徒。樊噲則屠狗者，周勃則織薄曲吹簫給喪事者，灌嬰則販繒者，婁敬則挽車者。」〔註7〕其他知名人士的出身，韓信家貧無行，常從人寄食，不得推擇爲吏；英布坐法黥，論輸麗山，亡命江中

〔註4〕　《漢書‧高帝紀第一下》，卷一下，頁80。

〔註5〕　黃老道家明言禁陰謀，《史記‧陳丞相世家》：「陳平曰：我多陰謀，是道家之所禁。」陳平所說的道家，指的是黃老道家。《十大經‧順道》：「不陰謀，不擅斷疑，不謀削人之野，不謀劫人之宇。」〈行守〉：「驕溢好爭，陰謀不祥，刑於雄節，危於死亡。」然而揆諸其義，所謂行陰謀，蓋指好爭不休，削人之野，劫人之宇，不當於義的行爲，即是《國語‧越語下》：「陰謀逆德，好用凶器」，窮兵黷武，枉顧民命之陰謀。（參見陳鼓應《黃帝四經今註今譯》，頁312）

〔註6〕　〈中國主流思潮的衝激及其混融〉，《中國學術史論集（三）》，頁27，台北：中華文化出版事業委員會，1956年10月初版。

〔註7〕　《二十二史箚記及補編》，卷二，「漢初布衣將相之局」條，頁34，鼎文書局據趙氏湛貽堂原刻本斷句排印本，1975年3月初版。

爲盜；彭越長漁鉅野澤中爲盜。這些人會聚在劉邦周圍，共同造就了劉漢帝國。反觀項羽，韓信、陳平本來在其麾下，不能用，遂投劉邦，有一謀士范增，又不能用，輕信離間，一來一往之間，成敗可期。

當劉邦西入咸陽，到了秦宮，宮室帷帳狗馬重寶婦女以千數，意欲留居之。樊噲與張良諫沛公出舍，張良說：「秦爲無道，故沛公得至此。夫爲天下除殘賊，宜縞素爲資。今始入秦，即安其樂，此所謂『助桀爲虐』。」〔註8〕劉邦聽了樊、張勸說，於是秦重寶財物原封不動，還軍霸上。並召來各縣的父老，與之「約法三章」。〔註9〕此舉使「秦人大喜，爭持牛羊酒食獻饗軍士」，〔註10〕爲他在爭天下的過程得到民心，不似項羽「所過無不殘滅，天下多怨，百姓不親附，特劫於威強耳，雖名爲霸，實失天下心」。〔註11〕

最顯著的例子是當楚漢兩軍相持於滎陽，關中空虛，「令太子守櫟陽，諸侯子在關中者皆集櫟陽爲衛」，〔註12〕可知留在關中的劉邦舊部，即「諸侯子」已經很少，後方勢如危卵，然而關中政局平靜，秦人無一反叛。漢初議封之時，鄂君曾指出關中在楚漢戰爭中竭盡一切力量支援前線，多次讓瀕於敗亡的漢軍大振，起了舉足輕重的地位。〔註13〕

當韓信破齊，欲自立爲齊王，派遣使者對劉邦說：「齊邊楚，權輕，不爲假王，恐不能安齊。」〔註14〕劉邦聽後，非常生氣，欲發兵攻之。當時的情勢，張良看的非常清楚，在楚漢戰爭中，韓信是一個關鍵性人物，「右投則漢王勝，左投則項王勝」，〔註15〕所以極力拉攏韓信，不使他有貳心，乃力勸劉邦，勿意氣用事。張良說：「不如因而立之，使自爲守。」，〔註16〕劉邦於是遣張良操印綬立韓信爲齊王，解決了一次危機，也奠定了往後韓信全意爲劉邦在軍事方面的努力與貢獻。由此看到劉邦因人用賢的一面，同時也得知張良審度情勢，因而行之的謀略。

當項羽與劉邦約，以鴻溝爲界，中分天下的時候，項羽解兵東歸，劉邦

〔註8〕 《史記·留侯世家第二十五》，卷五十五，頁2037。
〔註9〕 《史記·高祖本紀第八》，卷八，頁362。
〔註10〕 《史記·高祖本紀第八》，卷八，頁362。
〔註11〕 《史記·淮陰侯列傳第三十二》，卷九十二，頁2612。
〔註12〕 《史記·高祖本紀第八》，卷八，頁373。
〔註13〕 《史記·蕭相國世家第二十三》，卷五十三，頁2016。
〔註14〕 《史記·高祖本紀第八》，卷八，頁376。
〔註15〕 《史記·淮陰侯列傳第三十二》，卷九十二，頁2622。
〔註16〕 《史記·高祖本紀第八》，卷八，頁376。

欲西歸，張良、陳平進諫說：

> 今漢有天下太半，而諸侯皆附，楚兵罷食盡，此天亡之時，不因其
> 幾而遂取之，所謂養虎自遺患也。〔註17〕

遂發兵追擊項羽。後又用張良「共分天下」〔註18〕之計，聯合韓信、彭越，
終於平定楚地。可說劉邦能夠任人，而後成就一番大事業，而張良、陳平能
因天時，把握先機，不可不謂是深得黃老之術的精神。

　　高起與王陵在雒陽南宮論劉邦得天下的原因說：「陛下慢而侮人，項羽仁
而愛人。然陛下使人攻城略地，所降下者因以予之，與天下同利也。項羽妒
賢嫉能，有功者害之，賢者疑之，戰勝而不予人功，得地而不予人利，此所
以失天下也。」劉邦說：

> 公知其一，未知其二。夫運籌策帷帳之中，決勝於千里之外，吾不
> 如子房。鎮國家，撫百姓，給餽饟，不絕糧道，吾不如蕭何。連百
> 萬之軍，戰必勝，攻必取，吾不如韓信。此三者，皆人傑也，吾能
> 用之，此吾所以取天下也。項羽有一范增而不能用，此其所以爲我
> 擒也。〔註19〕

因而與人，與天下同利，任賢使能，用之不疑，不固執成見，肯納人言，爲劉
邦取天下的法寶。《淮南子》說：有道之主「以不知爲道，以奈何爲寶」，〔註20〕
當劉邦遭遇困難，每言「爲之奈何」，輒有謀士獻策，供之參考，而劉邦亦英明
睿智，足以抉擇。此因人求賢之理，影響所及，在於劉邦即位後，感於既與賢
人共得天下，還當與賢人共治天下，於是於十一年二月下詔說：

> 蓋聞王者莫高於周文，伯者莫高於齊桓，皆待賢人而成名。今天下
> 賢者智能豈特古之人乎？患在人主不交故也，士奚由進！今吾以天
> 之靈，賢士大夫定有天下，以爲一家，欲其長久，世世奉宗廟亡絕
> 也。賢人已與我共平之矣，而不與吾共安利之，可乎？賢士大夫有
> 肯從我游者，吾能尊顯之。布告天下，使明知朕意。〔註21〕

其殷殷求賢，顯榮賢者，溢於言表。

　　第二，深闇黃老思想中的雌柔之術。劉邦數讓沛令，即已初見不爲人先

〔註17〕《漢書・高帝紀第一上》，卷一上，頁47。
〔註18〕《史記・項羽本紀第七》，卷七，頁331。
〔註19〕《史記・高祖本紀第八》，卷八，頁381。
〔註20〕《淮南子校釋・主術》，卷第九，頁980。
〔註21〕《漢書・高祖本紀一下》，卷一下，頁71。

之意。當楚漢相爭，劉邦的力量遠遠不如項羽，卻能得到最後勝利，無非取以退爲進，以柔克剛，委曲求全的策略。盡可能避免與項羽爭鋒，不計個人榮辱，即使情勢再惡劣，環境對自己如何不利，亦不意氣用事，留得青山，儲備反敗爲勝的能量。明約先入關者王，然衡量時勢，力不足以抵擋項王，數言於項王不敢背叛，說「吾入關，秋豪不敢有所進。籍吏民封府庫而待將軍，所以遣將守關者，備他盜之出入與非常也。日夜望將軍至，豈敢反乎？」〔註22〕鴻門一事，乃能免脫。當項羽封劉邦爲漢王，劉邦憤項羽背約，欲擊之，蕭何切諫說：「雖王漢中之惡，不猶愈於死乎？」又說：「周書曰『天予不取，反受其咎』。語曰『天漢』，其稱甚美。夫能詘於一人之下，而信於萬乘之上者，湯武是也。臣願大王王漢中，養其民以致賢人，收用巴蜀，還定三秦，天下可圖也。」〔註23〕劉邦善其言，乃遂就國。這與項羽迥異者，當項羽分封諸侯躊躇滿志，衣錦東歸的時候，正是劉邦含垢就國上下一心，以忍以弱的功夫蓄積力量之時。

又楚漢相距滎陽，久相持未決，項羽欲挑戰劉邦一決雌雄，劉邦笑而謝說：「寧鬥智，不能鬥力」；項羽欲烹太公，劉邦說欲分一杯羹，此見劉邦沉忍不逞匹夫之強。與項羽的剛強，戰無不勝，攻無不克，最後兵敗垓下，有引船者急勸項羽東歸，以圖捲土重來的機會。項羽自覺對不起江東父老，認爲天亡他而非用兵之罪，未思其所以敗戰，終於自刎於烏江，此頗合黃老帛書所言一味行雄節，驕矜滿溢，剛愎自用，將嚐到軍破身亡的後果。蘇東坡云：「高祖之所以勝，而項籍所以敗，在能忍與不能忍之間而已矣。」〔註24〕

第三，劉邦起兵，有一個明確的政治口號，那就是以義兵、義戰爲最高指導原則。秦計首功，坑降卒，屠城等事，史不絕書。秦雖憑藉強大武力統一六國，但兩代秦王的暴力意識，嚴酷的高壓政策，不得民心，讓六國百姓深以爲恨，「楚雖三戶，亡秦必楚」，〔註25〕說明當時百姓如何思慮粉碎暴政。以至於陳勝、吳廣揭竿而起，偌大的帝國迅速土崩瓦解。項羽兵力最強，率眾滅秦，無何重蹈暴秦後塵，多行不義，人民大失所望，民心盡失。而劉邦兵力雖然較弱，卻懂得行義兵之道，此舉使得天下百姓引領企盼劉邦集團能

〔註22〕《史記・項羽本紀第七》，卷七，頁312。
〔註23〕《漢書・蕭何曹參傳第九》，卷三十九，頁2006～2007。
〔註24〕《蘇軾全集・留侯論》，頁716，上海古籍出版社，2000年5月第一刷。
〔註25〕楚南公語。見《史記・項羽本紀第七》，卷七，頁300。

贏得最後勝利，解除倒懸的困苦。

劉邦本是一素慢無禮，「貪於財貨，好美姬」〔註26〕之徒，攻入咸陽城，一度想在秦宮中享樂，經樊噲、張良提醒，為了遂行更大的目標，忍下一時的私欲，冠以「為天下除殘賊」〔註27〕之名，而秋毫無犯，連同百姓犒賞，一無所取，行王者師的策略，於是關中人「唯恐沛公不為秦王」。〔註28〕范增說劉邦「此其志不在小」，〔註29〕眞是知人。在高陽，酈食其早已勸劉邦「必聚徒合義兵誅無道秦」，〔註30〕韓信初拜大將軍，教劉邦計策，即有「以義兵從思東歸之之士，何所不散」〔註31〕之言，但眞正讓劉邦公開以義之名號出戰，則是在項羽殺了楚懷王之後，新城三老董公遮對劉邦說：

> 臣聞「順德者昌，逆德者亡」，「兵出無名，事故不成。」故曰：「明其為賊，敵乃可服。」項羽為無道，放殺其主，天下之賊也。夫仁不以勇，義不以力，三軍之眾為之素服，以告之諸侯，為此東伐，四海之內莫不仰德。此三王之舉也。〔註32〕

劉邦於此時認識到師出有名的重要性，乃說：「非夫子無所聞。」於是「為義帝發喪，袒而大哭，哀臨三日。」並昭告天下，發出征討項羽的檄文：「天下共立義帝，北面事之。今項羽放殺義帝江南，大逆無道」，「願從諸侯王擊楚之殺義帝者」。楚懷王在逐鹿英雄中本是一個無舉足輕重的人物，不僅項羽看不起他，劉邦也並不眞的把他放在眼裡，項羽今日不除楚懷王，他日劉邦也不能留他。但是劉邦卻在諸侯面前演了一幕好戲，叫人了解項羽殘暴無信，因為范增為項梁畫策說：「今君（項梁）起江東，楚蜂起之將軍皆爭附君者，以君世世楚，為能復立楚之後也。」〔註33〕可知義帝之所立，有從民望的作用，今項羽公然殺之，只會落得弒逆的罪名，劉邦可藉機做一番政治宣傳，更利於收攬民心。果然，在廣武之戰，劉邦數落項羽十大罪狀，其中三條有關於義帝，而其總結為「人臣而弒其主、殺已降，為政不平，主約不信，天下所不容，大逆無道。」自認為以「義兵從諸侯，誅殘賊，使刑餘罪人殺項

〔註26〕《史記・項羽本紀第七》，卷七，頁311。
〔註27〕《史記・留侯世家第二十五》，卷五十五，頁2037。
〔註28〕《史記・高祖本紀第八》，卷八，頁363。
〔註29〕《史記・項羽本紀第七》，卷七，頁311。
〔註30〕《史記・酈生陸賈列傳第三十七》，卷九十七，頁2692。
〔註31〕《史記・淮陰侯列傳第三十二》，卷九十二，頁2612。
〔註32〕《漢書・高帝紀第一上》，卷一上，頁34。
〔註33〕《漢書・陳勝項籍傳第一》，卷三十一，頁1799。

羽」。〔註 34〕《淮南子》說:「迨至高皇帝,存亡繼絕,舉天下之大義,身自奮袂執銳,以爲百姓請命於皇天。」〔註 35〕就是認爲漢帝國的建立,是行義兵的結果。類似的局面,漢初亦曾重演,吳、楚七國之亂,吳國準備三、四十年,卻在三個月敗覆,並非力量不足以抗衡漢中央朝廷,而是漢廷尚未失道,吳、楚諸國並未能取得義戰的正當理由,〔註 36〕加上人民剛脫離戰國之苦,好不容易全國統一,心理主觀願望希望安定,不願再捲入顛沛流離悲痛,「亡漢」沒有正當理由,因此百姓並未群起響應,僅限於區域性的衝突,而無法擴大爲全面性的爭戰,以致孤立無援而失敗。這都說明歸結於「義」的戰爭,能獲得廣大民眾的支持,容易成功。

有人曾經研究,漢初的道家,對於黃老一派,包括多種不同思想取向,有以崇尚清淨無爲、安集百姓爲中心的社會取向,有以韜晦之術全生保身爲中心的個人取向,有以陰謀決斷權勢策劃爲中心的策略取向。〔註 37〕漢初劉邦在爭天下的過程,多倚黃老權謀取天下,竟致成功,可說是黃老派陰謀決斷發皇的時代。

第二節　無爲爲指導的政治措施

兩漢時期,黃老思想作爲施政的方針,明顯的呈現在三個時期,第一次在漢初七十年間,〔註 38〕此期可視爲黃老思想發皇的時代,從政人士的認識和思想莫不以之爲指導,舉凡經濟、軍事、政治、文化各層面措施都與之有關;第二個則在於武帝晚年,昭、宣之際,此期黃老思想雖不受統治者重視,但部分政策的實施,影響仍在;東漢初年,面對征戰後破碎的局面,與西漢初年相似,於是光武帝也採取黃老陰柔治術,短期之間,政局穩定,經濟復

〔註 34〕《史記・高祖本紀第八》,卷八,頁 376。

〔註 35〕《淮南子校釋・氾論》,卷第十三,頁 1381。

〔註 36〕吳、楚起兵失敗,固多原因,但在政治上沒有得民心爲首要因素。其次才是戰略上的失敗,如未採納「取梁」和「據洛」政策。

〔註 37〕日人金谷治〈漢初道家的派別〉,《日本學者研究中國史論著選譯》第七卷,頁 34,北京:中華書局,1993 年 8 月版。

〔註 38〕此舉整數言。史家所謂的漢初時期,以高祖元年(公元前 206 年)項羽兵敗垓下,至武帝建元元年(公元前 140 年),計 67 年。而本文所指漢初黃老之治,則以高祖五年十二月(公元前 202 年)項羽兵敗垓下,至武帝建元六年(公元前 135 年),武帝賢良對策,董仲舒提出諸不在六藝之科、孔子之術者皆絕其道爲止,計 69 年。

甦，此爲第三時期。更大體的說，第一期是黃老思想主宰整個政治界，它家思想爲附庸，史稱黃老的黃金時代。第二期與第三期則是在儒家思想稱霸之後，黃老思想淪爲附庸，不復往昔被重視，爲政者絕口不提，史書也不明言。但事實證明，黃老思想當中的若干成分，已被多位君王暗地裡吸收、應用著。以至於許多施政策略十足黃老意味，而收到巨大的功效。

一、漢初高祖、惠、文、景帝七十年

漢初當局選擇黃老思想作爲治國的方針，最重要原因是秦國以法家理論爲指導，對於統一天下雖然有大功效，但作爲治理天下卻表現出殘暴，甚至刻毒。漢朝開國功臣，大多來自社會底層，對秦朝的暴政必定感受深刻，因此對法家思想也痛入骨髓，大力抨擊，成爲避而不談的忌諱。據李開元的研究，漢初從高帝至景帝期間，擔任三公九卿者，出身軍事集團的成員及其子孫後代的，高帝時爲百分之百，惠帝、呂后時爲百分之九十，文帝時爲百分之六十二，景帝時爲百分之四十六，而出身以通曉法律，及律令章程而升任官僚的法吏，僅在景帝時一位。〔註39〕法吏不受重視，隱約透露出避秦之失的意圖。法家思想既不能成爲當局的治國指導，而儒學在漢初衰微，且「博而寡要，勞而少功」，「累世不能通其學，當年不能究其禮」，〔註40〕自難契合此時的需要。而以清靜無爲，平和不擾民爲主旨，既有以法維持社會秩序，卻又排除重刑觀念的黃老思想，有利於造成寬鬆的社會政治氣氛，所謂「文武並用」，〔註41〕「王霸道雜之」〔註42〕的兼採各家之長的統治方術，有異於儒家和法家，正是最適合的選擇。明姜宸英（1628～1699）說：

> 黃老之教，不言而躬行，縉紳先生之所以口傳而心授者，所在皆是，
> 則乘其隙而用之，以施於極亂思治之後。〔註43〕

清朱一新也說：

> 黃老言清靜，第不欲擾民耳，非廢弛簡陋之謂也。〔註44〕

〔註39〕《漢帝國的建立與劉邦集團─軍功受益階層研究》頁61～66，北京：三聯書店，2000年3月第一版。
〔註40〕《史記·太史公自序第七十》，卷一百三十，頁3289，3290。
〔註41〕《漢書·酈陸朱劉叔孫傳第十三》，卷四十三，頁2113。
〔註42〕《漢書·元帝紀第九》，卷九，頁277。
〔註43〕《湛園集·黃老論》，卷四，頁10，台北：臺灣商務印書館四庫全書珍本。
〔註44〕《無邪堂答問》，卷一，「太史公先黃老後六經辨」條，頁17，台北：世界書

此可見黃老思想的特點，切合時代需要，順理成章地被當局有意識奉爲施政的指導。

漢初以黃老思想爲指導的統治政策，實際施行，主要表現在以下幾方面：

（一）經濟方面，輕徭薄賦、生產農業

秦統一六國，誅刑酷繁，賦役無度，致失權柄。楚漢相爭，歷時五年，造成原野荒蕪，社會經濟疲弊。《漢書‧酈陸朱劉叔孫傳第十三》說：

> 與項籍戰滎陽，大戰七十，小戰四十，使天下之民肝腦塗地，父子暴骸中野，不可勝數。〔註45〕

《漢書‧食貨志》也說：

> 漢興，接秦之敝，諸侯並起，民失作業，而大饑饉。凡米石五千，人相食，死者過半。高祖乃令民得賣子，就食蜀漢。天下既定，民亡蓋臧，自天子不能具醇駟，而將相或乘牛車。〔註46〕

可知西漢新政府首要工作，即是如何解決隨著戰爭而破壞的經濟，再行復原的問題。

其先是恢復農業生產的秩序，穩定人民的生活。〔註47〕戰爭甫一結束，高祖即令「兵皆罷歸家」，並「以有功勞行田宅」，將士卒解兵歸農。又下詔說：「民前或相聚保山澤，不書名數。今天下已定，令各歸其縣，復故爵田宅；吏以文法教訓辨告，勿笞辱；民以飢餓自賣爲人奴婢者，皆免爲庶人。」〔註48〕進行招撫流亡，解放奴婢，使復歸本土，替農業生產提供勞力。爲了進一步實施重農政策，規定商人子弟不得爲官，不准商人衣絲、操兵器、乘車騎馬，對於不務正業的商人，加倍其賦算。〔註49〕文帝時，曾多次下詔強調農業，他說：「農，

　　　　局，1963年4月初版。

〔註45〕卷四十三，頁2120。

〔註46〕卷二十四上，頁1127。

〔註47〕重本抑末，重農抑商政策的形成，始於秦漢時期。歷史上首次提出重本抑末政策的是商鞅。禁止商人糧食專賣，加重關市之征，擴大對商家縣役負擔。將此思想極度發展的是韓非。韓非將工商之民列爲五蠹之一。秦統一後，李斯提出「今天下已定，法令出一，百姓當家則力農工。」琅瑯台刻石有「上農除末」句。可知重農抑商爲法家一貫政策，此思想黃老吸收之後，成爲其重要思想之一。

〔註48〕《漢書‧高帝紀第一下》，卷一下，頁54。

〔註49〕《史記‧平準書》：「天下已平，高祖乃令賈人不得衣絲乘車，重租稅以困辱之。孝惠高后時，爲天下初定，復弛商賈之律，然市井之子孫，亦不得仕官爲吏。」

天下之本。」「道民之路，在於務本。」於是他率群臣親耕田地，勸課農桑，令農民即時耕作，貸給農民五穀種仔及口糧。他看到農民辛勤耕種仍不足以飽食，又有租稅繇役之苦，以爲這是「謂本末者無以異也，其於勸農之道未備。其除田之租稅。賜天下孤寡布帛絮各有數。」接受賈宜勸說，引導人民從事農業生產，積蓄國力，認爲：

> 背本（農）而以末（商），食者甚眾，是天下大殘；從生之害者甚盛，
> 是天下之大賊也；汰流、淫佚、侈靡之俗日以長，是天下大崇也。
> 殘賊公行，莫之或止，大命將泛，莫之振救，何計者也，事情安所
> 取？生之者甚少而靡之者甚眾，天下之勢，何以不危？〔註 50〕

> 夫積儲者，天下之大命也。苟粟多而財有餘，何爲而不成？以攻則
> 取，以守則固，以戰則勝，懷敵附遠，何招而不至？

> 今毆民而歸之農，皆著於本，則天下各食其力，末技、游食之民轉
> 而緣南畝，則民安心勸業而無懸愍之心，無苟得之志，行恭儉積蓄
> 而人樂其所矣。〔註 51〕

爲平緩穀賤傷農的情形，聽從晁錯的建議，「令民入粟邊」，拜爵「各以多少級數爲差。」〔註 52〕允許富人入粟拜爵。

　　景帝後元三年（公元前 141 年）春正月下詔說：「農，天下之本也。黃金珠玉，飢不可食，寒不可衣，以爲幣用，不識其終始。間歲或不登，意爲末者，農民寡也。其令郡國務勸農桑，益種樹，可得衣食物。」〔註 53〕代表漢初重農的基本看法。

　　另一方面，廢除秦始皇、秦二世所推行的破壞農業生產的苛重徭賦，實行輕徭薄賦的政策。班固說：「昔者周蓋千八百國，以九州之民養千八百國之君，用民之力不過歲三日，什一而籍，君有餘財，民有餘力，而頌聲作。秦皇帝以千八百國之民自養，力罷不能勝其役，財盡不能勝其求。」〔註 54〕司馬遷也說：「作阿房之宮，治道馳道，賦斂愈重，戍徭無已」。〔註 55〕秦賦稅繇役苦重，爲此付出亡國的代價。高祖五年詔：「諸侯子在關中者，復之十二歲，其歸者半之。」

〔註 50〕　《新書校注・無蓄》，卷第四，頁 163。
〔註 51〕　《新書校注・瑰瑋》，卷第三，頁 103。
〔註 52〕　《漢書・食貨志第四上》，卷二十四上，頁 1135。
〔註 53〕　《漢書・景帝紀第五》，卷五，頁 152～153。
〔註 54〕　《漢書・賈鄒枚路傳第二十一》，卷五十一，頁 2332。
〔註 55〕　《史記・李斯列傳第二十七》，卷八十七，頁 2553。

意即對定居於關中地區與歸舊本籍所在地的諸侯國人，免除其十二年的繇役。
〔註56〕《漢書·食貨志第四上》：「漢興，……天下既定，……上（高祖）於是
約法省禁，輕田租，十五而稅一。」〔註57〕規定稅租爲十五稅一。比秦時「收
泰半之賦」〔註58〕輕得多。孟子認爲十一而稅，仁者之政。〔註59〕可知戰國稅
租超過十一，能行十一之稅，爲天下之中正。〔註60〕董仲舒《春秋繁露·王道》
亦云：「五帝三王之治天下，不敢有君民之心，什一而稅。」〔註61〕惠帝即位後，
又重申「減田租，復什伍而稅一。」〔註62〕文帝時，改爲三十稅一，更減輕了
人民的負擔，並把算賦由高祖、呂后時的一百二十錢減到四十錢，〔註63〕把繇
役由一年一事減少到三年一事，〔註64〕結果是加強了農民的生產，民間餘糧增

〔註56〕李開元《漢帝國的建立與劉邦集團—軍功受益階層研究》，頁28。
〔註57〕卷二十四上，頁1126。
〔註58〕《漢書·食貨志第四上》，卷二十四上，頁1127。
〔註59〕《四書章句集注·孟子集注·滕文公上》卷五，頁254。孟子說賢明的國君對
　　　人民徵稅要有一定的節度。夏朝的制度是每家給五十畝地而行貢法，商朝是
　　　給七十畝地而行助法，周朝是給一百畝地而行徹法，其實都是實行十一的稅
　　　法。對畢戰說在郊野用九一的助法，城市用十一的貢法可謂仁政。又戴盈之
　　　說十一之征，今年未能實施，來年再行。孟子說這是德政，爲什麼要等到明
　　　年呢？可知行十一之法，可謂仁政。
〔註60〕《鹽鐵論·未通》有「什一者，天下之中正也。」漢荀悅亦有此說。見宋徐
　　　天麟《西漢會要》卷五十一引，頁517，北京：中華書局，叢書集成初編，1985
　　　年。
〔註61〕《春秋繁露義證·王道第六》，卷第四，頁101～102。
〔註62〕《漢書·惠帝紀第二》，卷二，頁85。
〔註63〕算賦是在高祖四年開始徵收的，當時規定：「民年十五以上至五十六出賦錢，
　　　人百二十爲一算」（《漢書·高帝紀第一上》注，如淳引《漢儀注》，卷一上，
　　　頁46）。
〔註64〕漢初繇役的時間，景帝以前，史書並未明載。據睡虎地秦簡《編年紀》知，
　　　秦時當在十七歲始傅。漢初因戰爭頻繁，承襲漢制，未有更改。至景帝二年，
　　　經濟恢復，戰事減少，故「令天下男子年二十始傅。」至於西漢復籍年齡起
　　　自二十三歲，止役年齡爲五十六歲，應是昭帝時期。《鹽鐵論·未通》：「今陛
　　　下哀憐百姓，寬力役之政，二十三始傅，五十六而免，所以輔耆壯而息老艾
　　　也。」據《舊陽儀》記：「民年二十三爲正，一歲爲衛士，一歲爲材官騎士，
　　　習射御騎馳戰陣。八月，太守、都尉、令、長、相、丞、尉會都試，課殿最。
　　　水處爲樓船，亦習戰射行船。」《漢書·昭帝紀》如淳註：「更有三品，有卒
　　　更，有踐更，有過更。古者正卒無常人，皆當迭爲之，一月一更，是謂卒更
　　　也。貧者欲得顧更錢者，次直者出錢顧之，月二千，是謂踐更也。天下人皆
　　　直戍邊三日，亦名爲更，律所謂繇戍也。雖丞相子亦在戍邊之調。不可人人
　　　自行三日戍，又行者當自戍三日，不可往便還，因便住一歲一更。諸不行者，
　　　出錢三百入官，官以給戍者，是謂過更也。」的說明，每個適齡男子終身要

多，國庫充盈。因天下充實，又下詔免除十一年（公元前 169 年）租稅一半，十三年（公元前 167 年）又詔令免除全部田賦。經過這樣的經營，在文帝晚期，已出現民殷國富，上下有餘的盛況。至景帝期間，又有「令民半出田租，三十而稅一」〔註65〕的更輕的田賦。

　　除了重視農業生產，漢政府更極盡一切可以幫助經濟發展的措施。秦時對人民的行動，有嚴格的控制，關梁之地，不可隨意通行；山澤之利，私人不得採用；貨物貿易，也有種種限制。漢初，天下底定，遂開關梁山澤之禁，文帝十二年（公元前 168 年）三月，「除關無用傳。」如淳說：「兩行書繒帛，分持其一，出入關，合之乃得過，謂之傳也。」〔註66〕即出入關卡，不必示符節。後六年（公元前 158 年）四月，「弛山澤。」顏師古注曰：「弛，解也，解而不禁，與眾庶同其利。」〔註67〕於是人民有行旅的自由，又得山澤之利，則貨物流莫不流通。最具體的例子，如鹽鐵允許私人開採經營，政府不加干涉，工商業發達，因而出現「塞之斥也，唯橋姚已致馬千匹，牛倍之，羊萬頭，粟以萬鍾計」〔註68〕的景象，改變了漢初衰頹凋弊的情勢。

　　至於皇室的生活，也盡力節儉，減少不必要的開銷，杜絕奢侈豪華作風。黃老思想指出，「恭儉」可致福，《十六經》說古時大庭氏得天下，「昴濕恭儉，卑約主柔」〔註69〕為主要因素。《稱》也認為「實穀不華，至言不飾」，〔註70〕崇尚節儉樸實。所謂「耆（嗜）欲無窮死」，〔註71〕「見素抱樸，少思寡欲」，〔註72〕人君要以赤子之心反對聲色之炫，倡揚清簡淡遠本色。高祖七年，蕭何修建未央宮過於壯麗，劉邦見後責備蕭何說：「天下匈匈，勞苦數歲，成敗未可知，是何治宮室過度也。」〔註73〕所謂「宮室過度，上帝所亞（惡），為者弗居。」〔註74〕惠帝、呂后亦能遵守此項原則。至文帝時，生活更是節儉，

　　　服兵役兩年，外加徭戍九十六天，後者可以出錢三百代役。（參羅慶康〈試論
　　　西漢縣役制度的特點〉，《先秦、秦漢史》，1986 年第 2 期）
〔註65〕《漢書·食貨志第四上》，卷二十四上，頁 1135。
〔註66〕《漢書·文帝紀第四》，卷四，頁 123。
〔註67〕《漢書·文帝紀第四》，卷四，頁 131。
〔註68〕《史記·貨殖列傳第六十九》，卷一百二十九，頁 3280。
〔註69〕《十六經·順道》，頁 79。
〔註70〕《稱》，頁 82。
〔註71〕《稱》，頁 82。
〔註72〕《老子註譯及評介》，十九章，頁 136。
〔註73〕《漢書·高帝紀第一下》，卷一下，頁 64。
〔註74〕《稱》，頁 82。

即位二十三年（公元前 179～157 年），「宮室苑囿狗馬服御無所增益」，曾想做露臺，召工匠計算價錢，須費百金，他說：「百金中民十家之產，吾奉先帝宮室，常恐羞之，何以臺爲！」於是作罷。所寵愛的愼夫人，令衣不得曳地，幃帳不得文繡，行節儉以表率天下。駕崩時，認爲「厚葬以破業，重服以傷生，」下令薄葬。其陵皆以瓦器，不以金銀銅錫爲飾，不治墳，不煩民。並「令天下吏民，令到出臨三日，皆釋服。毋禁取婦嫁女祠祀飲酒食肉者。自當給喪事服臨者，皆無踐。絰帶無過三寸，毋布車及兵器，毋發民男女哭臨宮殿。宮殿中當臨者，皆以旦夕各十五舉聲，禮畢罷。非旦夕臨時，禁毋得擅哭。已下，服大紅十五日，小紅十四日，纖七日，釋服。佗不在令中者，皆以此令比率從事。」〔註 75〕躬行節儉，不擾民，即使國喪期間，也盡量維持百姓的正常生活。宋人羅大經說：

> 漢文帝以七月己亥崩，乙巳葬，纔七日耳。與寠人之家，斂手足形
> 還葬者何以異？景帝必不忍以天下儉其親，此殆文帝之顧命也，雖
> 未合中道，見亦卓矣。文帝此等見解皆自黃老中來。〔註 76〕

元人朱禮說，文帝之恭儉寡欲，是有取於黃老之道。〔註 77〕近人論者稱「其爲政也，以慈儉爲宗旨，二十餘年，兵革不興，天下富實，爲漢太宗。」〔註 78〕所評合乎歷史事實。

由於以上一些恢復與發展農業生產的措施，又加上政府採取「量吏祿，度官用，以賦於民」〔註 79〕等政策，於是百姓無內外之徭，得息肩於田畝，受戰爭破壞的經濟又恢復起來。到武帝時期，西漢的經濟和國力達到全盛時期，史稱：「至武帝之初七十年間，國家亡事，非遇水旱，則民人給家足，都鄙廩庾盡滿，而府庫餘財。京師之錢累百鉅萬，貫朽而不可校；太倉之粟陳陳相因，充溢露積於外，腐敗不可食。」〔註 80〕呈現出一片國富民足的景象。長沙馬王堆帛書《經法‧君正》說：「（省）苛事，節賦斂，毋奪民時，治之安。」「知地之宜，須時而樹，節民力以使，則財生。賦斂有度，則民富。」

〔註 75〕《史記‧孝文本紀第十》，卷十，頁 433～434。
〔註 76〕《鶴林玉露》，卷一，頁 11～12，台北：臺灣開明書店，1975 年 4 月台三版。
〔註 77〕《漢唐事箋‧漢黃老》，卷之九，頁 189，台北：廣文書局影元至德刊本道光二年山陰李銘橋覆版，1976 年 8 月初版。
〔註 78〕夏曾佑《中國古代史‧文帝黃老之治》，頁 274，二十世紀中國史學名著叢書，石家莊：河北教育出版社，2002 年 1 月第二刷。
〔註 79〕《史記‧平準書第八》，卷三十，頁 1418。
〔註 80〕《漢書‧食貨志第四上》，卷二十四上，頁 1135。

〔註 81〕不剝奪民力，不擾亂民時，讓百姓在休養生息的政策下，政局穩定，人民富足，社會經濟自然恢復。

（二）政治方面，約法省禁、平獄緩刑

秦自孝公任商鞅，實施變法以來，徹底遵行法家的理論，以至國富兵強，雄霸諸侯，至始皇二十六年（公元前 221 年）終於芟滅六國，建立了大一統的國家。但短短的十五年（公元前 221～206 年），旋即滅亡。其滅亡的原因多端，最重要者是長期嚴法刻刑，至二世更變本加厲，以「稅民深者為明吏」，「殺人眾者為忠臣」，〔註82〕以致百姓不堪，天下仇怨，潰而畔之。舉例而言，秦朝不僅行商周以來的五刑之法，又增加了許多殘酷的刑罰。就其中死刑來說，可謂方法繁多，野蠻殘酷。見於雲夢秦律的有「戮」、「磔」、「棄市」、「定殺」、「生埋」等五種，而著於文獻記載的還有「車裂」、「腰斬」、「梟首」、「坑」、「賜死」、以及「囊撲」、「鑿顛」、「抽脅」、「鑊亨」、「絞」等幾種，〔註 83〕可謂亙古未有如此繁刻者，史書說秦法「繁於秋荼，而網密於凝脂」，〔註84〕真是傳神的比喻。又迷信輕罪重罰，以刑去刑的治民理論，於是小者刑棄灰於道者，大者因指斥朝政而坑殺四百餘人。當陳勝、吳廣迫於「失期，法皆斬」的苛令，〔註 85〕不得已起而反抗，在人民「苦秦久矣」的情形下，紛紛起來響應，一時之間，偌大的帝國土崩瓦解。《老子》說：「民不畏死，奈何以死懼之？」〔註86〕《經法・四度》：「生殺不當胃（謂）之暴。……【暴】則失人。」〔註87〕《經法・國次》：「禁誅不當，反受其央（殃）。」〔註88〕《十六經・行守》：「人惡苛，……苛而不已，人將殺之。」〔註89〕這大概是一味取重刑主義的秦朝君臣始料未及之事。

鑒於秦朝覆亡的教訓，漢初君臣無不體認到約法輕刑的重要。陸賈說：「秦以刑罰為巢，故有覆巢破卵之患。」〔註90〕「秦非不欲為治，然失之者，乃舉

〔註81〕頁 47。
〔註82〕《史記・李斯列傳第二十七》，卷八十七，頁 2557。
〔註83〕死刑的種類，參考黃中業《秦國的法制建設》，頁 131，遼寧：遼寧書社出版，1991 年 5 月。
〔註84〕《鹽鐵論校注・刑德第五十五》，卷第十，頁 565。
〔註85〕《史記・陳涉世家第十八》，卷四十八，頁 1950。
〔註86〕《老子註譯及評介》，七十四章，頁 337。
〔註87〕頁 51。
〔註88〕頁 45。
〔註89〕頁 78。
〔註90〕《新語校注・輔政第三》，卷上，頁 52。

措暴眾而用刑太極故也」。〔註91〕總結秦二世而亡，歸結於「尚刑而亡」。〔註92〕勸劉邦實行輕刑，「故設刑者不厭輕，爲德者不厭重，行罰者不患薄，布賞者不患厚。」〔註93〕賈誼論秦代「繁刑嚴誅，吏治深刻」，〔註94〕勸文帝行德政，晁錯認爲立法應合人情，要實行「罪大者罰重，罪小者罰輕」〔註95〕的政策。

基本上，這樣的政策，在高祖到景帝期間逐步得到實現。高祖元年（公元前206年）十一月入關中，順民心作三章之約：「殺人者死，傷人及盜抵罪。餘悉除去秦法。」但這是一時的權宜措施。天下既定，三章之約不足敷用，爲此，「相國蕭何攈摭秦法，取其宜於時者，作《九章律》。」〔註96〕《九章律》是漢代基本法規，其基礎是根據秦律，有所不同則在於取其宜於時者，雖然目前無法得知與秦律的不同，而有所刪改則可以肯定，也爲改秦之弊踏出第一步。

在漢初七十年間，黃老無爲而治的政策，實施的相當徹底，掃除繁刻，與民休息，爲當局最高的指導方針，此期間有多項法治改革，充分體現這樣的精神。在法制方面：

1、除挾書、妖言誹謗令

《漢書·惠帝紀》記載，四年（公元前191年）三月：「除挾書律。」〔註97〕這是針對秦始皇三十四年（公元前213年）爲了從思想文化上鞏固專制統治，聽從丞相李斯的建議，頒布了私人敢藏《詩》、《書》、百家語者，棄市的命令，史稱焚書災厄所做的解放。

《漢書·高后紀》：「元年（公元前187年）春正月，詔曰：『前日孝惠皇帝言欲除三族罪、妖言令，議未決而崩，今除之。』」〔註98〕又《漢書·文帝紀》，文帝二年（公元前178年），詔曰：

古之治天下，朝有進善之旌，誹謗之木，乃以通治道而來諫者。今

〔註91〕《新語校注·無爲第四》，卷上，頁62。
〔註92〕《新語校注·道基第一》，卷上，頁29。
〔註93〕《新語校注·至德第八》，卷下，頁117。
〔註94〕《新書校注·過秦下》，卷第一，頁15。
〔註95〕《漢書·爰盎晁錯傳第十九》，卷四十九，頁2294。
〔註96〕《漢書·刑法志》。《九章律》已亡佚，與秦律有哪些差異，目前並不清楚。據《晉書·刑法志》，《九章律》以李悝《法經》六篇，盜、賊、囚、捕、雜、具，後續戶、興、廄三篇。
〔註97〕卷二，頁90。
〔註98〕卷三，頁96。

法有誹謗妖言之罪，是使眾臣不敢盡情，而上無由聞過失也。將何
以來遠方之賢良？其除之。〔註99〕

妖言毀謗罪，始於秦代，《史記‧秦始皇本紀第六》記載始皇說：

盧生等吾尊賜之甚厚，今乃誹謗我，以重吾不德也。諸生在咸陽者，
吾使人廉問，或為妖言以亂黔首。於是使御史悉案問諸生。諸生傳
相告引乃自除。犯禁者四百六十餘人，皆坑之。〔註100〕

這是史上有名的坑儒案，這樣的結果便是「畏忌諱，不敢端言其過」，〔註101〕
累積民怨，加速秦朝的滅亡。

2、除三族罪

《漢書‧高后紀》：「元年（公元前187年）春正月，詔曰：『前日孝惠皇帝
言欲除三族罪、妖言令，議未決而崩，今除之。』」〔註102〕三族罪，也稱夷三族，
是一種滅族的懲罰。戰國時期，各國多有此刑罰。秦國從文公時期行之，《史記‧
秦本紀》云秦文公「二十年（公元前746年），法初有三族之罪。」〔註103〕不過
三族罪，在漢初高后時期雖然名義上廢除了，但實際仍在執行，黃淳耀說：

三族之罪，始於秦文公，而商鞅因之。漢祖名為除秦苛政，然始定
天下，及族信越，文帝甫除收孥相坐律令，旋族新垣平，是後武帝
數興大獄，而秦法終遂漢世不變。〔註104〕

此語可謂公允。但根據研究，所謂的廢除，並非完全不用，而是有所變革，
從「具五刑」的慘酷行刑過程，改為「棄市」。〔註105〕

3、除收孥相坐律

《史記‧文帝紀》：「（二年，公元前178年）十二月，上曰：『法者，治之
正也，所以禁暴而率善人也。今犯法已論，而使毋罪之父母妻子同產坐之，及
為收孥，朕甚不取。其議之。』有司皆曰：『民不能自治，故為法以禁之。相坐
坐收，所以累其心，使重犯法，所從來遠矣。如故便。』上曰：『朕聞法正則民
慤，罪當則民從。且夫牧民而導之善者，吏也。其既不能導，又以不正之法罪

〔註99〕卷四，頁118。
〔註100〕卷六，頁258。
〔註101〕卷六，頁258。
〔註102〕卷三，頁96。
〔註103〕卷五，頁179。
〔註104〕據瀧川龜太郎《史記會注考證》引，頁92。
〔註105〕可參高恒《秦漢法治論考》，頁148，廈門大學出版社，1994年8月。

之,是反害於民為暴者也。何以禁之?朕未見其便,其孰計之。』有司皆曰:『陛下加大惠,德甚盛,非臣等所及也。請奉詔書,除收帑諸相坐律令。』」帑,與奴同,收帑即收奴。收,拘收也,有罪者收,無罪者坐。〔註106〕收奴相坐,為籍沒重大罪犯的父母、妻子、兄弟姊妹為官奴婢。

4、除肉刑、定箠令

《漢書・刑法志》載,文帝十三年(公元前 167 年),制詔御史:

> 蓋聞有虞氏之時,畫衣冠異章服以為僇,而民弗犯,何治之至也!
> 今法有肉刑三,而姦不止,其咎安在?非乃朕德之薄,而教不明與!
> 吾甚自愧。故夫訓道不純而愚民陷焉。詩曰:『愷弟君子,民之父母。』
> 今人有過,教未施而刑已加焉,或欲改行為善,而道亡繇至,朕甚憐之。夫刑至斷支體,刻肌膚,終身不息,何其刑之痛而不德也!
> 豈稱為民父母之意哉?其除肉刑,有以易之。

這是廢除肉刑,〔註107〕而以其它刑罰代替的法令。其具體方法是以箠代刑,「當劓者,笞三百;當斬左止者,笞五百。」〔註108〕他的立意可說良善,但這項德政,卻因為未考慮行刑的輕重、刑具大小等因素,人民「率多死」,「外有輕刑之名,內實殺人。」〔註109〕

〔註106〕瀧川龜太郎《史記會注考證》,頁 196。

〔註107〕崔浩《漢律序》云:「文帝除肉刑而宮不易。」(《史記・孝文帝本紀索隱》引)王應麟《漢制考》卷二「司刑注」亦云:「今東西夷或以墨劓為俗,古刑人亡逃者之世類與宮若,今宦男女也。鄭司農云漢孝文帝十三年除肉刑,疏:宦男女即宮人婦女及奄人,使守內閣者也。文帝赦肉刑,所赦者唯赦墨劓與刖三者,其宮刑至隋乃赦也。」(頁 131,台北:臺灣商務印書館景明汲古閣本,1977年 2 月一版)宋徐天麟說:「文帝既除宮刑矣,景帝中四年赦徒作陵陽者死罪,欲腐者許之。至武帝時,李延年、司馬遷、張安世兄賀皆坐腐刑,則是宮刑雖除,不久即復用也。」(《西漢會要》卷六十一,頁 608)今人呂思勉認為文帝確有除宮刑之事。據晁錯對策,有美文帝「除去陰刑」。《三國志・鍾繇傳》:「繇上疏云:若今蔽獄之時,訊問三槐、九棘,群吏、萬民,使如孝景之令,其當棄市,欲斬左趾者許之。其黥、劓、左趾、宮刑者,自如孝文,易以髡、笞。」則孝文以髡、笞易宮刑。宮刑既廢而復用,蓋所以代死刑。景帝中四年秋,「死罪欲腐者許之」,其始也。《後漢書・明帝紀》永平八年:「詔三公募郡國中都官死罪繫囚,減罪一等,勿笞,詣度遼將軍營,屯朔方、五原之邊縣。其大逆無道殊死,一切募下蠶室。」蓋凡犯死罪者減一等,而全其肢體。大逆無道殊死者,不可與之同科,故又加以宮割耳。(參見呂思勉《讀史札記》乙帙,「漢文帝除宮刑」條,頁 585~587,台北:木鐸出版社,1983 年 9 月初版)

〔註108〕《漢書・刑法志第三》,卷二十三,頁 1099。

〔註109〕《漢書・刑法志第三》,卷二十三,頁 1099。

至景帝元年（公元前 156 年），鑑於此，乃下詔：「加笞與重罪無異，幸而不死，不可爲人。其定律：笞五百曰三百，笞三百曰二百。」〔註110〕減少笞數，仍多死者。中元六年（公元前 144 年）又下詔：

> 加笞者，或至死而笞未畢，朕甚憐之。其減笞三百曰二百，笞二百
> 曰一百。〔註111〕

又減其數，並規定箠令。具體規定箠的規格和笞打的部位：

> 笞者，箠長五尺，其本大一寸，其竹也，末薄半寸，皆平其節。當
> 笞者笞臀。毋得更人，畢一罪乃更人。〔註112〕

這樣的原因，避免了有些酷吏在施刑時以重笞爲威，欲置人死地，假使笞數少，則加重刑具與行刑力道，雖說減少笞數，仍不能免除打死人的情形。這次減少笞數同時規定笞具與笞法，當初的用意，才眞正的落實。

5、立獄疑讞

高祖七年（公元前 200 年），制詔御史：

> 獄之疑者，吏或不敢決，有罪者久而不論，無罪者久繫不決。自古
> 以來，縣、道獄疑者，各讞所屬二千石。二千石官以其罪名當報之。
> 所不能決者，皆移廷尉。廷尉亦當報之。廷尉所不能決，具具爲奏，
> 傅所當比律令以聞。〔註113〕

此詔的用意在於有疑案不能決者，應層層上報審判機關，按規定決斷。這也說明當時必定積壓了不少懸而未決的案件，無論對告與被告皆產生困擾。

「獄疑讞」令雖在高祖時即已頒布，但並未徹底奉行，於是景帝中元五年（公元前 145 年）九月，又下詔：「諸獄疑，若雖文致於法而於人心不厭者，輒讞之。」〔註114〕規定案件雖經正常手續審理，人民如有不服，應上報重審。至後元元年（公元前 143 年）春正月，又再次下詔：

> 獄，重事也。人有智愚，官有上下。獄疑者讞有司。有司所不能決，
> 移廷尉。有令讞而後不當，讞者不爲失。欲令治獄者務先寬。〔註115〕

這次補充的重點是報請複審，即使複審有誤，也不算過失。景帝這兩道「獄

〔註110〕《漢書・刑法志第三》，卷二十三，頁 1100。
〔註111〕《漢書・刑法志第三》，卷二十三，頁 1100。
〔註112〕《漢書・刑法志第三》，卷二十三，頁 1100。
〔註113〕《漢書・刑法志第三》，卷二十三，頁 1106。
〔註114〕《漢書・刑法志第三》，卷二十三，頁 1106。
〔註115〕《漢書・刑法志第三》，卷二十三，頁 1106。

疑讞」，較妥當地照顧到吏民兩造，主張慎重和從寬處理，不僅消除「吏或不能決」的疑慮，人民的權利也獲得更大的保障。

據近年江陵張家山二四七號漢墓出土的竹簡《奏讞書》，〔註116〕從西漢案例了解，有疑議的案件有縣令、丞向廷尉呈送的，有郡守向廷尉呈送的，有郡上奏的，對於案件審訊筆錄、包括原告、被告、證人的口辭及問罪之辭；奏讞之辭，包括疑罪、報讞之辭和署文、發文獄吏之名；吏議，提出可能的決斷供廷尉參考。而受理的審判機關，接受告劾，提出告劾可以是當事人，也可以是政府機關。〔註117〕從中反映出漢初法律執行的情形，也可以得知對「疑罪」者，以慎重的態度處，減少無論是非曲直，證據確否，即倉促定案，雖有疑而不復讞，造成冤獄。此影響所及，如昭帝時雋不疑經常行縣錄囚徒，平反冤獄，宣帝時于定國行決疑平法，罪疑從輕，民自以不冤。〔註118〕

6、立治貪贓受賄之法

文帝十三年（公元前167年），定戒貪吏之法。《漢書・刑法志》：

> 吏坐受賕枉法，守縣官財物而即盜之，已論命復有笞罪者，皆棄市。
> 〔註119〕

吏受賕枉法，謂曲公法而受賄賂，守縣官財物而即盜之，即主守自盜，皆贓污之身，當以重罪。景帝在位期間，亦曾多次下詔查辦貪贓受賄不法之事。即位第二年（公元前155年），就公佈懲治貪污的具體法令：

> 吏及諸有秩受其官屬所監、所治、所行、所將，其與飲食計償費，
> 勿論。它物，若買故賤，賣故貴，皆坐臧爲盜，沒入臧縣官。吏遷
> 徙免罷，受其故官屬所將監治送財物，奪爵爲士伍，免之。無爵，
> 罰金二斤，令沒入所受。有能捕告，畀其所受臧。〔註120〕

中元五年（公元前145年）下詔說：

> 吏或不奉法令，以貨賂爲市，朋黨比周，以苛爲察，以刻爲明，令亡

〔註116〕關於釋文請參看江陵張家山漢簡整理小組〈江陵張家山漢簡《奏讞書》釋文（一）〉（《文物1993年第8期》）、〈江陵張家山漢簡《奏讞書》釋文（二）〉（《文物》1995年第3期）。

〔註117〕參彭浩〈談《奏讞書》中的西漢案例〉，《文物》1993年第8期。

〔註118〕雋不疑、于定國事見《漢書・雋疏于薛平彭傳第四十一》，卷七十一，頁3035～3046。

〔註119〕《漢書・刑法志第三》，卷二十三，頁1099。

〔註120〕《漢書・景帝紀第五》，卷五，頁140。

罪者失職，朕甚憐之。有罪者不伏罪，姦法爲暴，甚亡謂也。〔註121〕

因不法的官吏，造成甚多冤獄。後元二年（公元前142年）夏四月，又下詔：

> 今歲或不登，民食頗寡，其咎安在？或詐僞爲吏，吏以貨賂爲市，
> 漁奪百姓，侵牟萬民。縣丞，長吏也，姦法與盜盜，甚無謂也。其
> 令二千石修其職；不事官職耗亂者，丞相以聞，請其罪。布告天下，
> 使明知朕意。〔註122〕

令嚴懲不法的官吏。此措施無疑對防止官吏貪污有收束作用。

　　以上一連串的改革，對於秦朝法令的繁苛，起了闊清作用，給予人民的感受必定溫暖，尤其人民歷經暴秦之後，猶如大旱後的甘霖，格外珍惜。雖然，平心而論，漢初仍因循秦法，變更並不大，實質上其內容並非輕刑，總括而言，仍屬嚴繁，〔註123〕所以史載所謂的寬鬆，當是與秦法相較而言，王曉波說的好：「秦漢之不同並不是基本的嚴刑峻法和壓榨剝削之不同，其不同乃在於過分與不過分而已」。〔註124〕

　　除了從法令層面可以了解漢初極力改善秦弊，收到莫大效用外，更重要是執行層面的要求，改變秦朝過分苛刻嚴厲的吏治作風，在不擾民的最高原則之下，法成爲多數人民的保障，而非懸人的刑具。在當局的影響下，執行者少有恃法侵漁百姓的情事，也不若秦朝剛硬生冷，動輒以法繩人，輕罪重判。

　　國之興替，所關非一，而吏治所繫最重。因爲社會的治理依靠完備法律，官吏則是法律執行準確與否的關鍵。在執法中，官吏的素質、品行、才能不

〔註121〕《漢書·景帝紀第五》，卷五，頁148。
〔註122〕《漢書·景帝紀第五》，卷五，頁151。
〔註123〕蕭何作《九章律》今雖不可知，可從李悝《法經》得其一二。據明董說《七國考》引桓譚《新論》中有關《法經》的記載，其內容仍非常嚴酷。如「正律略曰：殺人者誅，籍其家及其妻氏；殺二人，及其母氏。大盜，戍爲守卒，重則誅。窺宮者臏，拾遺者刖，曰爲盜心焉。其律略曰：夫有一妻二妾，則刑　，夫有二妻則誅；妻有外夫則宮，曰禁淫。盜符者誅，籍其家；盜璽者誅，議國法令者誅，籍其家及其妻氏，曰狡禁。越城，一人則誅，自十人以上，夷其鄉及族，曰城禁。博戲罰金三市，太子博戲則笞；不止，則特；不止，則更立，曰嬉禁；群相居一日以上則問，三日、四日、五日則誅，曰徒禁；丞相受金，左右伏誅；犀首以下受金，則誅；金自鎰以下，罰不誅也，曰金禁。大夫之家有侯物，自一以上者族。其減律略曰：罪人年十五以下罪高三減，罪卑一減。年六十以上，小罪情減，大罪理減，武侯以下守爲法矣。」（叢書集成初編，據守山閣本影印，北京：中華書局，1985年新一版）曹參一遵蕭何舊規，守法而治，無所變更，重法自不待言。
〔註124〕〈漢初的黃老之治與法家思想〉，《食貨月刊》十一卷十期，1982年1月。

僅直接影響到法律的形象與權威，而且關係到人的生殺奪與。司馬遷曾說：「其廉者足以爲儀表，其污者足以爲誡。」〔註125〕就是了解吏道的重要性。法家尚法，法爲一切行事的標準，而法由通悉律令的「吏」負責執行，也負責傳授，所謂的「以法爲教」，「以吏爲師」，〔註126〕實際上，「吏」成爲法治的骨幹。根據雲夢睡虎地秦簡《爲吏之道》的文章，要求執法者「必精絜（潔）正值，愼謹堅固，審悉毋（無）私，微密纖（纖）察，安靜勿苛，審當賞罰。」〔註127〕從中可以看見清廉奉法，恭謹守職爲秦吏的典型，爲吏者應該爲民除害興利，注意百姓的生活。只是這種標準，到了秦末，普遍的以苛察峻峭，刻薄寡恩爲能，更甚者則是「姦邪之吏，乘其亂法，以成其威，獄官主斷，生殺自恣。」〔註128〕保民者轉而爲擾民，甚者誣民殺民，以僞飾治積而求祿賞。早在漢初張釋就曾說之：

> 秦以任刀筆之吏，吏爭以亟疾苛察相高，然其敝徒文具耳，無惻隱
>
> 之實。以故不聞其過，陵遲而至於二世，天下土崩。〔註129〕

顧炎武也說：「秦以任刀筆之吏而亡天下，此固已事之明驗也」。〔註130〕

漢代政制多襲秦制，「秦兼天下，建皇帝之號，立百官之職，漢因循而不革。」〔註131〕此官職因循於秦；「相國蕭何捃摭秦法，取其宜於時者，作律九章。」〔註132〕此刑法因循於秦；「秦遂并兼四海，以爲周制微弱，終爲諸侯所喪，故不立尺土之封，分天下爲郡縣，盪滅前聖之苗裔，靡有孑遺者矣。漢興，因秦制度，崇恩德，行簡易，以撫海內。」〔註133〕此郡縣制因循於秦；司馬遷說：

> 至於高祖，光有四海，叔孫通頗有所增益減損，大抵皆襲秦故。自
>
> 天子稱號下至佐僚及宮室官名，少所改變。〔註134〕

〔註125〕《史記・酷吏列傳第六十二》，卷一百二十二，頁3154。

〔註126〕《韓非子釋評・五蠹第四十九》，頁1753。

〔註127〕見饒宗頤主編，王輝著《秦出土文獻編年》，頁185，台北：新文豐出版公司，2000年9月臺一版。

〔註128〕《漢書・爰盎晁錯傳第十九》，卷四十九，頁2296。

〔註129〕《史記・張釋之馮唐列傳第四十三》，卷一百二，頁2752。

〔註130〕舊題何義門批校精抄本，徐文珊點校《原抄本日知錄》，「吏胥」，卷十一，頁238，台北：明倫書局，1979年。

〔註131〕《漢書・百官公卿表第七上》，卷十九上，頁722。

〔註132〕《漢書・刑法志第三》，卷二十三，頁1096。

〔註133〕《漢書・地理志第八上》，卷二十八上，頁1542～1543。

〔註134〕《史記・禮書第一》，卷二十三，頁1160～1161。

這是對秦承漢制全面性的說明。近人章太炎也說：

　　為漢制法，卒其官號、郡縣、刑辟之制，本之秦氏，為漢制法者李

　　斯也。〔註135〕

當然，吏治刻薄峻峭的遺風，到了漢初，必定也沿襲了下來，〔註136〕其弊則酷吏因緣上下其手，所欲活則傅生議，所欲陷則予死比。從周勃說：「吾嘗將百萬軍，安知獄吏之貴。」〔註137〕以及《漢書・張陳王周傳》記周亞夫子盜買縣官器，事連汙周亞夫，吏責問，「侵之急，亞夫欲自殺，其夫人止之，故不得死，遂入廷尉，因不食五日，嘔血而死。」〔註138〕二事可以覘之。晁錯說秦亡，緣於「吏不平，政不宣，民不寧」，〔註139〕吏不平即曲法阿私，令民不堪。司馬遷曾因李陵案入獄，回憶當時的情形是「見獄吏則頭槍地，視徒隷則心惕息」。〔註140〕在《報任少卿書》中說：「畫地為牢，勢不入；削木為吏，議不對。」〔註141〕意思是即使在地上畫個範圍為監獄，也不能進去，削個木人作獄吏，也使人不敢面對，極言監牢的恐怖與與凶殘。路溫舒也說秦有十失，其中一項「治獄之吏」到宣帝時尚存，秦由於貴治獄之吏而滅亡。因為治獄吏「上下相驅，以刻為明；深者獲公名，平者多後患。故治獄之吏皆欲人死，非憎人也，自安之道在人之死。是以死人之血流離於市，被刑之徒比肩而立，大辟之計歲以萬數。」〔註142〕這樣的情形，漢初君臣體會不可不深，尤其像劉邦是亭長，蕭何是縣主吏、曹參是縣掾，張蒼御史，叔孫通博士，周昌卒史，任敖獄吏，兼具著秦法執行者與受害者身分，自然知之甚詳。

　　為了避免這種缺失，刻意以木訥寬厚，敦實謹嚴的長者來代替苛刻文深的掾吏，希望藉此沖淡前朝刻深的氣息。斯時政壇的情形是：

〔註135〕《國故論衡・原經》，中卷，頁88，台北：廣文書局，1967年11月初版。
〔註136〕秦「以吏為師」，這種吏員有很高的專業知識，通常為吏者須精熟法律，秦有「學室」專門傳授吏員技能（見《秦律十八種・內史雜》，見饒宗頤主編，王輝著《秦出土文獻編年》，頁156）。漢初有諺說：「不習為吏，視以成事。」指這種知識僅是一種成事，一種定型的技術技能，於此尚可了解秦末吏治頹廢之風，至漢初仍存。
〔註137〕《漢書・張陳王周傳第十》，卷四十，頁2056。
〔註138〕卷四十，頁2062。
〔註139〕《漢書・爰盎晁錯傳第十九》，卷四十九，頁2296。
〔註140〕《漢書・司馬遷傳第三十二》，卷六十二，頁2733。
〔註141〕《漢書・司馬遷傳第三十二》，卷六十二，頁2732。
〔註142〕《漢書・賈鄒枚路傳第二十一》，卷五十一，頁2369。

少文多質,懲惡亡秦之政,論議務在寬厚,恥言人之過失。〔註143〕如惠帝時曹參任用木詘於文辭,忠厚長者爲丞相史,排斥言文刻深,欲務聲名的官吏;〔註144〕文帝時丞相周勃「木強敦厚」;〔註145〕張釋之反對利口捷給及,爭爲口辯而無其實的刀筆吏。〔註146〕周亞夫文帝時爲大將軍,治軍森嚴,文帝嘆曰「此眞將軍也」。景帝時,平定吳楚七國之亂有功,拜爲丞相。其政治與治軍不同,以簡易爲尙,厭惡苛細與察察,「趙禹爲丞相史,府中皆稱其廉平,然亞夫弗任,曰極知其無害,然文深,不可以居大府。」〔註147〕文深指文法深刻,苛細繁密,如刀筆吏之弊。鄭當時,好黃老言,其慕長者,如恐不稱。〔註148〕直不疑,「不好立名,稱爲長者。」〔註149〕武帝時汲黯引大體,不拘文法。治官民,好清靜,擇丞史任之,責大指而已,不細苛。〔註150〕皇室也是一樣,田叔學黃老,景帝稱長者。具得梁王刺袁盎事,景帝問之始末,田叔請景帝不要過問,說「今梁王不伏誅,是廢漢法也;如其伏誅,太后食不甘味,臥不安席,此憂在陛下。」景帝大賢之,以爲魯相。〔註151〕萬石君石奮敦謹一無所能,卻正合當時口味。竇太后說「儒者文多質少」,不如他「不言而躬行」。石建爲「郎中令,事有可言,屏人恣言極切,至廷見,如不能言者」。石慶稱爲「簡易」。〔註152〕衛綰,性醇謹,無他技能,「郎官有罪,常蒙其罪,不與他將爭。有功,常讓他將。」景帝稱長者,「以爲忠實無他腸」。〔註153〕

在此風氣之下,治民多尙寬舒,胥吏多不施虐。史載曹參任相國時,刑罰罕用,對下屬的犯法行爲往往不予制裁,甚至「掩匿覆蓋之」。〔註154〕對於百姓大抵也如此,蕭何死後,曹參接任其位,將入長安,吩咐繼任的齊相說:「以齊獄市爲寄,愼勿擾也。」又解釋說:「夫獄市者,所以并容也,今君擾

〔註143〕《漢書・刑法志第三》,卷二十二,頁1097。
〔註144〕《史記・曹相國世家第二十四》,卷五十四,頁2029。
〔註145〕《漢書・張陳王周傳第十》,卷四十,頁2054。
〔註146〕《史記・張釋之馮唐列傳第四十二》,卷一百二,頁2752。
〔註147〕《漢書・酷吏傳第六十》,卷九十,頁3651。
〔註148〕《漢書・張馮汲鄭傳第二十》,卷五十,頁2323。
〔註149〕《漢書・萬石衛直周張傳第十六》,卷四十六,頁2203。
〔註150〕《漢書・張馮汲鄭傳第二十》,卷五十,頁2316。
〔註151〕《漢書・季布欒布田叔傳第七》,卷三十七,頁1983。
〔註152〕《史記・萬石張叔列傳第四十三》,卷一百三,頁2765～2767。
〔註153〕《史記・萬石張叔列傳第四十三》,卷一百三,頁2768～2769。
〔註154〕《漢書・蕭何曹參傳第九》,卷三十九,頁2020。

之，奸人安所容也？吾是以先之。」《猗覺寮雜記》云：

> 獄市二事，獄如教唆詞訟，資給盜賊；市如用私斗秤，欺謾變易之
> 類，皆姦人圖利之所，若窮治盡，則事必枝蔓。此等無所容，必爲
> 亂，非省事之術也。〔註155〕

孟康說：

> 夫獄市兼受善惡，若窮極，姦人無所容竄，久且爲亂。秦人極刑而
> 天下畔，孝武峻法而獄繁，此其效也。《老子》曰：「我無爲而民自
> 化，我好靜而民自正。」參欲以道化其本，不欲擾其末。〔註156〕

認爲曹參故作糊塗，實施禁網疏闊的政策，防止用極刑將人民逼上了謀反的道路。不僅臣下如此，文帝時，將軍薄昭殺漢使者，文帝不忍加誅，使公卿從之飲酒，欲令自引分。〔註157〕將軍張武受賄案發，文帝「更加賞賜，以媿其心。」吳王劉濞詐病不朝，有謀反心，文帝卻賜以几杖；〔註158〕淮南王劉長廢先帝法，謀使閩越及匈奴發其兵，實行反動，文帝猶不忍置法，暫困苦之，令其自悔。〔註159〕這些舉措確實比秦朝有明顯不同。

　　據太史公《史記・酷吏列傳》，呂后時，只有一個酷吏侯封，但其作爲是「刻轢宗室，侵辱功臣」，刑虐不及百姓。景帝時有一郅都，但其人耿直，有大臣風範。不像到武帝時，寧成、周陽、趙禹、張湯、義縱、王溫舒、尹齊、減宣、度周等輩，或以「好殺伐行威，不愛人」，〔註160〕或以「殺者甚重，稱爲敢決疑」〔註161〕得名，以擅斷急刑，峻刻好殺爲能事。因爲如此，可以看出此時期執法者能嚴守厥職，公正不阿，不以刻酷待民，君王也不以私意妄作殺伐。

　　最明顯的例子是文帝時，有犯蹕及盜高廟坐前玉環的案例。《史記・張釋之馮唐列傳》：

> 頃之，上行出中渭橋，有一人從橋下走出，乘輿馬驚。於是使騎捕，
> 屬之廷尉。釋之治問。曰：「縣人來，聞蹕，匿橋下。久之，以爲行

〔註155〕《史記會注考證》引，頁801。
〔註156〕此《史記集解》引《漢書音義》，見《史記・曹相國世家第二十四》，卷五十四，頁2029。
〔註157〕《漢書・文帝紀第四》，卷四，鄭注，頁123。
〔註158〕《漢書・文帝紀第四》贊，卷四，頁135。
〔註159〕《漢書・淮南衡山濟北王傳第十四》，卷四十四，頁2136～2142。
〔註160〕《史記・酷吏列傳第六十二》，卷一百二十二，頁3148。
〔註161〕《史記・酷吏列傳第六十二》，卷一百二十二，頁3152。

已過，即出，見乘輿車騎，即走耳。」廷尉奏當，一人犯蹕，當罰金。文帝怒曰：「此人親驚吾馬，吾馬賴柔和，令他馬，固不敗傷我乎？而廷尉乃當之罰金！」釋之曰：「法者，天子所與天下公共也。今法如此而更重之，是法不信於民也。且方其時，上使立誅之則已。今既下廷尉，廷尉，天下之平也，一傾而天下用法皆爲輕重，民安所措其手足？唯陛下察之。」良久，上曰：「廷尉當是也。」其後有人盜高廟坐前玉環，捕得，文帝怒，下廷尉治。釋之案律盜宗廟服御物者爲奏，奏當棄市。上大怒曰：「人之無道，乃盜先帝廟器，吾屬廷尉者，欲致之族，而君以法奏之，非吾所以共承宗廟意也。」釋之免冠頓首謝曰：「法如是足也。且罪等，然以逆順爲差。今盜宗廟器而族之，有如萬分之一，假令愚民取長陵一抔土，陛下何以加其法乎？」久之，文帝與太后言之，乃許廷尉當。〔註162〕

由這兩件事看出，張釋之執法守法，依法辦事，不因文帝身分不同，而背法媚主。文帝雖然有法外施以重懲的意圖，但在法之前，即使皇帝，也必須克制情感，不能主斷自恣，隨意誅殺，在歷代這種情形不多見，此了解到黃老思想中「容」與「公」的潛默力量。呂后曾經說：

凡有天下治爲萬民命者，蓋之如天，容之如地。上有歡心以安百姓，百姓欣然以事其上，歡心交通而天下治。〔註163〕

即希望以虛大寬容的懷柔態度，以弭消上下的矛盾。史載文帝時，「罪疑者予民，是以刑罰大省，至於斷獄四百，有刑錯之風。」〔註164〕無疑是黃老思想實踐於政治所發揮的具體功效。與之相較，專尚法治的秦始皇，在他的治理下，「作制明法」，諸事「皆有法式」。〔註165〕從出土的秦簡來看，此語絕非虛言。湖北睡虎地秦墓出土秦統一前後的竹簡一千一百餘支，有關法律方面便占六百餘支，即可證明。但是法式卻不敵皇權，皇帝可以用「制」、「敕」代律、改律，以致破律。《史記‧蒙恬列傳》記趙高有罪，秦始皇「令蒙毅法治之，毅不敢阿法，當高罪死，除其宦籍。帝以高之敦於事也，赦之，復其官爵。」〔註166〕臣不敢阿法，皇帝卻可以因其喜怒好惡而隨加重減輕對犯罪的

〔註162〕卷一百二，頁2754～2755。
〔註163〕《史記‧呂太后本紀第九》，卷九，頁403。
〔註164〕《漢書‧刑法志第三》，卷二十三，頁1097。
〔註165〕《史記‧秦始皇本紀第六》，卷六，頁243。
〔註166〕卷八十八，頁2556。

處罰，當然，專自妄為，導致國祚不永，是其所得到的後果。

（三）文化方面，蒐集佚籍、廣開言路

商鞅把把儒家提倡的道德要求譏諷為「六蝨」，六種危害國家的害蟲；〔註167〕《韓非子・五蠹》將「文學」、「明師」、「薦紳」、「諸先生」、「游學者」列為儒者，為五蠹之首。認為「海內之士，言無定術，行無常議。夫冰炭不同器而久，寒暑不兼時而至，雜反之學不兩立而治。今兼聽雜學，謬行同異之辭，安得無亂乎」，〔註168〕主張「明主之國，無書簡之文，以法為教；無先王之語，以吏為師」，〔註169〕這無異宣告諸家之說有害於治，非去之而後已，也等於宣告了法家一言的文化政策。秦統一六國以後，這項政策便徹底實施。

李斯於始皇三十四年（公元前213年）建議，「史官非秦紀者皆燒之」，「天下敢有藏詩書百家語者，悉詣守、衛雜燒之。」「令下三十日不燒，黥為城旦」，「有敢偶語《詩》、《書》者棄市。」「以古非今者族」，禁止民間私藏詩書百家語及私人講學活動；受方士欺騙，治以「誹謗」之罪，後又牽連咸陽諸生，以「妖言以亂群首」為藉口，坑殺四百六十餘人，〔註170〕一時之間，人人噤若寒蟬，未敢致議。如此有計劃的毀滅學術活動，使文化遭受空前而巨大摧殘，於是春秋戰國以來諸子各家爭鳴，百花齊放，士人議政，私學蜂起的局面為之改變。又加上滅秦之際，項羽火燒秦宮，藏於宮中的典籍蕩然無存，楚漢相爭，兵荒馬亂，人民流離失所，也容易造成書籍大量亡佚，因此在秦亡漢興當時，造成無人讀書與無書可讀的情形。

漢初社會雖比起秦朝已大有不同，但高祖忙於穩定社會秩序，經濟元氣尚未恢復，加上高祖出身草莽，不師學術，群臣亦非文化之人，初期也很不重視文化，瞧不起知識分子。班固說：

> 沛公不喜儒，諸客冠儒冠來者，沛公輒解其冠溺其中，與人言常大罵，未可以儒生說也。〔註171〕

即使為「漢之儒宗」的叔孫通也不得不變儒服為楚制短衣，得以干譽劉邦。

〔註167〕見《商子・勒令》：「六蝨：曰禮樂，曰詩書，曰修善，曰孝悌，曰誠信，曰貞廉，曰仁義，曰非兵，曰羞戰。」
〔註168〕《韓非子釋評・顯學第五十》，頁1775～1776。
〔註169〕《韓非子釋評・五蠹第四十九》，頁1753。
〔註170〕《史記・秦始皇本紀第六》，卷六，頁255。
〔註171〕《漢書・酈陸朱劉叔孫傳第十三》，卷四十三，頁2015～2016。

〔註 172〕後來幸得近臣陸賈，常在身邊說詩書，記取秦不重學術，結果十五年而國亡的教訓，也懂得祭祀孔子，倡導孝道，〔註 173〕只是高祖即位不過數年就崩逝，在這短期之內，無暇於學術重建工作，因此文化領域停滯不前，一片凋零。

直到惠帝五年（公元前 190 年），除挾書律，開始收集流失的典籍。高后元年（公元前 187 年）及文帝二年（公元前 178 年）廢妖言誹謗罪，賈誼說：

> 以忠諫者謂之誹謗，深計者謂之妖言。〔註 174〕

路溫舒也說：

> 正言者爲之誹謗。過過者謂之妖言。〔註 175〕

顯而易見，妖言令與誹謗令，主要針對國君言行進行譴責或規勸，所以漢文帝說：

> 今法有誹謗妖言之罪，是使眾臣不敢盡情，而上無由聞過失也。將何以來遠方之賢良？民或詛祝上以相約結而後相謾，吏以爲大逆，其有它言，而吏又以爲誹謗。此細民之愚無知抵死，朕甚不取，自今以來，有犯此者勿聽治。〔註 176〕

除去誹謗罪的目的，是爲了能夠聽到臣下的諍諫之言，以減少執政的過失。同時對普通百姓因說話不慎或無知亂說而處以死刑，一律不受懲處。此令一除，無疑地讓百姓群臣盡情議評朝政，廣開言路，連帶也讓各家思想的傳播起了更積極的作用，言論尺度變的寬大，助長了諸家學說的討論之風。戰國處士橫議，列道而議的風氣，至此時又活躍了起來，此乃實施黃老治術之放任主義，兼容並蓄的精神。《淮南子》有一段話說：

> 百家異說，各有所出，若夫墨、楊、申、商之於治道，猶蓋之一橑，而輪之一輻。有之可以備數無之未有害於用也。己自以爲獨擅之，不通於天地之情也。〔註 177〕

〔註 172〕《史記‧劉敬叔孫通列傳第三十九》，卷九十九，頁 2721。

〔註 173〕《漢書‧高帝紀第一下》十二年十一月：「行自淮南，過魯，以太牢祀孔子。」又云：「人之至親，莫親於父子，故父有天下傳歸於子，子有天下尊歸於父，此人道之極也。」

〔註 174〕《漢書‧賈誼傳第十八》，卷四十八，頁 2251。又見《新書校注‧保傅》，卷第五，頁 185。

〔註 175〕《漢書‧賈鄒枚路傳第二十一》，卷五十一，頁 2369。

〔註 176〕《漢書‧文帝紀第四》，卷四，頁 118。

〔註 177〕《淮南子校釋‧俶眞》，卷第二，頁 172。

最能夠說明實行寬鬆而開明的思想政策，允許各家各派學說自由的發展，而有利於文化的繁榮。

職此之故，各家學說在漢初皆得到自由的發展，而未受到任何抑制，使學術空氣大變，思想得到解放，彷彿又回到戰國各自爲說的時代。當時除了黃老思想爲主流，上至天子皇后大臣，下至鄉里百姓多有傳習者之外，如學長短縱橫之術、《易》、《春秋》、百家語的主父偃，〔註 178〕學申、商、刑名的晁錯、宋孟、劉禮，〔註 179〕受《韓子》、雜說的韓安國，〔註 180〕學槃盂諸書的田蚡，〔註 181〕學長短術的邊通，〔註 182〕言陰陽律曆的張蒼，〔註 183〕等皆與主流之學有所差異。在武帝建元元年（公元前 140 年），「丞相綰奏所舉賢良，或治申、商、韓非、蘇秦、張儀之言，亂國政，請皆罷。」〔註 184〕以及武帝問董仲舒對策，董仲舒以「爾好誼，則民鄉仁而俗善；爾好利，則民好邪而俗敗」；「今師異道，人異論，百家殊方，旨意不同，是以上無以持一統。」〔註 185〕論對，正好說明六、七十年間學術思想各家共存，相互競爭。各諸侯國也大量養士，與中央在學術上分庭抗禮，齊曹參爲相，盡召長老諸先生以百數，代相陳豨有賓客千餘，吳王劉濞、淮南王劉長各招募賓客以千數。而楚元王、梁孝王、河間獻王等亦如此。《漢書・賈鄒枚路傳第二十一》說：

> 漢興，諸侯王皆自治民聘賢。吳王濞招致四方游士，陽與吳嚴忌、枚乘等俱仕吳，皆以文辯著名。〔註 186〕

《鹽鐵論・晁錯》：

> 淮南、衡山修文學，招四方游士，山東儒墨咸聚於江淮之間，講議集論，著數十篇。〔註 187〕

可看到無爲開明的黃老政治，所採取的廣泛全面的禮賢興學的文化政策，對於各學派的存在和發展，不加干預，造成漢初學術呈現出「師異道，人異論，

〔註 178〕《史記・平津侯主父列傳第五十二》，卷一百一十二，頁 2953。
〔註 179〕《史記・袁盎晁錯列傳第四十一》，卷一百一，頁 2745。
〔註 180〕《史記・韓長孺列傳第四十八》，卷一百八，頁 2857。
〔註 181〕《史記・魏其武安侯列傳第四十七》，卷一百七，頁 2842。
〔註 182〕《史記・酷吏列傳第六十二》，卷一百二十二，頁 3143。
〔註 183〕《漢書・張周趙任申屠傳第十二》，卷四十二，頁 2100。
〔註 184〕《漢書・武帝紀第六》，卷六，頁 156。
〔註 185〕《漢書・董仲舒傳第二十六》，卷五十六，頁 2521，2523。
〔註 186〕卷五十一，頁 2338。
〔註 187〕頁 113。

百家殊方，指意不同」〔註188〕的勃發局面。

　　對於收獻圖籍方面，漢初惠帝時期，從目前史料來看，雖然不能了解所得的情形，但是到文帝時已經「天下眾書往往頗出，皆諸子傳說」。〔註189〕武帝時期，則是各類典籍如丘，充於祕府，與剛建國有千里之別。《漢書·藝文志》云：

> 漢興，改秦之敗，大收篇籍，廣開獻書之路。迄孝武世，書缺簡脫，禮壞樂崩，聖上喟然而稱曰：『朕甚閔焉！』於是建藏書之策，置寫書之官，下及諸子傳說，皆充祕府。〔註190〕

劉歆《七略》亦云：

> 武帝廣開獻書之路，百年之間，書積如丘。故外有太史博士之藏，內則延閣廣內祕室之府。〔註191〕

可謂極盛於一時，學子可擺脫無書可讀的窘境。

　　除中央外，郡國風氣亦多有收書者。如：

> 河間獻王德，以孝景前二年立，修學好古，實事求是。從民得善書，必為好寫與之，留其真，加金帛，賜以招之，是由四方道術之人，不遠千里，或有先祖舊書，多奉以奏獻王者。故得書多與漢朝等；是時淮南王安，亦好書，所招致率多浮辨。獻王所得書皆古文先秦舊書，《周官》、《尚書》、《禮》、《禮記》、《孟子》、《老子》之屬，皆經傳說記，七十子之徒所論。〔註192〕

這也可說是黃老思想在文化界的一大貢獻。

　　值得提出的是，此一政策最大的受惠者非儒家莫屬。秦朝焚書坑儒，儒家影響最鉅。但是儒家在先秦號為顯學，不論傳承的人物或是著作，既多且廣，短短十五年的時間，並不足以絕其命脈，儒學的傳播雖一時中斷，當束縛解放之後，其積蓄潛藏的力量，反而不容忽視。

　　除挾書律之後，徵之於文獻的，首先是儒家典籍紛紛出現，如伏生的《尚書》，張倉的《春秋左氏傳》〔註193〕以及魯恭王壞孔子宅壁得了不少的儒家古

〔註188〕《漢書·董仲舒傳第二十六》，卷五十九，頁2523，董仲舒〈舉賢良對策〉。
〔註189〕《漢書·楚元王傳第六》，卷三十六，頁1969。
〔註190〕卷三十，頁1701。
〔註191〕《太平御覽》，卷六一九學部「採求遺逸」條引，頁2908。
〔註192〕《漢書·景十三王傳第二十三》，卷五十三，頁2410。
〔註193〕《說文解字·序》，十五卷上，頁762。

文書。〔註194〕漢高祖對儒生最爲鄙視，但因儒者叔孫通定朝儀，讓他發出當皇帝可貴的讚嘆，因陸賈說詩書，而知儒學價值。文、景二帝雖喜黃老刑名之術，明道家之學，不喜儒學，〔註195〕但仍亦習儒。《漢書・藝文志》稱《孝文傳》十一篇，文帝所稱及詔策。觀《史記》、《漢書》文帝詔策，多儒者之言，如十三年（公元前167年）除肉刑詔即引了《詩經・大雅・泂酌》「愷悌君子，民之父母」之詩；景帝在轅固刺豕事件，救儒者轅固一命。初立太子劉榮時，以好儒術的竇嬰爲太傅，後立劉徹爲太子，召習儒學的衛綰爲太傅，復拜大儒申公弟子王臧爲太子少傅。儒學於此時已慢慢興盛，各經皆有師相傳授，其派別也非常紛歧。班固說：「漢興，言《易》自淄川田生；言《書》自濟南伏生；言《詩》，於魯則申培公，於齊則轅固生，燕則韓太傅；言《禮》則魯高堂生；言《春秋》，於齊則胡毋生，於趙則董仲舒。」〔註196〕《隋書・經籍志》也說：「（漢）惠帝除挾書之律，儒者始以其業行於民間。猶以去聖既遠，經籍散佚，簡札錯亂，傳說紕謬，遂使《書》分爲二，《詩》分爲三，《論語》有齊、魯之殊，《春秋》有數家之傳。其餘互有踳駁，不可勝言。」〔註197〕由此看出當時儒家學說正是在這種氛圍之下，逐漸茁壯成長，漸由儒老互紬，〔註198〕終至武帝即位之初，即「卓然罷黜百家，表彰六經」，〔註199〕形成儒家「獨尊」的局面。假使沒有黃老寬鬆兼蓄的精神，同秦朝採取一家思想作指導，而杜絕異說流衍，那麼儒家思想可能無法在武帝時如此快速取代黃老思想，成爲中國兩千多年以來的「國教」，其中功勞，當拜黃老思想之賜。

（四）軍事方面，偃兵息武、和親備邊

　　秦漢之間，兵禍連年，干戈不息，導致田園荒蕪，人口減少，民不

〔註194〕《漢書・楚元王傳第六》，卷三十六，頁1969。

〔註195〕漢文帝崇黃老，《史記》、《漢書》無明言，《史記・儒林傳》說：「孝文帝本好刑名之言。」《史記・禮書》說：「孝文好道家之學，以爲繁禮飾貌，無益於治，躬化謂何耳，故罷去之。」然如應劭《風俗通義・正失》：「文帝本修黃老之言，不甚好儒術，其治尚清靜無爲。」（王利器《風俗通義校注》，頁96，臺灣明文書局，1988年3月再板）《隋書・經籍志》：「自黃帝以下，聖哲之士，所言道者，傳之其人，世無師說。漢時曹參始荐蓋公能言黃老，文帝宗之。」明言文帝崇黃老之學。至於景帝，《史記・外戚世家》：「竇太后好黃帝老子言，（景）帝及太子諸竇，不得不讀黃帝老子，尊其術。」

〔註196〕《漢書・儒林傳第五十八》，卷八十八，頁3593。

〔註197〕《隋書・志第二十七・經籍一》，卷三十二，頁905。

〔註198〕可參《史記・老子韓非列傳第三》，卷六十三，頁2143。

〔註199〕《漢書・武帝本紀第六》，卷六，班固贊語，頁212。

聊生，經濟破壞，天下急需安定。因此漢初，除非不得已，否則不輕易用兵。在軍事上，當時面臨的最大威脅的是來自於北方的匈奴，又加上漢政權剛立，西南邊族趁秦末大亂紛紛自立，也影響著邊境的安危。

高祖為了解決邊境問題，剛開始採積極的軍事行動。六年（公元前 201 年），因冒頓單于攻打馬邑，韓王信暗中與匈奴勾結。七年（公元前 200 年）十月，高祖率軍攻打韓王信，破之，韓王信逃往匈奴。於是劉邦率三十二萬大軍伐匈奴。時冒頓單于當道，滅東胡，併樓煩、白羊，擊走月氏，侵燕、代，操控弦之士三十餘萬，國力正強。高祖輕敵，困平城白登山七天七夜不能出，用陳平奇計乃得解圍。經過這一戰，高祖認識到一時無法與匈奴對抗，遂用劉敬和親政策。劉敬認為採取與匈奴和親政策的用意：

天下初定，士卒罷於兵革，未可以武服也。冒頓殺父代立，妻群母，以利為威，未可以仁義說也。

能以適長公主妻單于，厚奉遺之，彼知漢女送厚，蠻夷必慕，以為閼氏，生子必為太子，代單于。何者？貪漢重幣。陛下以歲時漢所餘彼所鮮數問遺，使辯士風諭以禮節。冒頓在，固為子婿；死，外孫為單于。豈曾聞孫敢與大父亢禮哉？〔註200〕

於是於九年（公元前 198 年）冬，將一庶人家女嫁與匈奴。

劉邦死後，惠帝三年（公元前 192 年），冒頓派人送羞辱呂后的國書，呂后忍辱復信，不惜悲躬屈膝，又送上御車二乘，馬二駟，求得和解。又再一次以宗室女為公主，嫁匈奴單于。

文帝時，匈奴加劇邊境騷擾，前三年（公元前 177 年）五月進攻河南地，丞相灌嬰率車騎八萬五千，將匈奴逐出塞，初步取勝。四年（公元前 176 年）六月又繼續和親關係。文帝六年（公元前 174 年），冒頓死，其子稽粥繼位，是為老上單于。老上單于初立，依例嫁與宗室女，隨行員中有中行說，「日夜教單于候利害處」，使匈奴入侵加劇。十一（公元前 169 年）、十四（公元前 166 年）年入侵至甘泉和雍，殺掠甚鉅。文帝後二年（公元前 162 年），漢政府又派人和親，形勢有所緩和。後四年（公元前 160 年），老上單于死，子軍臣單于立。文帝後六年（公元前 158 年），匈奴又入侵，首都警報。

以上所敘，可以看出漢初社會疲弊，國勢羸弱，而匈奴因冒頓單于的改

〔註200〕《漢書·酈陸朱劉叔孫傳第十三》，卷四十三，頁 2122。

革，兵強馬壯，力量正值頂峰。匈奴數度侵凌，漢廷窮於應付，不得已乃採和親政策，來換得政治和平的保障。「和親」，顧名思義，即合好親善，通婚、賜貢、通關市爲其主要內容。透過這方法，緩和雙方敵對關係，以達成避戰求和的目的。

　　漢初君臣清楚認識，在自己力量尚不足以抗衡，有必要先圖隱忍，待來日壯大，再行討伐。因此卑辭軟語，送厚稱仲，此雖屈辱，卻是以柔克剛，以進爲退的思想。《史記・律書》記載將軍陳武等唱言用兵，文帝反對說：

> 兵，凶器，雖克所願，動亦耗病，謂百姓遠方何？又先帝知勞民不可煩，故不以爲意，朕豈自謂能？今匈奴內侵，軍吏無功，邊民父子荷兵日久，朕常爲動心傷痛，無日忘之。今未能銷鉅顧，且堅邊設侯，結和通使，休寧北陲，爲功多矣。且無議軍。〔註201〕

文帝堅持高祖以來的休兵政策，並非出於己意，乃是天下方歇，勞民不可煩，度現今力量不足已在起烽火，否則又重蹈亡秦覆轍。此頗符合《十六經・順道》：「立於不敢，行於不能。單（戰）請（情）不求，視（示）之不敢，明埶不能。守弱節而堅之，胥雄節之窮而因之。」弱節雖柔，積蓄而動；雄節雖強，終有窮困之時，因此「不擅作事，以寺（待）逆節所窮。」〔註202〕以及《十六經・正亂》曾說黃帝與蚩尤作戰六十次而不能勝，最後討論到如何擊敗蚩尤的對話，太山之稽認爲自己要做好萬全準備，任由蚩尤去做壞事，一步步讓它們走上邪惡道路，再乘其妄爲之勢，伺機消滅。〔註203〕所謂讓蚩尤妄爲，其眞正意義在於以當前的力量，根本無法獲勝，只有等形勢逆轉，給予致命的一擊。

　　在這樣的思想指導下，雖然未能得到像劉敬的期望，但也多少緩和匈奴的侵略。《漢書・匈奴傳上》說：「冒頓常往來侵盜代地。於是高祖患之，乃使劉敬奉宗氏女翁主爲單于閼氏，歲奉匈奴絮繒酒食物各有數，約爲兄弟以和親，冒頓乃少止。」武帝時反對和親的人物王恢也說「漢與匈奴和親，率不過數歲即背約」，雖然說匈奴數背約束，仍有侵擾的行爲，但須承認的是和親可以帶來數歲的安定，這期間，讓上下君臣認識到力量不足以殲滅對手時，圖以軍事求得一勞永逸，並非良策，適足以助長他方氣焰，而困累自己的百

〔註201〕卷二十五，頁1242。
〔註202〕頁79。
〔註203〕頁67。

姓。以懷柔羈縻，換取一時安定，既可免除百姓繇役之苦，亦可藉機整頓內政，將力量轉於翦除異姓諸侯王上。高祖八年（公元前 199 年）冬，擊韓王信餘部於東垣；十年（公元前 197 年），陳豨反，高祖往邯鄲擊之，至十一年（公元前 196 年）挫敗之；十一年秋七月，淮南王英布反，高祖率兵擊布，至十二年（公元前 195 年）十月，方擊敗之；十二年春二月，高祖派樊噲、周勃擊燕王盧綰，將盧綰逼走匈奴。此皆在和親政策下，得以遂行。

　　至於對自立的西南邊族，高祖鑒於六年敗於匈奴，幾於不免，且避免「爲勞苦中國」，〔註204〕於是改採懷柔策略，不起兵釁，期使能自動歸服，各自相安。當時的西南邊族總名曰百越，其中以負山險，阻南海，東西數千里的南越最強。高祖十一年（公元前 196 年）五月，遣陸賈說南越王尉佗稱臣，奉漢約，剖符通使，使和集百越，無爲患害，趙佗依約不悖。

　　高后七年 （公元前 181 年），隆慮侯伐南越。〔註205〕趙佗因而自立爲南越武帝，制與中國同。文帝時，不願動干戈，爲佗親家在眞定者置守邑，歲時奉祀，召其琨弟，尊官，厚賜寵之。派遣使者陸賈，說以大義。並賜書說：

> 乃者聞王遺將軍隆慮侯書，求親昆弟，請罷長沙兩將軍。朕以王書罷將軍博陽侯，親昆弟在眞定者，已遣人存問。脩治先人冢。前日聞王發兵於邊，爲寇災不止。當其時長沙苦之，南郡尤甚，雖王之國，庸獨利乎！必多殺士卒，傷良將吏，寡人之妻，孤人之子，獨人父母，得一亡十，朕不忍爲也。朕欲定地犬牙相入者，以問吏，吏曰「高皇帝所以介長沙土也」，朕不得擅變焉。吏曰：「得王之地不足以爲大，得王之財不足以爲富，服領以南，王自治之。」雖然，王之號爲帝。兩帝並立，亡一乘之使以通其道，是爭也；爭而不讓，仁者不爲也。願與王分棄前患，終今以來，通使如故。〔註206〕

同時饋贈上褚五十衣，中褚三十衣，下褚二十衣，終於讓趙佗撤去帝號帝制，且獻白璧一雙，翠鳥犀角等珍物，長爲藩臣。

　　雖然，懷柔和親政策儘管得到一些效果，但只是暫時權宜之計，尤其與匈奴的關係，一味行柔而不剛，必使之變本加厲，侵擾愈深。匈奴接受了和

〔註204〕《漢書·西南夷兩粤朝鮮傳第六十五》，卷九十五，頁 3848。
〔註205〕此據司馬光撰，胡三省音註《資治通鑑》，卷十三，漢紀五，高后七年（公元前 181 年），頁 429，台北：宏業書局，1993 年 10 月。
〔註206〕《漢書·西南夷兩粤朝鮮傳第六十五》，卷九十五，頁 3849～3850。

親，仍頻寇邊境，「小入則小利，大入則大利。」〔註207〕文帝時，晁錯建議以厚賞募民之「壯有材力」者以實邊，而自己則「赫然發憤，遂躬戎服，親御鞍馬，從六郡良家材力之士，馳射上林，講習戰陳，聚天下精兵，軍於廣武」。〔註208〕有一次匈奴寇邊，文帝「親勞軍，勒兵，申教令，賜吏卒，自欲征匈奴，群臣諫，不聽。皇太后固要上，乃止。」〔註209〕至景帝時，已「時時小入盜邊，無大寇。」〔註210〕的情形，為後來武帝伐匈奴提供了雄厚的兵力，一雪過去恥辱。

　　中國自商、周以來，就與邊疆少數民族關係密切，對於侵擾者，慣有之模式，一則以大軍征伐，俘其叛逆，易其君長，使之俯首稱臣；二則以優勢之文化，使之傾心，自願來歸。前者雖足以彰顯武功，然旋降旋叛，徒費人力、物力；後者則須以高度發達之文化，且以強盛武力為後盾，須費竟長日乃能見其功。漢初剛離戰亂，百廢待舉，武不足以安邊境，綏外夷，文亦未能使鄰邦嚮慕思念，所以採取洞彼土地人物，依其情勢而因應的方針。此黃老思想或不如法家重戰，開邊之積極思想，卻可掃除百姓連年戍邊，民怨不散的弊端；或不如儒家講王道，可使侵畔者自歸，卻也避免迂闊不實，過於理想，而疏於武備的缺失，雖不足以成大功，但也保障了君民六十餘年的安全。

　　綜上所言，吾人了解黃老思想主張不干涉，不限制，造就了文、景繁榮的景象。但自由放任的結果，也帶來許多弊端，如為促進商業貿易發展，鹽鐵之利，鑄幣之權，〔註211〕交由私人經營。其中特別是鹽鐵大商，他們的勢力發展非常快。司馬遷說漢初因經營鹽鐵而致富有：蜀卓氏用鐵致富，至僮千人；程鄭亦冶鐵，富埒卓氏；宛孔氏冶鐵為業，家致富數千金；邴氏以鐵冶起，富至巨萬；刀閒逐漁鹽商賈之利，起富數千萬。〔註212〕這些富商大賈，控制了鹽鐵，也控制了製幣之權，造成幣制混亂，物價上漲，農民受害，在與政府爭利之下，導致了一連串的社會問題，進而直接威脅到政府的統治。《鹽鐵論·錯幣》說：

　　　文帝之時，縱民得鑄錢、冶鐵、煮鹽。吳王擅鄣海澤，鄧通專西山。

　　　山東奸猾，咸聚吳國，秦、雍、漢、蜀因鄧氏。吳、鄧錢布天下。

〔註207〕《漢書·爰盎晁錯傳第十九》，卷四十九，頁2278。
〔註208〕《漢書·匈奴傳第六十四下》，卷九十四下，頁3831。
〔註209〕《漢書·文帝紀第四》，卷四，頁125～126。
〔註210〕《漢書·匈奴傳第六十四上》，卷九十四上，頁3765。
〔註211〕文帝五年取消「盜鑄錢令」，此禁令至景帝中元十六年始恢復。
〔註212〕《史記·貨殖列傳第六十九》，卷一百二十九，頁3277～3279。

〔註213〕
《鹽鐵論·復古》說：

豪強大家得管山海之利，採鐵石鼓鑄，煮海爲鹽，一家聚眾，或至
千餘人，大抵盡收放流人民也。遠去鄉里，棄墳墓，依倚大家，聚
深山窮澤之中，成姦偽之業，遂朋黨之權，其輕爲非亦大矣。〔註214〕

利用奴隸和賤價的庸工，入山採銅，靠海煮鹽，把資本擴大，結果造成金融
界混亂，通貨膨脹，物價飛騰，人民和政府均受其害。〔註215〕而解鑄錢之禁，
不少民力投入於此，竟至「農事捐棄，而採銅者日蕃，釋其耒耜，冶鎔炊炭，
姦錢日多，五穀不爲多」，〔註216〕影響了農業生產。吳楚諸國，就是境內盛產
銅鹽，故國用饒足，百姓無賦，遂「誘天下亡人謀作亂逆。」〔註217〕而有「薄
賦其民，賑贍窮乏，以成私威。私威積而逆節之心作。」〔註218〕的七國之亂。

土地歸民間私有，人民可以自由使用與買賣，遇到經濟困難時，田地可
以賣出，於是造成兼併，貧者愈貧，無立錐之地；富者愈富，田連阡陌。由
於富商往往是大地主，川澤山林之利，讓他們的生活「衣必文采，食必粱
肉，……因其富厚，交通王侯，力過吏勢，以利相傾；千里游敖，冠蓋相望，
乘堅策肥，履絲曳縞。」〔註219〕司馬遷說：

凡編戶之民，富相什，則卑下之；伯，則畏憚之；千則役，萬則仆，
物之理也。〔註220〕

無形中商人的勢力提高，這也逐漸成爲社會的亂源。

這期間實施了幾項制度，一是買爵贖罪制，《漢書·惠帝紀》元年（公元
前 194 年）冬十二月：「民有罪，得買爵三十級以免死罪。」應劭曰：「一級
直錢兩千，凡爲六萬，若今贖罪入三十疋縑矣。」師古曰：「令出買爵之錢以
贖罪。」〔註221〕

一是納貲得宦。《漢書·景帝紀》後二年（公元前 142 年）詔：「今貲算

〔註213〕《鹽鐵論校注》，卷一，頁 57。
〔註214〕《鹽鐵論校注》，卷一，頁 78～79。
〔註215〕張蔭麟《上古史綱》，頁 231，台北：里仁書局，1982 年 9 月。
〔註216〕《漢書·食貨志第四下》，卷二十四下，頁 1155。
〔註217〕《漢書·荊燕吳傳第五》，卷三十五，頁 1906。
〔註218〕《鹽鐵論校注·禁耕第五》，卷一，頁 67。
〔註219〕《漢書·食貨志第四上》，卷二十四上，頁 1132。
〔註220〕《史記·貨殖列傳第六十九》，卷一百二十九，頁 3274。
〔註221〕卷二，頁 88。

十以上乃得宦。廉士算不必眾。有市籍不得宦，無貲又不得宦，朕甚愍之。貲算四得宦，無令廉士久失職，貪夫長利。」應劭曰：「古者疾吏之貪，衣食足知榮辱，限訾十算乃得為吏。十算，十萬也。賈人有財不得為吏，廉士無訾又不得宦，故減訾四算得宦矣。」〔註222〕又《史記・平準書》云：「所忠言：『世家子弟富人或鬥雞走狗馬，弋獵博戲，亂齊民。』乃徵諸犯令，相引數千人，命曰株送徒。入財者得補郎，郎選衰矣。」如淳曰：「株，根蔕也。諸坐博戲事決為徒者，能入錢得補郎也。」〔註223〕亦知為郎的條件之一，在於入錢，此張釋之以貲為騎郎，〔註224〕司馬相如亦以貲為郎，〔註225〕董仲舒亦云選郡吏又以富貲，未必賢，〔註226〕即可證明。

　　一是買復除役制。文帝十二年（公元前168年）從晁錯之言，「令民有車騎馬一匹者，復卒三人。」如淳說：「復三卒之算錢也。或曰，除三夫不作甲卒也。」〔註227〕免除三人之算錢或免除三人之卒役。這些主張，乃為厚實中央經濟而設，其本於黃老聽任自然，放任無為的思想，但不管是六萬或十萬，都不是一筆小數目，根據史書及古代學者的注釋，漢制黃金一斤，值萬錢，〔註228〕則六萬錢值黃金六斤，十萬則十金。文帝曾說百金，中人十家之產。普通百姓怎有能力負擔如此巨大的金額？所以，這些措施，無異專為富人設。富人多商，商人有錢，〔註229〕則殺人不用償命，又可免繇役之苦，而在社會最基層的農民，往往連基本生活尚不得保障。當官僚、貴族、富商田產日與俱增的時候，農民卻逐漸走向破產的道路。

〔註222〕《漢書・景帝紀第五》，卷五，頁152。
〔註223〕卷三十，頁1437。
〔註224〕《漢書・張馮汲鄭傳第二十》，卷五十，頁2307。
〔註225〕《漢書・司馬相如傳第二十七上》，卷五十七上，頁2529。
〔註226〕《漢書・董仲舒傳第二十六》，卷五十六，頁2512。
〔註227〕《漢書・食貨志第四上》，卷二十四上，頁1133～1134。
〔註228〕《史記卷三十・平準書》注引臣瓚曰：「秦以一鎰為一斤，漢以一斤為一金。」《漢書卷二十四・食貨志下》「黃金重一金，值錢萬。」另參看蕭清《中國古代貨幣史》，頁133～134，人民出版社，1984年9月。
〔註229〕賈誼《新書・孽產子》說：「民賣產子，得為之繡衣編絲履，偏諸緣，入之閑中，是古者天子后之服也，后之所以廟而不燕也，而眾庶得以衣孽妾。白縠之表，薄紈之裡，緣以偏諸，美者黼繡，是古者天子之服也，今貴富人大賈者喪資若兄弟嘉會，召客得以被墻。古者以天下奉一帝一后而節適，今貴人大賈屋壁得為帝服，賈婦優倡下賤產子得為后飾，然而天下不屈者，殆未有也。」即可看出商人多財的程度。

　　據湖北江陵鳳凰山十號漢墓出土的簡牘記載，鄭里之地，有二十五戶貸糧種食戶，能田者六十九人，人口一百零五上下，田地六百十七畝。平均每戶只有土地二十四畝餘。反映著貧民的破產，可能喪失土地而淪爲耕佃一類人，只得耕豪民的田，成爲佃農。〔註230〕史書佃農「耕豪民之田，見稅什五」〔註231〕，「豪民侵陵，分田劫假，厥名三十，實什稅五也。」〔註232〕貧人無田而耕，墾豪富家田，十分之中以五輸田主，其生活艱苦可知。晁錯說：

> 今農夫五口之家，其服役者不下二人，其能耕者不過百畝，百畝之收不過百石。春耕夏耘，秋穫冬臧，伐薪樵，治官府，給繇役；春不得避風塵，夏不得避暑熱，秋不得避陰雨，冬不得避寒凍，四時之間亡日休息；又私自送往迎來，弔死問疾，養孤長幼在其中。勤苦如此，尚復被水旱之災，急政暴賦，賦斂不時，朝令而暮改。當具有者半賈而賣，亡者取倍稱之息，於是有賣田宅鬻子孫以償責者矣。〔註233〕

錢穆說：

> 自都市之集中，山澤之解放，耕農之業，分化而有工虞牧圃商賈。
> 凡脫離畎畝未耜而爲新生之經營者，往往得奇利。而農田百畝之業，
> 則日陷於貧困，至不能給衣食。〔註234〕

貧富距離擴大，種下許多社會問題，使得政府的輕賦的政策，打了折扣。如欲根本解決，則需先去除土地兼併之風，從新土地分配，行均富均產的政策。但是在漢初擁有廣大土地的皆屬於外戚宗室大臣等握有政治勢力者，本質上貴族官僚就是大地主或大商賈，如欲變動政策，利益與之相捍，勢必引起極大反彈。

　　這些無疑是行黃老術所帶來的負面缺失，亦非黃老術所能解決。張蔭麟曾說：

> 文帝對於黃老學說的熱心，雖不及他的皇后（竇氏）；但他一生行事，
> 卻是守著道家的「三寶」——「一曰慈，二曰儉，三曰不爲天下先。」
> 他慈，他廢除「收孥相坐」的律令，廢除「誹謗妖言之罪」，廢除「肉

〔註230〕參裘錫圭〈湖北江陵鳳凰山十號漢墓出土簡牘考釋〉，《文物》1974年第7期。
〔註231〕《漢書・食貨志第四上》，卷二十四上，頁1137。
〔註232〕《漢書・食貨志第四上》，卷二十四上，頁1143。
〔註233〕《漢書・食貨志第四上》，卷二十四上，頁1131。
〔註234〕《秦漢史》，頁53，台北：東大圖書公司，1992年9月六版。

刑」，廢除「祕祝」。……他儉，他身穿厚繒，有時著草鞋上殿。……
他不肯爲天下先，所以一任北邊的烽火直逼到甘泉；所以釀成淮南
王長、濟北王興居的叛變；所以養成吳王濞的跋扈，爲日後七國之
亂的張本。〔註235〕

以文帝爲中心，來論黃老之術的成敗，可說是簡要的說明黃老之術的消極與
積極作用。

二、武帝晚年，昭、宣之際

　　黃老思想的成效，完全在漢初表現出來。但這樣柔後保守，清靜無爲思
想，在凋弊衰敗的局面，讓經濟復甦，民生安定，休養生息，功不可沒。但
當國力已積蓄飽滿時，就無法滿足現實的需求，尤其又遇上年輕，充滿活力，
有旺盛企圖心的帝王，則不得不變。

　　漢武帝雄才大略，面對歷史發展的新階段，精勵圖治，積極有爲，對漢
初的政治、經濟、思想進行大刀闊斧的改革。他接受董仲舒「更化」的建議，
改弦更張，重新定一套辦法，一變漢初種種政策，對外用武力，對內興禮樂，
根本改造社會，實行他的理想制度，這樣的改革，成爲西漢鼎盛時期。但是
因爲連連開邊戰爭，過度消耗人力物力，加上「內多欲」，〔註236〕極度奢淫，
好建築，好神仙，惑於方士之言，封泰山，求不死，不僅將漢初六七十年積
蓄的國力，消耗殆盡；並重用張湯、桑弘羊等大臣，想盡各種辦法，開闢財
源：鹽鐵酒酤由政府專賣，實行平準、均輸之法，除徵收田、算、口、獻、
市諸固定稅賦外，〔註237〕尚加收車船稅〔註238〕、貨物稅〔註239〕並租及六畜，

〔註235〕張蔭麟《中國上古史綱》，頁229。
〔註236〕此汲黯評武帝語。見《漢書・張馮汲鄭傳第二十》，卷五十，頁2317。
〔註237〕算賦：《漢書・高帝紀第一上》，漢四年：「八月，初爲算賦。」如淳曰：「《漢
　　　　儀注》，民年五十以上至五十六出賦錢。人百二十爲一算，爲治庫兵出馬。」
　　　　《漢書・惠帝紀第二》，六年冬十月：「女子年十五以上至三十不嫁五算。」
　　　　應劭曰：「《國語》越王勾踐令國中女子年十七不嫁者父母有罪，欲人民繁息
　　　　也。漢律人出一算，算百二十錢，唯賈人與奴婢倍算。」《漢書・嚴朱吾丘主
　　　　父徐嚴終王賈傳第三十四下》：「孝文皇帝，……民賦四十。」如淳曰：「常賦
　　　　歲百二十，歲一事。時天下民多，故出賦四十。」《漢書・武帝紀第六》，建
　　　　元元年詔：「年八十賦二算。」元封元年，「所巡行至，……縣無出今年算。」
口賦：《漢書・昭帝紀第七》，元鳳四年春正月，「毋收四年、五年口賦。」如淳曰：「《漢
　　　　儀注》，民年七歲至十四出口賦錢，人二十三，二十錢以食天子，其三錢者，
　　　　武帝加口錢，以補車騎馬。」

〔註240〕行告緡，〔註241〕准許人民納錢買官爵或贖罪。〔註242〕雖然，其中的經濟措施，在當時也收到一些積極的作用，〔註243〕所謂「縣官以鹽鐵緡錢之故，用少饒」，〔註244〕「民不益賦，而天下饒用。」〔註245〕的效果。卻隨著邊費的消耗，及各級官吏營私舞弊之下，負面的結果已逐漸顯露。《鹽鐵論·未通》說：

> 往者，軍陣數起，用度不足，以訾徵賦，常取給見民，田家又被其勞，故不齊出於南畝也。大抵逋流，皆在大家，吏正畏憚，不敢篤

〔註238〕《漢書·武帝紀第六》，元光六年「冬，出算商車。」李奇曰：「始稅商賈車船，令出算。」《漢書·食貨志第四下》，武帝時公卿言：「非吏比者、三老、北邊騎士，軺車一算；商賈人軺車二算；船五丈以上一算。匿不自占，占不悉，戍邊一歲，沒入緡錢。有能告者，以其半畀之。」《漢書·西域傳第六十六下》贊：「孝武之世，…算至車船。」

〔註239〕《漢書·食貨志第四下》，武帝時公卿言：「異時算軺車賈人之緡錢皆有差，請算如故。諸賈人末作貰貸賣買，居邑貯積諸物，及商以取利者，雖無市籍，各以其物自占，率緡錢二千而算一。諸作有租及鑄，率緡錢四千算一。」

〔註240〕《漢書·西域傳第六十六下》贊：「孝武之世，…算至車船。」《漢書·昭帝紀第七》元鳳二年詔：「令郡國無斂今年馬口錢。」文穎曰：「往時有馬口出斂錢，今省。」如淳曰：「所謂租及六畜也。」

〔註241〕《史記·平準書》：「郡國頗被菑害，貧民無產業者，募徙廣饒之地。陛下損膳省用，出禁錢以振元元，寬貸賦，而民不齊出於南畝，商賈滋。貧者畜積無有，皆仰縣官。異時算軺車賈人緡錢皆有差，請算如故。諸賈人末作貰貸賣買，居邑稽諸物，及商以取利者，雖無市籍，各以其物自占，率緡錢二千而一算。諸作有租及鑄，率緡錢四千一算。非吏比者三老、北邊騎士，軺車以一算；商賈人軺車二算；船五丈以上一算。匿不自占，占不悉，戍邊一歲，沒入緡錢。有能告者，以其半畀之。賈人有市籍者，及其家屬，皆無得籍名田，以便農。敢犯令，沒入田僮。」

〔註242〕《史記·平準書》：「明年，（元朔六年）大將軍將六將軍仍再出擊胡，得首虜萬九千級。捕斬首虜之士受賜黃金二十餘萬斤，虜數萬人皆得厚賞，衣食仰給縣官；而漢軍之士馬死者十餘萬，兵甲之財轉漕之費不與焉。於是大農陳藏錢經耗，賦稅既竭，猶不足以奉戰士。有司言：『天子曰：『朕聞五帝之教不相復而治，禹湯之法不同道而王，所由殊路，而建德一也。北邊未安，朕甚悼之。日者，大將軍攻匈奴，斬首虜萬九千級，留蹛無所食。議令民得買爵及贖禁錮免減罪』。請置賞官，命曰武功爵。級十七萬，凡直三十餘萬金。諸買武功爵官首者試補吏，先除；千夫如五大夫；其有罪又減二等；爵得至樂卿：以顯軍功。」

〔註243〕爲應付武帝龐大的經費需求，乃有桑弘羊等之財經政策，許多項目初設之意並非不善，如均輸、平準即是。關於武帝財經政策設置之意，可參徐復觀《兩漢思想史卷三》，頁132～155。

〔註244〕《漢書·食貨志第四下》，卷二十四下，頁1170。

〔註245〕《漢書·食貨志第四下》，卷二十四下，頁1175。

責，刻急細民，細民不堪，流亡遠去；中家爲之絕出，後亡者爲先
亡者服事；錄民數創於惡吏，故相傚傚，去尤甚而就少愈者多。《傳》
曰：「政寬者民死之，政急者父子離。」是以田地日荒，城郭空虛。
〔註246〕

百姓因不堪沉重的賦稅，紛紛選擇流亡他鄉，間接的也影響農地耕種，形成
嚴重的社會問題。

當時有識之士，如董仲舒就曾提出：

限民名田，以澹不足，塞幷兼之路；鹽鐵皆歸於民；去奴婢，除專
殺之威；薄賦斂，省徭役，以寬民力，然後可以善治。〔註247〕

以切言直諫而聞名的黃老人物汲黯，也對武帝大事四夷深感不滿，常言與匈奴
和親，反對爲利和行忿而戰，建議在戰爭中得到的奴婢「賜從軍死事家；所擄
獲，因與之，以謝天下之苦，塞百姓之心。」〔註248〕惜未能受用。到了晚年，
社會疲態更是加劇，「武帝雖有攘四夷廣土斥境之功。然多殺士眾，竭民財力，
奢泰毋度，天下虛耗，百姓流離，物故者半。蝗蟲大起，赤地數千里，或人民
相食。」〔註249〕「奢侈餘敝師旅之後，海內虛耗，戶口減半」。〔註250〕僅元封
四年（公元前107年），關東流民就達二百萬，無戶籍者四十萬。〔註251〕因社
會危機加劇，民困無聊，武帝後期人民動亂四起，「南陽有梅免、百政，楚有段
中、杜少，齊有徐勃，燕趙之間有堅盧、范主之屬。大群至數千人，擅自號，
攻城邑，取庫兵，釋死罪，縛辱郡守都尉，殺二千石，爲檄告縣趣具食；小群
以百數，掠鹵鄉里者不可稱數。」〔註252〕武帝對此局面深感不忍與懊悔，主父
偃說：「務戰勝，窮武事，未有不悔者。」〔註253〕知道過去的政策已不再適用，
於是逐步反省勞民與多欲帶來的後果。

武帝於征和二年（公元前91年）曾對衛青說：

國家庶事草創，加四夷侵凌中國，朕不變更制度，後世無法；不出
師征伐，天下不安，爲此者不得不勞民。若後世又如朕所爲，是襲

〔註246〕《鹽鐵論校注》，卷三，頁191～192。
〔註247〕《漢書‧食貨志第四上》，卷二十四上，頁1137。
〔註248〕《史記‧汲鄭列傳第六十》，卷一百二十，頁3109。
〔註249〕《漢書‧圭兩夏侯京翼李傳第四十五》，卷七十五，頁3156。
〔註250〕《漢書‧昭帝紀第七》，卷七，頁233。
〔註251〕《漢書‧萬石衛直周張傳第十六》，卷四十六，頁2197。
〔註252〕《漢書‧酷吏傳第六十》，卷九十，頁3662。
〔註253〕《後漢書‧烏桓鮮卑列傳第八十》，卷九十，頁2991。

亡秦之跡也。〔註254〕

武帝時，經過漢初七十年的休養生息，國勢已盛，可為開疆拓土之資，報白登求親之辱，但他也認識到連年開邊，勞民至極，則又重蹈秦朝滅亡之路。據一九七七年發現的梭形觚上武帝臨終遺詔一文，告誡皇太子要記取秦二世胡亥的教訓，囑咐嗣主「善遇百姓，賦斂以理」，也與對衛青之言一致。〔註255〕同時，對自己多欲也持後悔的態度。武帝曾在宣室宴請竇太主、董偃。董偃幸於竇太主。東方朔諫武帝，說董偃以「靡麗為右，奢侈為務，盡狗馬之樂，極耳目之欲，行邪枉之道，徑淫辟之路，是乃國家之大賊，人主之大蝨。」認為武帝不應過度奢華浪費，況且「宣室者，先帝之正處也，非法度之政不得入焉。」武帝沉默許久，說「吾業已設飲，後而自改。」於是「更置酒北宮」，〔註256〕從此看出武帝晚年確實有所轉變。另一件事則是征和元年（公元前92年）趙敬肅王彭祖死，武帝選立趙嗣君，淖子「為人多欲」，武帝說：「多欲不宜君國子民。」乃立「無咎無譽」的武始侯昌。〔註257〕這表示，武帝晚年已開始轉向漢初清簡寡欲的黃老政治。

武帝在征和四年（前89）三月，曾說：「朕即位以來，所為狂悖，使天下愁苦，不可追悔。自今事有傷害百姓、靡費天下者，悉罷之。」〔註258〕為「罪己」的開端。是年六月，頒布了輪臺罪己之詔。詔中除了罪己之外，最令人注意的是指責桑弘羊「請遠田輪臺，欲起亭隧」的主張「是擾勞天下，非所以優民」。清楚表示，「當今務在禁苛暴，止擅賦，力本農，脩馬復令，以補缺，毋乏武備而已。」「以明休息，思富養民。」〔註259〕說明了用兵頻繁，民力與國力已不能承受，為今之計，當與民休息，輕徭薄賦，鼓勵農業生產，以求富替代求強，於是黃老思想再次浮上政治舞台。

輪臺之詔公佈後，武帝即著手進行實施。任命丞相田（車）千秋為富民侯，並下詔說：「方今之務，在於力農。」〔註260〕將富民的重點放在農業生產

〔註254〕《資治通鑑》，卷二十二，《漢紀》十四，頁726。

〔註255〕原釋文刊載於《漢簡研究文集‧玉門花海漢代烽燧遺址出土的簡牘》，甘肅省人民出版社。此據田餘慶《秦漢魏晉史探微‧論輪台詔》一文引，頁57～58，北京：中華書局，1993年11月第一版。

〔註256〕《漢書‧東方朔傳第三十五》，卷六十五，頁2856。

〔註257〕《漢書‧景十三王傳第二十三》，卷五十三，頁2421。

〔註258〕《資治通鑑》，卷二十二，《漢紀》十四，頁738。

〔註259〕《漢書‧西域傳第六十六下》，卷九十六下，頁3914。

〔註260〕《漢書‧食貨志第四上》，卷二十四上，頁1138。

上。田千秋不負所望，忠實執行此項政策，取得有效的成果。

另一方面，田千秋看到「連年治太子獄，誅罰尤多，群下恐懼，思欲寬廣上意，尉安眾庶。乃與御史、二千石共上壽頌德美，勸上施恩，緩刑罰」，〔註261〕緩和武帝所行的苛暴。眾所週知，漢初蕭何作《九章律》，構成漢律的骨幹，叔孫通又就《九章律》所不及者，加以補充，制定傍章十八篇。至武帝時，由張湯制定越宮律二十七篇，趙禹制定朝律六篇，隨著情勢的發展變化，又在漢律之外，頒布了許多法規，補其不足。《魏書‧刑罰志》說：「孝武世以姦宄滋甚，增律五十餘篇」。〔註262〕

從高祖到漢武之世，律令由簡而繁，由鬆趨緊，專以刑懸人，尤其武帝時期，臻於鼎峰。《漢書‧刑法志》說：

> 孝武即位，外事四夷之功，內盛耳目之好，徵發煩數，百姓貧耗，窮民犯法，酷吏擊斷，姦軌不勝。於是招進張湯、趙禹之屬，條定法令，作見知故縱、監臨部主之法，緩深故之罪，急縱出之誅。其後姦猾巧法，轉相比況，禁罔寖密。律令凡三百五十九章，大辟四百九條，千八百八十二事，死罪決事比萬三千四百七十二事。文書盈於几閣，典者不能盡睹。是以郡國承用者駮，或罪同而論異。姦吏因緣為市，所欲活則傅生議，所欲陷則予死比，議者咸冤傷之。〔註263〕

文網繁密，律令盈閣，動輒得咎，民窮易於試法，胥吏則尋端治之，以峻文決理，刻深為能。如顏異對漢武帝與張湯「造白鹿皮幣」這類欺民之舉有異議，竟以「腹誹」之罪論死；〔註264〕又如中尉王溫舒坐為姦利，罪當族，自殺；時兩弟及兩婚家，亦各自坐它罪而族，光祿勳徐自為感嘆說：

> 古有三族，而王溫舒罪至同時而五族。〔註265〕

可謂自古罕見。淮南、衡山、江都王謀反，竟其黨羽，坐死者數萬人。〔註266〕至巫蠱之禍，連誅三萬餘人，最能見出武帝為政之酷。趙翼論武帝時刑罰之

〔註261〕《漢書‧公孫劉田王楊蔡陳鄭傳第三十八》，卷六十六，頁2884～2885。
〔註262〕魏收《魏書》，卷一百一十一，頁2872，北京：中華書局，1997年3月第六刷。
〔註263〕卷二十三，頁1101。
〔註264〕《漢書‧食貨志第四下》，卷二十四下，頁1168。
〔註265〕《漢書‧酷吏傳第六十》，卷九十，頁3658。
〔註266〕《漢書‧食貨志第四下》，卷二十四下，頁1160。

濫說：

> 武帝時，詔獄益多，二千石繫廷尉者，不下百餘人，其他讞案，一
> 歲至千餘章。大者連逮證案數百人，小者數十人，遠者數千里，近
> 者數百里。既到獄，吏責如章告不服，則笞掠定之，於是皆亡匿。
> 獄久者，至更數赦，十餘歲猶相告言，大抵詆以不道，以上廷尉。
> 及中都詔獄，逮至六、七萬人。吏所增加，又十有餘萬。是可見當
> 日刑獄之濫也。民生之于是時，何不幸哉！〔註267〕

武帝頒布輪臺之詔，二年後即崩逝，但這個方向，由昭、宣二帝奉行，
成為當時的政治指導。昭、宣之時，霍光輔政，秉持武帝遺訓，推行孝文的
政治，與民休息，示天下以儉約。《漢書·杜周傳》說：

> （杜延年）見國家承武帝奢侈師旅之後，數為大將軍光言：『年歲比
> 不登，流民未盡還，宜修孝文時政，示以簡約寬和，順天心，悅民
> 意，年歲宜應。』光納其言。〔註268〕

《漢書·昭帝紀·贊》也說：

> （孝昭）承孝武奢侈餘敝師旅之後，海內虛耗，戶口減半，光知時
> 務之要，輕繇薄賦，與民休息。〔註269〕

可知昭、宣二朝又回到漢初黃老之治的政策，其中主要著重在經濟面，罷鹽
鐵酒榷專賣，為第一項重要的措施。

昭帝始元五年（公元前 82 年），霍光據杜延年的建議，發布舉賢良的詔
書。隔年，霍光召集御史大夫桑弘羊、丞相車千秋，及所舉的文學賢良六十
餘人於朝廷，召開鹽鐵會議。討論鹽鐵官營、均輸平準、酒類專賣等增殖國
家財源等政策是否得當。最後作成「罷鹽鐵榷酤」決議。應劭說：

> 武帝時，以國用不足，縣官悉自賣鹽鐵，酤酒。昭帝務本抑末，不
> 與天下爭利，故罷之。〔註270〕

司馬遷曾說：

> 人各任其能，竭其力，以得所欲。故物賤之徵貴，貴之徵賤，各勸
> 其業，樂其事，若水之趨下，日夜無休時，不召而自來，不求而民

〔註267〕《二十二史劄記及補編》，卷三，「武帝時刑罰之濫」條，頁56，台北：鼎文
書局據趙氏湛貽堂原刻本斷句排印本，1975年3月初版。
〔註268〕卷六十，頁2664。
〔註269〕《漢書·昭帝紀第七》，卷七，頁233。
〔註270〕卷七，頁223。

出之。〔註271〕

認爲社會經濟運行不需要任何政治命令、法律措施干預，讓人們自由遂行所願之經濟活動，就會實現社會經濟的最佳運轉。並將國家對待經濟活動採取的方法總結爲：

善者因之，其次利道之，其次教誨之，其次整齊之，最下者與之爭。

〔註272〕

善者因之乃是聽任私人進行經濟活動，爲國家實行的最好的經濟政策，最劣之策即由國家從事經濟活動，與民爭利。武帝諸多政策，建立在干預的基礎上，避免不了如司馬遷所言與民爭利所帶來的負面影響。

漢初鹽鐵開放民間經營，至武帝元狩五年（公元前118年）始行國營專賣之制。其原因是大出擊胡，賞賜轉漕車甲之費不貲，得勝歸來，將士賞賜凡百餘萬，「而胡降者數萬人皆得厚賞，衣食仰給縣官，縣官不給，天子乃捐膳，解乘輿駟，出御府禁藏以澹之。」〔註273〕桑弘羊說實施這些政策的目的是「邊用度不足，故興鹽鐵，設酒榷，置均輸，蕃貨長財，以佐助邊費。」〔註274〕又逢水災賑貧，以致財庫匱乏，而鹽鐵富豪，趁機得利，不顧國家之急。《漢書‧食貨志》說：

山東被水災，民多飢乏，於是天子遣使虛郡國倉廩以振貧。猶不足，又募豪富人相假貸。尚不能相救，乃徙貧民於關以西，及充朔方以南新秦中，七十餘萬口，衣食皆仰給於縣官。數歲，貸與產業，使者分部護，冠蓋相望，費以億計，縣官大空。而富商賈或墆財役貧，轉轂百數，廢居居邑，封君皆氐首仰給焉。冶鑄鬻鹽，財或累萬金，而不佐公家之急，黎民重困。〔註275〕

於是以東郭咸陽、孔僅爲大農丞，領鹽鐵事。孔僅、咸陽說：

願募民自給費，因官器作煮鹽，官與牢盆。浮食奇民欲擅幹山海之貨，以致富羨，役利細民。其沮事之議，不可勝聽。敢私鑄鐵器鬻鹽者，釱左趾，沒入其器物。郡不出鐵者，置小鐵官，使屬在所縣。

〔註276〕

〔註271〕《史記‧貨殖列傳第六十九》，卷一百二十九，頁3254。
〔註272〕《史記‧貨殖列傳第六十九》，卷一百二十九，頁3253。
〔註273〕《漢書‧食貨志第四下》，卷二十四下，頁1161～1162
〔註274〕《鹽鐵論校注‧本議第一》，卷一，頁2
〔註275〕《漢書‧食貨志第四下》，卷二十四下，頁1162。
〔註276〕《漢書‧食貨志第四下》，卷二十四下，頁1165～1166。

至元封元年（公元前 110 年），桑弘羊爲治粟都尉，領大農，管天下鹽鐵。

本來鹽鐵國家專賣，得稅收巨利，又可防豪民巨室之專擅，所謂「非獨爲利入也」，也是「建本抑末，離朋黨，禁淫侈，絕兼併之路」，〔註277〕「排富賈大商」〔註278〕的措施，實爲良法。然此舉雖善，各地官吏奉行不臧，卜式已言縣官作鹽鐵，鐵器苦惡，賣貴，或強民買之。〔註279〕昭帝時賢良文學之對，言其弊尤深切。《鹽鐵論·水旱》：

> 農，天下之大業也，鐵器，民之大用也。器用便利，則用力少而得作多，農夫樂事勸功。用不具，則田疇荒，穀不殖，用力鮮，功自半。器便與不便，其功相什而倍也。縣官鼓鑄鐵器，大抵多爲大器，務應員程，不給民用。民用鈍弊，割草不痛，是以農夫作劇，得獲者少，百姓苦之矣。〔註280〕

又論官私營業，優劣相懸：

> 民得占租鼓鑄、煮鹽之時，鹽與五穀同賈，器和利而中用。今縣官作鐵器，多苦惡，用費不省，卒徒煩而力作不盡。家人相一，父子戮力，各務爲善器，器不善者不集。農事急，輓運衍之阡陌之間。民相與市買，得以財貨五穀新幣易貨；或時貰民，不棄作業。置田器，各得所欲。更繇省約，縣官以徒復作，繕治道橋，諸發民便之。今總其原，壹其賈，器多堅硻，善惡無所擇。吏數不在，器難得。家人不能多儲，多儲則鏽生。棄膏腴之日，遠市田器，則後良時。
> 鹽、鐵賈貴，百姓不便。貧民或木耕手耨，土耰淡食。〔註281〕

專賣並未使一般百姓得利，卻成爲人民疾苦的來源。班固說天下行鹽鐵，以鹽鐵家富者爲吏，吏益多賈人，〔註282〕反而使富商權力更加膨脹。〔註283〕

至於酒榷專賣，《漢書·武帝紀》言天漢三年（公元前 98 年），「初榷酒酤。」〔註284〕而《鹽鐵論·輕重》說：

〔註277〕《鹽鐵論校注·復古第六》，卷一，頁 78。
〔註278〕《鹽鐵論校注·輕重第十四》，卷三，頁 179。
〔註279〕《漢書·食貨志第四下》，卷二十四下，頁 1173。
〔註280〕《鹽鐵論校注·水旱第三十六》，卷六，頁 429。
〔註281〕《鹽鐵論校注·水旱第三十六》，卷六，頁 430。
〔註282〕《漢書·食貨志第四下》，卷二十四下，頁 1166。
〔註283〕昭帝時，雖議論停止鹽鐵專賣，卻未廢止鹽鐵的專賣，至元帝時始罷鹽、鐵官，以示不與民爭利，爲因國用不足，不久又行恢復。
〔註284〕卷六，頁 204。

大夫君以心計策國用，構諸侯，參以酒榷。〔註285〕

知酒榷亦為桑弘羊所建。酒榷在當時最為利薄。但適足已造成擾民。故昭帝始元六年（公元前 81 年）同鹽鐵專賣一併蠲除。焦竑《焦氏筆乘續集》卷四說：

> 漢天漢三年，初榷酒酤。韋昭曰：以木渡水曰榷。謂禁民酤官開置如道路設木為榷，獨取利也。《說文》，榷，水上橫木，所以渡者。《爾雅》謂之石杠，亦曰略勺。蓋酒確之法，作俑於漢，迄於宋元不改。當時之議，謂榷酒則利在官吏，而百姓蒙其害，稅酒則利在百姓，而官吏有不便。其初改榷時，至謂投醪江流，見者撫膺，椎罌破甀，在在嗟怨。刮馬供磨，騷及編氓，伐木為薪，至空嶽麓，且倡優當壚，嘈雜郡齋，糟糠委豕，充斥後圍。凡酒家一孔之利，鉤抉靡遺，酒貴米賤，既相遼絕，重法以禁，不為衰止，搜羅之卒，旁午遠道，連坐之人填溢狴圄。甚至中下之家，閱月逾時，不知酒味，小有釁嫌，動相誣訐。龜山先生言，所在官吏，遂張樂集伎，以來小民，政之不美，未有甚於此也。〔註286〕

再者，逐步減免租稅賦役，減輕百姓負擔，安定人民生活。遇有天旱水潦，即時賑濟災民，或貸給種子、糧食、土地、或貸給錢、農具或耕牛，幫助災民恢復生產，藉以保證農業生產的正常進行。

昭帝始元二年（公元前 87 年）三月，災害頻傳，收成不好，派遣使者賑貸貧民無種食者，秋八月又下令「所振貸種、食勿收責，毋令民出今年田租。」〔註287〕始元四年（公元前 85 年），年歲不豐，流民未盡還，「令民共出馬，其止勿出。諸給中都官者，且減之。」〔註288〕始元六年（公元前 81 年），「令民得以律占租」，顏師古說：「占謂自隱度其實，定其辭也。」「蓋武帝時賦斂繁多，律外而取，今始復舊。」〔註289〕意即廢除法令外的刻捐雜稅，一切按規定收租。元鳳二年（公元前 79 年），「頗省乘輿馬及苑馬，以補邊郡三輔傳馬。」「郡國無斂今年馬口錢。」〔註290〕元鳳三年（公元前 78 年），開放中牟苑，

〔註285〕《鹽鐵論校注・輕重第十四》，卷三，頁 179。
〔註286〕焦竑《焦氏筆乘續集》，卷四，頁 229，台北：臺灣商務印書館，1983 年 6 月臺二版。
〔註287〕《漢書・昭帝紀第七》，卷七，頁 220。
〔註288〕《漢書・昭帝紀第七》，卷七，頁 221。
〔註289〕《漢書・昭帝紀第七》，卷七，頁 224。
〔註290〕《漢書・昭帝紀第七》，卷七，頁 228。

貧民得以開墾就食。並遣使者救濟困乏，下令「三年以前所賑貸，非丞相御史所請，邊郡受牛者勿收責。」〔註291〕元鳳四年（公元前 77 年），下令三年以前人民所欠更賦全部免除勿收，又「毋收四年、五年口賦。」〔註292〕元平元年（公元前 74 年），下詔曰：「天下以農桑為本。日者省用，罷不急官，減外繇，耕桑者益，而百姓未能家給，朕甚愍焉。其減口賦錢。」有司奏請減什三，上許之。〔註293〕

宣帝本始元年（公元前 73 年），免除當年租稅。本始三年（公元前 71 年）因為大旱，郡國傷旱嚴重的，民毋出租賦。三輔民就賤者，且毋收事，盡四年。〔註294〕本始四年（公元前 70 年），年歲不登，遣使者振貸困乏。其令太官損膳省宰，樂府減樂人，使歸就農業。丞相以下至都官令丞上書入穀，輸長安倉，助貸貧民。民以車船載穀入關者，得毋用傳。又「郡國四十九地震，或山崩水出。」下詔受地震嚴重破壞的，免除租賦。〔註295〕地節四年（公元前 66 年），郡國頗被水災，已振貸。鹽，民之食，而賈咸貴，眾庶重困。其減天下鹽賈。」〔註296〕元康元年（公元前 65 年），詔曰：所振貸勿收。」〔註297〕五鳳三年（公元前 55 年），減天下口錢。〔註298〕甘露二年（公元前 52 年），減民算三十。〔註299〕甘露三年（公元前 51 年），毋出今年租。〔註300〕

當然，這些措施，兩漢各朝或多或少實施著。但相對於武帝而言確實減輕了不少負擔。如昭帝始元二年（公元前 87 年）免除全國的田租，這是自文帝十三年（公元前 167 年）以後的第一次，尤其宣帝時減免「田租」或「租賦」有六次，是西漢王朝各代皇帝最多的，〔註301〕幾不讓於文帝之美名。

對於影響生產甚鉅的繇役，在邊境減少用兵之後，也逐一減輕。武帝時

〔註291〕《漢書・昭帝紀第七》，卷七，頁 229。
〔註292〕《漢書・昭帝紀第七》，卷七，頁 229。
〔註293〕《漢書・昭帝紀第七》，卷七，頁 232。
〔註294〕《漢書・宣帝紀第八》，卷八，頁 244。
〔註295〕《漢書・宣帝紀第八》，卷八，頁 245。
〔註296〕《漢書・宣帝紀第八》，卷八，頁 252。
〔註297〕《漢書・宣帝紀第八》，卷八，頁 254。
〔註298〕《漢書・宣帝紀第八》，卷八，頁 267。
〔註299〕《漢書・宣帝紀第八》，卷八，頁 269。
〔註300〕《漢書・宣帝紀第八》，卷八，頁 272。
〔註301〕林劍鳴《秦漢史》，頁 490，上海人民出版社，1991 年 9 月第二刷。

期，繇役爲百姓沉重的負擔。《鹽鐵論》說：

> 今中國爲一統，而方內不安，徭役遠而內外煩也。古者，無過年之徭，
> 無逾時之役。今近者數千里，遠者過萬里，歷二期。長子不還，父母
> 愁憂，妻子詠歎。憤懣之恨發動於心；思慕之積痛於骨髓。〔註302〕

如〈備胡〉、〈執務〉、〈輕重〉等篇，都再三申說徭役的苦重。昭帝始元六年（公元前 81 年），減少漕運三百萬石；〔註303〕元鳳三年（公元前 78 年），民被水災，下詔減省四年轉漕。〔註304〕宣帝地節三年（公元前 67 年）冬十月，詔曰：

> 乃者九月壬申地震，朕甚懼焉。有能箴朕過失，及賢良方正直言極
> 諫之士以匡朕之不逮，毋諱有司。朕既不德，不能附遠，是以邊境
> 屯戍未息。今復飭兵重屯，久勞百姓，非所以綏天下也。其罷車騎
> 將軍、右將軍屯兵。〔註305〕

地節四年（公元前 66 年）春二月詔曰：

> 自今諸有大父母，父母喪者勿繇事，使得收斂送終，盡其子道。〔註306〕

五鳳四年（公元前 54 年）春正月，以邊塞亡寇，減戍卒什二。同年，大司農中丞耿壽昌建議於邊郡設立常平倉，屯糧以給北邊，因而減少漕轉之役費。〔註307〕五鳳中，耿壽昌認爲每年漕運關東穀四百萬斛以給京師，需費六萬人。他建議在弘農、河東、上黨、太原郡糴穀入京師，可省關東漕卒過半，宣帝納其言，漕事果便，大省徭役。〔註308〕

　　爲了改進武帝苛刻之政，穩定民心，昭、宣時期，特別留意執法公正，獄刑清平，以寬簡精神，達到休養生息的目的。昭帝就位伊始，即遣故廷尉王平等五人持節行郡國，舉賢良，問民所疾苦、冤、失職者。〔註309〕始元四年（公元前 83 年），詔令辭訟在後二年前，皆勿聽治。〔註310〕至宣帝時，更注重吏治，曾多次下詔要求官吏不得營私煩擾，並嚴格考課吏員執行情形。

〔註302〕《鹽鐵論校注・繇役第四十九》，卷九，頁 520。
〔註303〕《漢書・昭帝紀第七》，卷七，頁 228。
〔註304〕《漢書・昭帝紀第七》，卷七，頁 229。
〔註305〕《漢書・宣帝紀第八》，卷八，頁 249。
〔註306〕《漢書・宣帝紀第八》，卷八，頁 250～251。
〔註307〕《漢書・宣帝紀第八》，卷八，頁 268。
〔註308〕《漢書・食貨志第四上》，卷二十四上，頁 1141。
〔註309〕《漢書・昭帝紀第七》，卷七，頁 220。
〔註310〕《漢書・昭帝紀第七》，卷七，頁 221。

如地節四年（公元前 66 年）見「繫者或以掠辜若飢寒瘐死獄中」，用刑甚疾，深感哀痛，「其令郡國歲上繫囚以掠笞若瘐死者所坐名、縣、爵、里，丞相御史課殿最以聞。」〔註311〕元康二年（公元前 64 年），下詔二千石各察官屬，有「用法或持巧心，析律貳端，深淺不平，增辭飾非，以成其罪」者不用，強調「吏務平法」，對於「擅興繇役，飾廚傳，稱過使客，越職踰法，以取名譽」的，要嚴加督責。〔註312〕五鳳二年（公元前 56 年）、四年（公元前 54 年）又重申「勿行苛政」，並「察擅爲苛禁深刻不改者。」〔註313〕又擔心吏員因俸祿微薄，起侵漁百姓之心，治道敗壞，神爵三年（公元前 59 年）詔令說：「其益吏百石以下奉十五。」〔註314〕即使如此，仍有不如意之處，於是黃龍元年（公元前 49 年）下詔說：

> 吏或以不禁姦邪爲寬大，或以酷惡爲賢，皆失其中，奉詔宣化如此，豈不謬哉！方今天下少事，繇役省減，兵革不動，而民多貧，盜賊不止，其咎安在？上計簿，具文而已，務爲欺謾，以避其課。三公不以爲意，朕將何任？諸請詔省卒徒自給者皆止。御史察計簿，疑非實者，按之，使眞僞毋相亂。〔註315〕

同年（公元前 49 年），又強調「舉廉吏，誠欲得其眞」，務求眞實，不得虛僞做假。〔註316〕綜觀昭、宣帝二朝，總在避免苛禁深刻，隨時告誡官吏不得爲非，行清廉平明之政。尤其宣帝之時，史稱「信賞必罰，綜核名實，政事文學法理之士咸精其能」，〔註317〕「用吏多選賢良，百姓安土，歲數豐壤」。〔註318〕以法爲符，綜核名實爲黃老思想重要內容之一。

　　漢宣帝曾說王霸道相雜的治國方式，此最能代表武帝晚年、昭、宣二朝的政治型態。漢人眼中的王霸道觀念，緣於西漢建國之初，因秦王朝推行極端法治主義而導致迅速滅亡的教訓，使漢初統治者不得不改變統治策略，開始把視野轉向了黃老，假黃老之術進行統治。漢高祖劉邦完全接受陸賈提出的逆取順守、文武並用的建議，即標誌著漢初統治者從黃老之學中吸取治國

〔註311〕《漢書·宣帝紀第八》，卷八，頁 252～253。
〔註312〕《漢書·宣帝紀第八》，卷八，頁 256。
〔註313〕《漢書·宣帝紀第八》，卷八，頁 265，268。
〔註314〕《漢書·宣帝紀第八》，卷八，頁 263。
〔註315〕《漢書·宣帝紀第八》，卷八，頁 273～274。
〔註316〕《漢書·宣帝紀第八》，卷八，頁 274。
〔註317〕《漢書·宣帝紀第八》，卷八，頁 275。
〔註318〕《漢書·食貨志第四上》，卷二十四上，頁 1141。

安民的思想。漢武帝對這點也很清楚，過度耗損民力，專任刑罰，亡秦殷鑑不遠，需配合文治順守，與民休息，才是爲政之方。尤其師旅之後，刑雖不可缺，當以緩爲要。漢宣帝這裡所說的霸王道雜之的思想，也就是漢初黃老之學提倡的文武並用、刑德兼行的統治方術。〔註319〕其具體表現在施政的緩急，用法的寬嚴，賦斂的輕重，而特別以緩、寬、輕爲指導，從上述諸多措施來看，確實如此。又如昭帝時的重臣除霍光以外要算張安世和杜延年，而他們分別是張湯與杜周之子，二人以酷吏之子而皆成爲重要守文之臣，也與當時有密切關係。總而言之，我們可以說，秦弊之後有文、景之治，孝武之後有昭、宣中興，實有賴於黃老之功。

三、東漢初，光武時期

再一次黃老思想運用在政治上，則是在東漢光武之時。

西漢後期，土地兼併，奴婢激增，統治階級奢侈腐化，賦稅、繇役越見繁重，刑罰也越繁苛，人民陷於水火。哀帝時諫大夫鮑宣說：

> 民有七亡而無一得，欲望國安，誠難。民有七死而無一生，欲望刑措，誠難。……今貧民菜食不厭，衣又穿空，父子夫婦不能相保，誠可謂酸鼻。〔註320〕

王莽篡漢，袍笏登場，本可改善這樣情形，但他急於求成，倉皇更張，又匪能因時而作，泥古不化，致而政令扞格不行，造成人民更深的悲痛。王莽「好空言，慕古法」，〔註321〕認爲「制定則天下自平」。〔註322〕何以制定則天下自平呢？此源於儒家今文經學倡導王朝受命於天，朝代更替是天命變更的結果，新王朝須行改制以明受命。在王莽看來，改制既屬受命於天，改制越多，越頻繁，受命於天則越明顯，既可肯定王朝的正當性，也能使百姓更服從統治而不敢有異心。

於是在短短十餘年間，進行一連串改革。將土地收歸國有，名曰王田，不許私人買賣，行井田之制，土地重新分配，無田者國家由配給，佔田過分者，餘給宗族鄉鄰。禁止奴婢自由買賣，改爲私屬。《漢書·王莽傳第六十九

〔註319〕此參丁原明〈楚學與漢初黃老之學〉，《文史哲》1992年第4期。
〔註320〕《漢書·王貢兩龔鮑傳第四十二》，卷七十二，頁3088。
〔註321〕《漢書·王莽傳第六十九下》，卷九十九下，頁4150。
〔註322〕《漢書·王莽傳第六十九中》，卷九十九中，頁4140。

中》記載始建國元年（公元 9 年）四月王莽下詔說：

> 古者，設廬井八家，一夫一婦田百畝，什一而稅，則國給民富而頌聲作。此唐虞之道，三代所遵行也。秦為無道，厚賦稅以自供奉，罷民力以極欲，壞聖制，廢井田，是以兼并起，貪鄙生，強者規田以千數，弱者曾無立錐之居。又置奴婢之市，與牛馬同蘭，制於民臣，顓斷其命。姦虐之人因緣為利，至略賣人妻子，逆天心，誖人倫，繆於『天地之性人為貴』之義。書曰『予則奴戮女』，唯不用命者，然後被此辜矣。漢氏減輕田租，三十而稅一，常有更賦，罷癃咸出，而豪民侵陵，分田劫假。厥名三十稅一，實什稅五也。父子夫婦終年耕芸，所得不足以自存。故富者犬馬餘菽粟，驕而為邪；貧者不厭糟糠，窮而為姦。俱陷于辜，刑用不錯。予前在大麓，始令天下公田口井，時則有嘉禾之祥，遭反虜逆賊且止。今更名天下田曰『王田』，奴婢曰『私屬』，皆不得賣買。其男口不盈八，而田過一井者，分餘田予九族鄰里鄉黨。故無田，今當受田者，如制度。敢有非井田聖制，無法惑者，投諸四裔，以禦魑魅，如皇始祖考虞帝故事。〔註323〕

行六筦政策，將鹽、酒、鐵、名山大澤、錢布銅冶，統由國家經營，另設政府放款、平衡物價之法，徵工商之貢稅，荒地與遊民稅之五均賒貸。〔註324〕又策命群司，改變官制，置九卿，二十七大夫，八十一元士，〔註325〕依周官王制，悉更官名，分州郡。其後歲復變更，一郡至五易名，而復還復其故。〔註326〕定諸侯王號皆稱公，四夷僭號稱王者皆更為侯。〔註327〕改匈奴為降奴，單于為服于。〔註328〕又居攝前更改自孝武元狩五年（公元前 118 年）所行之五銖錢，造大錢契刀、錯刀，與五銖四品並行。〔註329〕建國後始建國元年（公元 9 年）罷

〔註323〕《漢書・王莽傳第六十九中》，卷九十九中，頁 4110～4111。
〔註324〕王莽始建國二年（公元 10 年），制定「五均賒貸」和「六筦法」。當時在都城長安的東市、西市設立「市令」；又在洛陽、邯鄲、臨淄、宛、成都五個大都市設立「五均私市師」；各郡縣則設「司市」，這些機構負責市場管理、調節物價，向貧民貸款和徵收稅款，這便是「五均賒貸」。「六筦」指的是官賣鹽、鐵、酒；官府統一籌錢；收取山澤產物的生產稅，加上「五均賒貸」，一共六種政府控制的經濟事業。天鳳四年復明六筦之令。
〔註325〕《漢書・王莽傳第六十九中》，卷九十九中，頁 4103。
〔註326〕《漢書・王莽傳第六十九中》，卷九十九中，頁 4137。
〔註327〕《漢書・王莽傳第六十九中》，卷九十九中，頁 4105。
〔註328〕《漢書・王莽傳第六十九中》，卷九十九中，頁 4121。
〔註329〕《漢書・王莽傳第六十九上》，卷九十九上，頁 4087。

錯刀、契刀五銖錢，更作小錢，直一，與五十者爲二品並行。〔註330〕至始建國二年（公元 10 年），又造寶貨五品。〔註331〕天鳳元年（公元 14 年），又罷大小錢而改作貨布貨泉。〔註332〕

　　土地私有和自由買賣是當時社會矛盾尖銳化的根源，由此造成土地兼併與大批自耕農破產，而產生更多農奴。武帝時的董仲舒，哀帝時的師丹、孔光都因此曾提出限田的主張。王莽對此問題可說有所見。只是土地收歸國有，重新分配，其立意良好，卻並未體察實際情形，就「王田」方案訂定一合理可行的方法。因爲土地私有從秦至西漢，發展已二百餘年，一旦翻然改變，必受絕大的阻力。中郎區博說：

> 井田雖聖王法，其廢久矣。周道既衰，而民不從。秦知順民之心，可以獲大利也，故滅廬井而置阡陌，遂王諸夏，訖今海內未厭其敝。今欲違民心，追復千載絕蹟，雖堯舜復起，而無百年之漸，弗能行也。〔註333〕

儘管雷厲風行，仍無法成功。奴婢問題，其意在保障人權，不僅沒有解決，反而通過繁刻的法令製造了更多奴隸。《漢書・食貨志第四上》：

> 制度又不定，吏緣爲奸，天下警警然，陷刑者眾。〔註334〕

> 農商失業，食貨俱廢，民涕泣於市道。坐賣買田宅奴婢，鑄錢，抵罪者，自諸侯卿大夫至于庶人，抵罪者不可勝數。〔註335〕

因此不過三、四年光景，便收回成命，卻落的大失民心。

　　改革官制，未思由制度本身著手，反而拘泥於形式名目，完全不切實際，自縛手腳。且稱謂一改再改，結果「吏民不能紀。每下詔書，輒繫其故名」，〔註336〕造成不必要的麻煩。

　　五均賒貸意在平抑物價，賑乏救貧，六筦則藉由國家對經濟控制，將工商利潤收歸國家。其初始立意良善，但行者不善，以權謀私，貪贓枉法，他們「乘傳求利，交錯天下，因與郡縣通奸，多張空簿，府藏不實，百姓愈病。」

〔註330〕《漢書・王莽傳第六十九中》，卷九十九中，頁 4129～4130。
〔註331〕《漢書・王莽傳第六十九中》，卷九十九中，頁 4122。
〔註332〕《漢書・食貨志第四下》，卷二十四下，頁 1184。
〔註333〕《漢書・王莽傳第六十九中》，卷九十九中，頁 4109。
〔註334〕卷二十四上，頁 1144。
〔註335〕《漢書・王莽傳第六十九中》，卷九十九中，頁 4112。
〔註336〕《漢書・王莽傳第六十九中》，卷九十九中，頁 4137。

〔註337〕又因法令苛重，每一筭下，「犯者罪致死，吏民抵罪者浸眾」，〔註338〕「民搖手觸禁，不得耕桑，繇役繁劇，而枯旱蝗蟲相因。」〔註339〕「吏用苛暴立威，旁緣莽禁，侵刻小民。富者不得自保，貧者無以自存，起爲盜賊。」〔註340〕

更甚者則是幣制數度更改，造成經濟混亂。《漢書・食貨志第四下》說此舉造成「百姓憒亂，其貨不行。……農商失業，食貨俱廢，民涕泣於市道。」〔註341〕《漢書・王莽傳第六十九下》也說：

> 民犯鑄錢，伍人相坐，沒入爲官奴婢。其男子檻車，兒女徒步，以鐵鎖瑯鐺其頸，傳詣鍾官，以十萬數。到者易其夫婦，愁死者什六七。〔註342〕

王莽破壞與匈奴的關係，導致匈奴連連寇邊，又妄開邊釁，數次戰爭，曾一次調集三十萬眾，十道並出，天下騷動。邊民「流入內郡，爲人奴婢」，〔註343〕或「皆亡出塞，因犯法爲寇」。〔註344〕王夫之說：

> 莽之召亂，自伐匈奴始，欺天罔人，而疲弊中國，禍必於此而發。〔註345〕

王莽之變法改制，不因時宜，不恤民情，用法繁苛，朝令夕改，擾壞甚深，民難適從。此純任理想，一意孤行，雖然勤政，常至燈火達旦，通宵不寐，終以失敗收場。班固稱王莽「不能以無爲」，〔註346〕這眞是一語中的，清楚的道出王莽失敗的原因。王莽承西漢末期衰弊頹廢之時，不圖清靜社會，卻年年改制，歲歲更張，擾的人民不寧。黃老思想強調爲政無爲而無不爲，王莽反其道而行，有爲而強以爲，最後導致社會秩序崩潰，國破身死。

漢光武帝基本完成統一大業之時，所面臨的情勢與西漢初頗爲相似。先有新莽苛政煩擾，後有群雄割據，連連征戰，經濟破壞，人口減少，民生凋

〔註337〕《漢書・食貨志第四下》，卷二十四下，頁1183。
〔註338〕《漢書・王莽傳第六十九下》，卷九十九下，頁4150。
〔註339〕《漢書・食貨志第四下》，卷二十四下，頁1185。
〔註340〕《漢書・食貨志第四下》，卷二十四下，頁1185。
〔註341〕卷二十四下，頁1179。
〔註342〕《漢書・王莽傳第六十九下》，卷九十九下，頁4167。
〔註343〕《漢書・王莽傳第六十九中》，卷九十九中，頁4138。
〔註344〕《漢書・王莽傳第六十九中》，卷九十九中，頁4130。
〔註345〕《讀通鑑論》，卷五，「王莽」二，頁139，台北：里仁書局，1985年2月。
〔註346〕《漢書・食貨志第四下》，卷二十四下，頁1179。

敝，社會急需復原，於是仿效西漢實行休養生息政策。

《後漢書·循吏列傳》說：

> 光武長於民間，頗達情僞。見稼穡艱難，百姓病害，至天下已定，
>
> 務用安靜。解王莽之繁密，還漢世之輕法。〔註347〕

所謂務用安靜，還漢世輕法，即是漢初的無爲政策，政府制定的各種政策與措施，以不擾民和節省民力爲原則。建武十七年（公元 41 年），宴請宗室，他說自己治天下的政策就是「以柔道行之」。〔註348〕光武在酒酣之言，並非隨口信說，而是他總結西漢與新莽的歷史經驗，面對現實所確定的治國方針。王夫之說光武之以柔道治天下，「柔者非弱之謂也，反本自治，順人心以不犯陰陽之忌也。」其意在「以緩制猝，以寬制猛而已。」〔註349〕瞿兌之說光武治國之術，「實采黃老之陰柔。」〔註350〕柔道爲黃老思想的核心，特別適用於馬上得天下之後行之，或用於挽救殘破將墜之局勢，所謂順守、文治之術，這是經過高祖、文帝、景帝，武帝晚年、昭帝、宣帝所形成的治國秘訣。

光武帝以黃老柔道治國，從其爭天下過程中，就已顯現。光武帝一到河北，就釋放囚徒，廢除王莽的苛政，恢復漢朝官制，取得當地的支持。〔註351〕與當時諸軍多遂行殺略不同。馮異說：

> 今諸將皆壯士屈起，多橫暴，獨有劉將軍所到不擄掠。〔註352〕

行王者師，不嗜殺人，即帝位之後，更注重安集百姓，使歸本位，各安其業。建武二年（公元26年），赤眉軍撤離長安，派馮異前往安撫關中，光武交代：

> 三輔遭王莽、更始之亂，重以赤眉、延岑之酷，元元塗炭，無所依
>
> 訴。今之征伐，非必略地屠城，要在平定安集之耳。〔註353〕

征伐戰爭，不一定攻地屠城，要點是安定秩序，招集流散的人口。尤其對小民百姓，遣散歸里，使其安於耕種，不使再次聚集爲姦。

王莽曾問荊州牧費興安集百姓方略，興曰：

〔註347〕卷七十六，頁 2457。
〔註348〕《後漢書·光武帝紀一下》，卷一下，頁 68。
〔註349〕《讀通鑑論》，卷六，「光武」八，頁 155。
〔註350〕《秦漢史纂》，「東漢光武明章之治」，頁 250，台北：鼎文書局，1979 年 2
　　　　月初版。
〔註351〕《後漢書·光武帝紀一上》，卷一上，頁 10。
〔註352〕《後漢書·馮岑賈列傳第七》，卷十七，頁 639。
〔註353〕《後漢書·馮岑賈列傳第七》，卷十七，頁 645。

間者，國張六筦，稅山澤，妨奪民之利，連年久旱，百姓飢窮，故爲盜賊。興到部，欲令明曉告盜賊歸田里，假貸犁牛種食，闊其租賦，幾可以解釋安集。〔註354〕

闊其租賦之法，實爲黃老拯弊圖存良方，可惜王莽未悟其道，但光武則深識之。

建武六年（公元 30 年），宣佈因軍隊屯田，儲糧狀況轉好，停止徵收十分之一的田稅制度，恢復漢景帝二年實行徵收三十之一的田稅制度。〔註355〕在災區和受戰害嚴重的地區減免賦稅或給賜糧食。如建武六年（公元 30 年），下詔：

往歲水旱蝗蟲爲災，穀價騰躍，人用困乏。朕惟百姓無以自贍，惻然愍之。其命郡國有穀者，給稟高年、鰥、寡、孤、獨及篤癃、無家屬貧不能自存者，如律。〔註356〕

建武十三年（公元 37 年），詔令往年已敕郡國，異味不得有所獻御，非徒有豫養導擇之勞，至迺煩擾道上，疲費過所，其令太官勿復受。〔註357〕建武二十二年（公元 46 年），地震，南陽尤甚，令南陽勿輸今年田租芻稿。各郡壓死者，其口賦逋稅勿收。〔註358〕

另一方面，光武亦留意繇役之苦，他的最佳方法就是根本不動干戈，可免百姓辛勞轉漕，戰死異域之痛。他明白天下剛脫離戰海，民力疲耗，亟思休息，自公孫述平定後，除非緊急，未嘗復言軍旅。皇太子曾向他請教攻戰之事，他回答：「昔魏靈公問陳，孔子不對，此非爾所及。」〔註359〕匈奴飢疫，自相分爭，臧宮建議以武力征伐之，所謂「福不再來，時或易失，豈宜固守文德而墮武事乎？」光武帝的回答引用《黃石公記》「柔能制剛，弱能制彊」的話並加以發揮說：

柔者德也，剛者賊也，弱者仁之助也，彊者怨之歸也。故曰有德之君，以所樂樂人；無德之君，以所樂樂身。樂人者其樂長，樂身者不久而亡。舍近謀遠者，勞而無功；舍遠謀近者，逸而有終。逸政多忠臣，勞政多亂人。故曰務廣地者荒，務廣德者彊。有其有者安，貪人有者殘。殘滅之政，雖成必敗。今國無善政，災變不息，百姓

〔註354〕《漢書‧王莽傳第六十九下》，卷九十九下，頁 4151～4152。
〔註355〕《後漢書‧光武帝紀一下》，卷一下，頁 50。
〔註356〕《後漢書‧光武帝紀一下》，卷一下，頁 47。
〔註357〕《後漢書‧光武帝紀一下》，卷一下，頁 60。
〔註358〕《後漢書‧光武帝紀一下》，卷一下，頁 74。
〔註359〕《後漢書‧光武帝紀一下》，卷一下，頁 85。

驚惶，人不自保，而復欲遠事邊外乎？孔子曰：「吾恐季孫之憂，不
在顓臾。」且北狄尚彊，而屯田警備傳聞之事，恆多失實。誠能舉
天下之半以滅大寇，豈非至願；苟非其時，不如息人。〔註360〕

這是光武審度當時情勢做出的決策。仲長統後來說過：

楚漢用兵之苦，甚於戰國之時也。漢二百年而遭王莽之亂，計其殘
夷滅亡之數，又復倍於秦項矣。〔註361〕

原注說：

孝平帝時，凡郡國一百三，縣邑一千三百一十四，道三十四，侯國
二百四十一。地東西九千三百二里，南北一萬三百六十八里。人戶
一千二百二十三萬三千六十二，口五千九百五十九萬四千九百七十
八。此漢家極盛之時。遭王莽喪亂，暨光武中興，海內人戶，準之
於前，十裁二三，邊方蕭條，略無孑遺。〔註362〕

邊方蕭條，略無遺子，如再加以兵禍，則百姓更無復生存，唯有思息養民，
內修爲務，方不至重蹈王莽之轍。

建武二十一年（公元 45 年），據「內事不和，不得言外」〔註363〕的黃老
思想，遣還十六國少數民族的「侍子」並「厚加賞賜」。至建武二十八年（公
元 52 年），北匈奴遣使貢馬及裘，更乞和親，帝下三府，議酬答之宜，明修
邊和好。〔註364〕他著名的雲臺二十八將，自鄧禹賈復以次，都解除兵權，以
列侯就第，雖有任用，亦多屬文職。自西漢初年，郡國每年選拔一批在山地、
平原、水上及騎馬作戰的人員，輸送國家以作士兵和軍官的儲備，過程耗費
人力財力，不言而喻。建武七年，詔曰：

罷輕車、騎士、材官、樓船士及軍假吏，令還復民伍。〔註365〕

以安靜爲務，不願再談兵事，罷輕車、騎士、材官、樓船士，各縣的常備兵，
廢去不練，令還民伍。這些儉省兵賦的措施，有益於農村的復興。

輕徭薄賦行諸於百姓，人民安其居，樂其業，社會快速地穩定下來。同
時，中央亦以儉樸不奢，約官省職，屬行少事之政。經過二十年的戰亂，人

〔註360〕《後漢書·吳蓋陳臧列傳第八》，卷十八，頁 695～696。
〔註361〕《後漢書·王充王符仲長統列傳第三十九》，卷四十九，頁 1649。
〔註362〕《後漢書·王充王符仲長統列傳第三十九》，卷四十九，頁 1650。
〔註363〕《稱》，頁 82。
〔註364〕《後漢書·南匈奴列傳第七十九》，卷八十九，頁 2946。
〔註365〕《後漢書·光武帝紀一下》，卷一下，頁 51。

口銳減，準之前代，才十二三，於是建武六年詔令說：「夫張官置吏，所以爲人也。今百姓遭難，戶口耗少，而縣官吏職所置尙繁，其令司隸、州牧各實所部，省減吏員。縣國不足置長吏可并合者，上大司徒、大司空二府。」并省四百餘縣，吏職減損，十置其一。〔註366〕大量合併官府，減少吏員，對縣及相當於縣的封國進行調整。如建武十年（公元 34 年）省定襄郡徙其民於河西；〔註367〕建武二十年（公元 44 年），省五原郡徙其民於河東。〔註368〕因而「文書調役，務從簡寡，至乃十存一焉。」此與武帝時官府及吏員設置大爲膨脹，造成武帝及其以後時期民用匱乏的重要原因相比，更多利於國家財政的穩定。《後漢書·百官志一》說：

> 世祖中興，務從儉約，并官省職，費減億計。〔註369〕

其次，光武曾以二千石長吏多不勝任，時有纖微之過，不下三公，輒數見更換，交易紛擾，百姓不寧。朱浮上疏言此迎新相代，疲勞道路，無自安之心，非海內之福。光武用其議，自是牧守易代頗簡。〔註370〕此與亂後不久，社會能很快穩定進而繁榮，不無關係。

光武在個人生活要求上，與漢文帝相似，躬行儉約，以身作則，倡導樸實不華的生產風氣。史稱光武：

> 身衣大練，色無重綵，耳不聽鄭衛之音，手不持珠玉之玩，宮房無私愛，左右無偏恩。建武十三年，異國有獻名馬者，日行千里，又進寶劍，賈兼百金，詔以馬駕鼓車，劍賜騎士。損上林池籞之官，廢騁望弋獵之事。其以手跡賜方國者，皆一札十行，細書成文。勤約之風，行于上下。〔註371〕

初作壽陵時，以爲古者帝王之葬，皆陶人瓦器，木車茅馬，令所制地不過二、三頃，無爲山陵，陂池裁令流水。〔註372〕頒薄葬令，不使富者奢僭，貧者殫財。〔註373〕對於章奏過多浮詞虛譽，皆抑而不省，明禁諂媚不實之風。〔註374〕

〔註366〕《後漢書·光武帝紀一下》，卷一下，頁 49。
〔註367〕《後漢書·光武帝紀一下》，卷一下，頁 57。
〔註368〕《後漢書·光武帝紀一下》，卷一下，頁 73。
〔註369〕《志》第二十四，頁 3555。
〔註370〕《後漢書·朱馮虞鄭周列傳第二十三》，卷三十三，頁 1141～1142。
〔註371〕《後漢書·循吏列傳第六十六》，卷七十六，頁 2457。
〔註372〕《後漢書·光武帝紀第一下》，卷一下，頁 77～78。
〔註373〕《後漢書·光武帝紀第一下》，卷一下，頁 51。
〔註374〕《後漢書·顯宗孝明帝紀第二》，卷二，頁 109

光武陰皇后「在位恭儉，少嗜玩，不喜笑虐。」〔註375〕光武實行簡約政策，對明帝、章帝有很大的影響。永平三年（公元 60 年），明帝大起北宮，尙書鍾離意上疏諫止，明帝「止作諸宮，儉省不急。」〔註376〕遺詔：

> 無起寢廟，藏主於光烈皇后更衣別室。帝初作壽陵，制令流水而已，石槨廣一丈二尺，長二丈五尺，無得起墳。萬年之後，埽地而祭，杅水脯糒而已。過百日，唯四時設奠，置吏卒數人供給灑埽，勿開修道。〔註377〕

章帝遺詔：「無起寢廟，一如先帝法制。」〔註378〕明帝馬皇后，好讀書，有謙德，「袍衣疏纑」，「身服大練，食不求甘，左右但著帛布，無香薰之飾者，欲身率下。」〔註379〕賜錢車騎樸素，無金銀之飾的廣平、鉅鹿、樂成王，於是內外從化，被服如一。〔註380〕

　　史家稱光武中興，明章之治，除了在經濟方面輕徭薄賦之外，它如恢復使用五銖錢，使民間的交易稱便，〔註381〕廢除王莽的六筦，開放人民私營，帶動了經濟的發展。到明帝永平十二年（公元 69 年），已是「天下安平，人無繇役，歲比登稔，百姓殷富，粟斛三十，牛羊被野」〔註382〕的情景。但是更重要原因則是吏治成就，其中用刑寬緩，吏不侵民，更是其指標。

　　東漢初，群臣上言「古者肉刑嚴重，則人畏法令；今憲律輕薄，故姦軌不勝。宜增科禁，以防其源。」〔註383〕光武帝採取杜林建議效法漢初「蠲除苛政，更立疏網」的措施，欲疏法禁；〔註384〕梁統曾兩次上書光武帝，要求恢復漢成帝以來所廢除的刑法，認為「法令既輕，下姦不勝，宜重刑罰」，〔註385〕光武皆未採納。因此執法務寬，不以委屈生意。明章之時，亦遵舊章。如郭躬「家

〔註375〕《後漢書・皇后紀第十上》，卷十上，頁 406。
〔註376〕《後漢書・第五鍾離宋寒列傳第三十一》，卷四十一，頁 1048。
〔註377〕《後漢書・顯宗孝明帝紀第二》，卷二，頁 123～124。
〔註378〕《後漢書・肅宗孝章帝紀第三》，卷三，頁 159。
〔註379〕《後漢書・皇后紀第十上》，卷十上，頁 411。
〔註380〕《後漢書・皇后紀第十上》，卷十上，頁 413。
〔註381〕《後漢書・馬援列傳第十四》：「初，援在隴西上書，言宜如舊鑄五銖錢。事下三府，三府奏以為未可許，事遂寢。（建武十六年）及援還，從公府求得前奏，難十餘條，乃隨牒解釋，更具表言。帝從之，天下賴其便。」
〔註382〕《後漢書・顯宗孝明帝紀第二》，卷二，頁 115。
〔註383〕《後漢書・宣張二王杜郭吳承鄭趙列傳第十七》，卷二十七，頁 937。
〔註384〕《後漢書・宣張二王杜郭吳承鄭趙列傳第十七》，卷二十七，頁 938。
〔註385〕《後漢書・梁統列傳第二十四》，卷三十四，頁 1166。

世掌法，務在寬平，及典理官，決獄斷刑，多依矜恕，乃條諸重文可從輕者四十一事奏之，事皆施行，著於令。」〔註386〕陳寵建議章帝「蕩滌煩苛之法，輕薄箠楚」，帝納其言，每事務於寬厚。元和元年並詔有司，「絕鉆鑽諸慘酷之科，解妖惡之禁，除文致之請讞五十餘事，定著於令。」〔註387〕

據洪邁〔註388〕、顧炎武〔註389〕、趙翼〔註390〕等人曾論及漢武、光武二帝之治盜寬嚴，皆認爲法愈嚴苛而盜愈多，法愈疏闊而盜愈少。以刑去刑，嚴法箝制，並非理民良策，嚴而不酷，威而不虐，猛而不暴，方是良法。

光武來自基層，對百姓所欲，有較深的體會，即位以後，逐步解除不合宜的法令，減輕過重的刑責，營造一個和樂的社會。如建武二年（公元26年）鑒於獄多冤人，用刑深刻，下令「中二千石、諸大夫、博士、議郎議省刑法。」〔註391〕同年，又下令：「民有嫁妻賣子欲歸父母者，恣聽之。敢拘執，論如律。」〔註392〕建武五年（公元29年）因天災，人民致有不法，「令中都官、三輔、郡、國出繫囚，罪非犯殊死一切勿案，見徒免爲庶人。」〔註393〕六年（公元30年）因戰時而「犯法不道者，自殊死以下，皆赦除之。」〔註394〕建武七年（公元31年），下令京都地區及各郡國釋放囚犯，除犯死罪的一律不再追究，現有徒刑犯一律免罪恢復平民身分，應判兩年徒刑而在逃的罪犯，由地方官吏發布文告，一一公佈他們的姓名，免治其罪。〔註395〕建武十八年（公元42年）廢除郡邊盜穀五十斛，罪至於死的重刑，以免開殘吏妄殺之路。〔註396〕二十九年（公元53年）詔令「天下繫囚自殊死已下及徒各減本罪一等，其餘贖罪輸作各有差。」〔註397〕三十一年（公元55年），詔令死罪繫囚皆一切募下蠶室，其女子宮。〔註398〕

〔註386〕《後漢書・郭陳列傳第三十六》，卷四十六，頁1544。
〔註387〕《後漢書・郭陳列傳第三十六》，卷四十六，頁1549。
〔註388〕洪邁撰，夏祖堯、周洪武校點《容齋隨筆》，卷十一，「漢二帝治盜」條，頁88～89，長沙：岳麓書社，1995年10月第三刷。
〔註389〕「盜賊課」，卷十六，頁358～359。
〔註390〕《二十二史箚記及補編》，卷三，「兩帝捕盜法不同」，頁57。
〔註391〕《後漢書・光武帝紀第一上》卷一上，頁29。
〔註392〕《後漢書・光武帝紀第一上》卷一上，頁30。
〔註393〕《後漢書・光武帝紀第一上》卷一上，頁39。
〔註394〕《後漢書・光武帝紀第一下》卷一下，頁48。
〔註395〕《後漢書・光武帝紀第一下》卷一下，頁51。
〔註396〕《後漢書・光武帝紀第一下》卷一下，頁69。
〔註397〕《後漢書・光武帝紀第一下》卷一下，頁80。
〔註398〕《後漢書・光武帝紀第一下》卷一下，頁81。

而最讓史家矚目的，光武帝曾先後多次下了解放奴婢、禁止虐殺奴婢的詔令。建武六年（公元 30 年）下令在王莽時吏人沒入爲奴婢不應舊法者，皆免爲庶人。〔註399〕建武七年（公元 31 年）詔令因遭饑荒、戰亂以及被盜賊擄略爲奴婢下妻，欲去留者，恣聽之。〔註400〕建武十一年（公元 35 年），連續發布三道改善奴婢處境的詔令：「殺奴婢不得減罪」；「敢炙奴婢，論如律，免所炙灼者爲庶民」；「除奴婢射傷人棄市律」。〔註401〕建武十三年（公元 37 年），令益州人民自建武八年（公元 32 年）以來被擄略爲奴婢者，皆免爲庶人；或依託爲人下妻，欲去者，恣聽之。〔註402〕奴婢之制，源流久遠，在當時被視爲正常，王莽一度禁絕奴婢買賣，結果造成更多的奴婢。光武如此重視此事，而且切實貫徹，趙翼曾分析說：

> 主籍奴婢以供使令，奴婢亦藉主以生養，故王法所不禁，而光武讀爲之偏護，豈以當時富家巨室，虐使臧獲之風過甚，故屢降詔以懲其敝耶？案王莽傳，位貧富不均，置奴婢之市，與牛馬同闌，制於臣民專斷其命。姦人因緣爲利，至略賣人妻子，逆天心，詳人倫云云。是莽時奴婢之受害實甚，其後兵亂時，良民又多被掠爲奴婢，光武初在民間親見之，故曲爲矜護也。〔註403〕

趙翼之論甚篤，但另一層用意，恐是在於保護和解放生產力量最重要的組成部分，加速社會生產的穩定，爲戰後尚未復原的經濟的注入更強的動力，這是黃老思想所強調的。

　　君王倡之於上，良吏亦應之於下，張純在位慕曹參之跡，務於無爲。〔註404〕馬援「務開恩信，寬以待下，任吏以職，但總大體而已。」〔註405〕馮異懷來百姓，民皆歸附；〔註406〕宣秉「務舉大綱，簡略苛細」；〔註407〕郭汲示以信賞，五歲即寇賊消散，戶口增加；〔註408〕第五倫「平繇賦，理怨結，得人歡心。」

〔註399〕《後漢書・光武帝紀第一下》卷一下，頁 50。
〔註400〕《後漢書・光武帝紀第一下》卷一下，頁 52。
〔註401〕《後漢書・光武帝紀第一下》卷一下，頁 57～59。
〔註402〕《後漢書・光武帝紀第一下》卷一下，頁 63。
〔註403〕《二十二史箚記及補編》，卷四，「光武多免奴婢」條，頁 89～90。
〔註404〕《後漢書・張曹鄭列傳第二十五》，卷三十五，頁 1193。
〔註405〕《後漢書・馬援列傳第十四》，卷二十四，頁 638。
〔註406〕《後漢書・馮岑賈列傳第七》，卷十七，頁 648。
〔註407〕《後漢書・宣張二王杜郭吳承鄭趙列傳第十七》，卷二十七，頁 927。
〔註408〕《後漢書・郭杜孔張廉王蘇羊賈陸列傳第二十一》，卷三十一，頁 1091～1092。

〔註 409〕衛颯省役止姦，理恤民事。〔註 410〕杜詩，性節儉而政治清平，以誅暴立威，省愛民役。〔註 411〕甚至在塞外三十餘歲的班超，管理吏士，本於「水清無大魚，察政不得下和，宜蕩佚亦簡易，寬小過，總大綱而已。」〔註 412〕郭躬「家世掌法，務在寬平。及典理官，決獄斷刑，多依矜恕，乃條諸重文可從輕者四十一事奏之，事皆施行，著於令。」〔註 413〕此能知大體，總大綱者，必不務於刻條徵斂，不事求全備，爲政必寬而不苛，流風所及，人民必嚮然從化，樂與居業。史稱光武爲政皆如孝文皇帝制度，務從約省。〔註 414〕明帝善刑理，法令分明。斷獄得情，號居前代十二。〔註 415〕章帝事從寬厚，除慘獄之苛，平徭簡賦，而人賴其慶。〔註 416〕光武中興，明章盛世，與西漢文景之治並稱，黃老思想指導之功實不可沒。

　　不過，必須指出的是，光武、明、章並非高祖、文、景，並沒有完全遵照前代的成功經驗，而是根據面對的社會現實，加以適度調整。它採用漢初黃老之術中的休養生息政策以恢復民力，又盡量避免西漢初年單純任用黃老之術產生弊端，吸取儒家學說中的有益成分，積極進行政權建設。眾所週知，光武帝不像他的老祖宗劉邦那樣缺乏文化素養，在王莽時代，曾至長安受尚書，略通大義。他好經術，曾以「儒門正宗」自詡。趙翼說光武帝有「儒者氣象」，〔註 417〕於建武五年（公元 29 年）他「幸魯，使大司空祠孔子。」同年，他「初起太學，駕車還宮，幸太學，賜博士弟子各有差。」次年，命公卿舉賢良方正，進行積極的文化建設。顧炎武說：「漢自孝武表章六經之後，師儒雖盛而大義未明，故新莽居攝，頌德獻符者遍於天下。光武有鑑於此，故尊崇節義，敦厚名實，所舉用者莫非明經行修之人。」〔註 418〕從此也可以

〔註 409〕《後漢書‧第五鍾離宋寒列傳第三十一》，卷四十一，頁 1396。
〔註 410〕《後漢書‧循吏列傳第六十六》，卷七十六，頁 2495。
〔註 411〕《後漢書‧郭杜孔張廉王蘇羊賈陸列傳第二十一》，卷三十一，頁 1094。
〔註 412〕《後漢書‧班超列傳第三十七》，卷四十七，頁 1586。
〔註 413〕《後漢書‧郭陳列傳第三十六》，卷四十六，頁 1544。
〔註 414〕《後漢書‧光武帝紀第一下》，卷一下，頁 85。
〔註 415〕《後漢書‧顯宗孝明帝紀第二》，卷二，頁 124。
〔註 416〕《後漢書‧肅宗孝章帝紀第三》，卷三，頁 159。章帝雖比其父、祖父更好儒術，但基本上仍遵先帝法制，以黃老治國。期間亦進用黃老人物，拜少好黃老書的鄭均爲尚書，數納忠言，章帝重之。又遷少好黃老的任隗爲將作大匠，自建武以來常丞者兼之，至隗乃至眞。（《後漢書‧任隗列傳》）
〔註 417〕《二十二史劄記及補編》，卷四，「東漢功臣多近儒」條，頁 89～90。
〔註 418〕《原抄本日知錄》，「兩漢風俗」，卷十七，頁 377。

見出，漢武帝罷絀百家，獨尊儒術，對往後的影響，當國家蕭條疲敝的時候，主政者必須採取黃老的柔道無爲之術讓天下安定下來，以利於鞏固政權。但另一方面，使用儒術來彌補黃老之術可能帶來的缺點。

第三節　避禍修養的原則

漢初黃老當道，士人多以黃老術行之於政，也以黃老術保身。原因在於漢初功臣，多親與逐鹿天下，在此過程中，戰略思想與戰術運用須有一明確而可靠的依據，因此重謀重計就顯得格外重要。這方面的內容，黃老思想非常豐富，劉邦的謀士群中，重要人物如張良、陳平都深諳此術，而且行之已效。這樣的風氣，一直漫布在劉邦集團當中。所以，班固說漢初開國功臣「多謀詐」，〔註419〕其實點明了其中的關鍵。

當天下底定，黃老思想一方面在時代需求下，客觀順勢，成爲治國的指導，另一方面，則是劉邦身邊多習黃老術的謀士，也起了推波助瀾的作用。在不擾民，解除繁苛的前提下，爲政盡量清簡，在政策施行上不行陰謀，在吏治上避免心機，以寬厚長者，純厚樸質之治見稱。黃老思想基本上強調的是治國之術，有幸在漢初找到發揮的舞台，其功效有目共睹。只是黃老思想的影響並不僅限於此，另一方面的影響則在於士人接物應世的態度，作爲修身的準則，尤其是與劉邦一同打天下的功臣，身處鳥盡弓藏，兔走狗烹的險境，幾乎不約而同的在黃老思想中找到守柔持後，不矜不伐，和光同塵的處世原則，避免了殺身滅族之禍。這一個時期，反映出黃老術是士人保身的良方，其效如同施之於政，彰彰明著。

漢初最先採黃老之術保身，當推張良。張良佐高祖取天下，所爲以及所教者，大抵因機乘時之術，司馬談說道家黃老「其術以虛無爲本，因循爲用。虛者，道之常；因者，君之綱。」〔註420〕虛無教人勿恃一己智故，應示人不能、不敢、不先，以柔弱卑持的態度面對外界的人事，而因循爲虛無最高的發揮，決不以人力人意強爲，凡事只因機因勢因循做去，故費力少而成功大。爭天下的時候，我們看到張良行因術的大效，高祖亦因張良神智，但言「爲之奈何」，即能度過厄難。在天下底定之後，欲易太子，張良勸諫不聽，「因

〔註419〕《漢書‧文帝紀第四》，卷四，頁105。
〔註420〕《史記‧太史公自序第七十》，卷一百三十，頁3292。

疾不視事」，也是一個「因」字。朱子說：「子房全是黃老」，〔註421〕即是此意。

　　張良另一面，在以虛無柔弱，謙卑不爭來應世。張良未顯的時候，於下邳圯下遇黃石公，強抑怒氣，長跪為他穿鞋，已見出其忍人持柔的性格。當高祖方封功臣，張良未有戰功，但高祖深知子房「運籌策帷帳中，決勝千里外」，功當第一，讓他「自擇齊三萬戶」。張良說：

　　始臣起下邳，與上會留，此天以臣授陛下。陛下用臣計，幸而時中，臣
　　願封留足矣，不敢當三萬戶。

又說：

　　家世相韓，及韓滅，不愛萬金之資，為韓報讎彊秦，天下振動。

　　今以三寸舌為帝者師，封萬戶，位列侯，此布衣之極，於良足矣。

　　〔註422〕

當此之時，諸將日夜爭功，未有休歇，惟張良讓功封留，此不居功，不貪爵位，採謙卑知足計，有功遂身退之意。從此對照留侯少子取名「辟彊」，實有深義。又史書記載，張良「性多病」，「願棄人間事，欲從赤松子游耳，乃學辟穀，道引輕身」，「杜門不出」。〔註423〕張良多病是事實，但導引輕身，學辟穀，杜門謝客，恐怕也是先見之智，避禍之計。惠帝雖因張良而不廢，高帝雖舉太子以託之，以張良高義，專心為漢室謀求穩定，應該不用擔心自身安危。惟帝心難料，履虎尾者難免不測，功高之臣，命多不保；加上高帝死後，呂氏專權，更有此疑慮。因病託游，實深得委婉遠離禍端的藉口。

　　張良不似韓信，韓信軍功第一，最後被誣謀反，含冤受害，刑及三族。先前，楚漢相距滎陽，韓信身權天下，蒯通對韓信說「參分天下，鼎足而居」，因為「蓋聞天與弗取，反受其咎，時至不行，反受其殃。……功者難成而易敗，時者難得而易失也。時乎時，不再來。」否則天下底定，「立功成名而身死亡。野獸已盡而獵狗亨。」「勇略震主者身危，而功蓋天下者不賞。」韓信不聽，「自以為功多，漢終不奪我齊」，〔註424〕韓信自恃功多，不知韜光養晦，此正足以招來殺身之禍。蒯通，高祖說「是齊辯士也」，實則是善於黃老之術的辯士，〔註425〕其說因時知幾，進可成萬世之業，退可保身圖存，可惜

〔註421〕《朱子語類》，卷一三五，「歷代二」，頁3222。
〔註422〕《史記・留侯世家第二十五》，卷五十五，頁2042。
〔註423〕《史記・留侯世家第二十五》，卷五十五，頁2044。
〔註424〕《史記・淮陰侯列傳第三十二》，卷九十二，頁2623～2624。
〔註425〕《史記・田儋列傳》云：「蒯通者，善為長短說，論戰國之權變，為八十一首。

韓信未悟此理。太史公說：

> 假令韓信學道謙讓，不伐己功，不矜其能，則庶幾哉，於漢家勳可
> 以比周、召、太公之徒，後世血食矣。不務出此，而天下已集，乃
> 謀畔逆，夷滅宗族，不亦宜乎！〔註426〕

學道謙讓，不伐己功，不矜其能，能以卑弱持身，正是張良壽終而韓信受誅
的原因。朱子說的好：

> 老子之學最忍。他閑時似箇虛無卑弱底人，莫教緊要處發出來，更
> 叫你支梧不住；如張子房是也。〔註427〕

司馬光看的更透徹，他說：

> 夫生之有死，譬猶夜旦之必然；自古及今，固未嘗有超然而獨存者
> 也。以子房之明辨達理，足以知神仙之為虛詭矣；然欲其從赤松子
> 游者，其智可知也。夫功名之際，人臣之所難處，如高帝所稱者，
> 三傑而已。淮陰侯誅夷，蕭何繫獄，非以履盛滿而不止耶！故子房
> 託於神仙，遺棄人間，等功名於物外，置榮利而不顧，所謂明哲保
> 身者，子房有焉。〔註428〕

　　第二個以黃老術保身的是蕭何。張良以智計謀畫，牽繫漢之安危得失，
堪稱漢之第一謀臣；韓信連百萬之軍，戰無不勝，攻無不克，可視為軍事總
指揮；而出身秦刀筆吏的蕭何最大的功績在於鎮國家，撫百姓，給餽饟，不
絕糧道，換言之即是安定後方並供應劉邦集團戰爭時的人力、物力，使劉邦
無後顧之憂，可稱宰相兼後勤司令。〔註429〕漢高祖五年，論功行封，群臣
爭功，認為蕭何沒有汗馬之勞，徒持文墨議論不戰，反而居上。劉邦以打獵

通善齊人安期生，安期生嘗干項羽，項羽不能用其筴。」又《史記‧樂毅列
傳》：「樂臣公學黃帝、老子，其本師號曰河上丈人，不知其所出。河上丈人
教安期生，安期生教毛翕公，毛翕公教樂瑕公，樂瑕公教樂臣公，樂臣公教
蓋公。蓋公教於齊高密、膠西，為曹相國師。」蒯通與安期生相善，曾干項
羽，足見兩人所學有相近處，而蒯通在漢初居齊，齊地為黃老學大本營，則
其學沾染黃老氣息實屬正常。尤其其說韓信之辭，與黃老帛書若合符節。《十
六經‧觀》：「當天時，與之皆斷，當斷不斷，反受其亂。」《十六經‧兵容》：
「因天時，與之皆斷。當斷不斷，反受其亂。天固有奪予，有祥□□□□□
弗受，反隨以央。」又以「蓋聞」言之，是有所本，此所本即黃老帛書。

〔註426〕《史記‧淮陰侯列傳第三十二》，卷九十二，頁2630。
〔註427〕《朱子語類》，卷一百二十五，「老氏」，頁2987。
〔註428〕《資治通鑑‧漢紀三‧太祖高皇帝五年》，卷十一，頁117。
〔註429〕參阮芝生〈論留侯與三略（上）〉，《食貨月刊》十一卷第二期，1981年5月。

功狗功人譬喻：

> 夫獵，追殺兔獸者，狗也；而發蹤指示獸處者，人也。今諸君徒能
> 得走獸耳，功狗也；而發蹤指示獸處者，功人也。〔註430〕

此喻雖然苛酸，卻說明了蕭何在劉邦心目中的地位。但是這位沛豐故人，可以劍履上殿，入朝不趨的大功臣，終究免不了劉邦的猜忌，只是蕭何並不似張良有先見之明，又不如陳平多陰謀。出身刀筆吏，僅知奉法不曲，而較無深切的危機感，但經他人一點，尚能心領神會，乃得以保全。當蕭何用計誅韓信，功成之後，劉邦「使使拜丞相何為相國，益封五千戶，令卒五百人一都尉為相國衛。」〔註431〕眾人皆賀，唯召平獨弔，認為高祖益加封地，又派人守衛，並非真心的寵愛，而是韓信新叛不久，連帶地蕭何也受到懷疑，恐怕有變，所以置衛目的不在保護，而在監視，應該推讓受封，並將個人財產捐出充當軍用。果然這樣高祖才高興，而沒有禍事。不久，英布叛變，高祖親征，蕭何留守關中，高祖多次派遣使者詢問他的情形。由於高祖在前線作戰，蕭何就竭盡心力安撫百姓，並且用全部的資源供應軍需，自以為盡忠職守。有人對他說不久將會有滅族的禍患。原因是：

> 君位為相國，功第一，可復加哉？然君初入關中，得百姓心，十餘
> 年矣，皆附君，常復孳孳得民和。上所為數問君者，畏君傾動關中。
> 〔註432〕

於是蕭何用其計，多買田地，賤貰貸自汙，雖不免縲繫下獄，最後終能跣足謝罪而解禍。

　　從這兩件事來看，一以讓、辭，不居功消弭猜忌，遠避禍端，讓高祖沒有藉口發事；一則是示之以不敢、不能，表現出無大志和異心，讓高祖不覺得蕭何的存在是一種威脅，甚至是心腹大患，而不會產生欲除之而後快的想法。史籍雖未記載曾學黃老術，楚漢相爭之時，蕭何也不曾以黃老術行事，但他接受旁人的計策得以保身，何嘗不深合黃老術的一端。

　　曹參同蕭何一樣，也是劉邦同鄉患難故交，因與漢高祖起兵有功，後封為齊國的丞相。他是漢初開國功臣當中，史書第一個明確記載行黃老術的人物。當他擔任齊相之時，向通於黃老言的蓋公請教治理齊國的方法，蓋公教

〔註430〕《史記・蕭相國世家第二十三》，卷五十三，頁3015。
〔註431〕《史記・蕭相國世家第二十三》，卷五十三，頁3017。
〔註432〕《史記・蕭相國世家第二十三》，卷五十三，頁3018。

他「治道貴清靜而民自定，推此類具言之。」〔註433〕結果齊國大治。蕭何死後，繼任漢中央的丞相，一遵蕭何舊規，沒有什麼變動，百姓歌頌他說：

　　　　蕭何爲法，構若劃一。曹參代之，守而勿失。載其清靜，民以寧一。

　　　　〔註434〕

守而勿失，清靜寧一，都是黃老術的重心。曹參用黃老術使得漢初的政局很快的穩定下來，經濟復甦，人民能夠安定的生活。可見曹參對黃老術當有一番體會。

　　曹參於惠帝二年（公元前 193 年）七月任相國，此時惠帝因「人彘」事件而臥病不能起，〔註435〕朝中大小悉決於呂后。呂后爲人剛毅專權，高祖在世翦戮功臣，呂后與焉。高祖一死，呂后就想去除高祖時的大臣。當高祖駕崩於長樂宮，四日不發喪，與審食其共謀說：

　　　　諸將與帝爲編户民，今北面爲臣，此常怏怏，今乃事少主，非盡族

　　　　是，天下不安。〔註436〕

後因顧慮到周勃、陳平等人將兵在外，恐一起殺戒，內外俱反，而沒有輕舉亂動。

　　曹參此時任相，焉能不知保身難於治國。於是在政治措施一遵前規，無所變動。爲相三年，日夜飲酒唱歌作樂，無所事事。惠帝見他這樣，非常不滿意，叫曹參兒子曹窋問個所以然。曹參非常不高興，先將他筶撻笞刑二百，然後對他說：「天下事非若所當言也。」〔註437〕所謂的非所當言，是曹參的沉痛語，大概告誡他勿多言，用笞刑則要他牢牢記得，以免生出禍端來。最後曹參搪塞惠帝，說陛下的才能比不上高帝，我的才能也比不上蕭何，既然高帝和蕭何安定了天下，制定了法令，我們繼續遵照他們那一套去做，不就可以了嗎？惠帝聽後，只好表示同意。制度已建立，一切按照常軌運行就可以，這話是沒錯，

〔註433〕《史記・曹相國世家第二十四》，卷五十四，頁 2029。

〔註434〕《史記・曹相國世家第二十四》，卷五十四，頁 2031。

〔註435〕《史記・呂太后本紀》：「孝惠元年十二月，帝晨出射。趙王少，不能蚤起，太后聞其獨居，使人持酖飲之。犁明孝惠還，趙王已死。……太后遂斷戚夫人手足，去眼，煇耳，飲瘖藥，使居廁中，命曰人彘。居數日，迺召孝惠帝觀人彘。孝惠見問，知其爲戚夫人，迺大哭，因病，歲餘不能起。使人請太后曰：『此非人所爲。臣爲太后子，終不能治天下。』孝惠以此日飲爲淫樂，不聽政。故有病也。」

〔註436〕《史記・高祖本紀第八》，卷八，頁 392。

〔註437〕《史記・曹相國世家第二十四》，卷五十四，頁 2030。

但眞正的用意恐怕不只此，太過於表現，突顯有能有爲，必會惹上呂后的猜忌，〔註438〕倒不如放縱自己，讓呂后鬆弛戒心，才可以保全。王夫之說：

> 曹參因蕭何之法而治」，是「唯其時之不得不因也。高帝初崩，母后持權於上，惠帝孱弱而不自振，非因也，抑將何爲哉？〔註439〕

因爲他已看出呂后對劉邦功臣非盡族是，天下不安的心機，所採取的保身策略。此舉果然有用，安穩地逝世於任內，而未有任何差池可爲呂后的藉口，可謂行黃老術的功勞。李晚芳說的好：

> 天下已定，韓信族矣，蕭何囚矣，參於是有戒心焉。闕後守職，不求有功，但願無過，故相齊則禮蓋公，守清靜之學而國治，相漢亦然。日飮醇酒，不事事，天下亦不擾，及帝責問，乃歸功蕭何，已若奉法承流者。蓋參才本不逮何，然能服何，則何之才即其才也。何忘郤而薦之，信也。此皆古大臣風，不意得力於刀筆吏也，奇哉！雖然，參治一遵何法而不變，若無爲者。然人謂其善於安民，吾則謂其善於保身也。〔註440〕

另一位在呂后專政，諸呂橫行的時候任相的陳平，可說是將黃老隱忍的一面發揮的最爲通透的人。當呂氏權力頂峰之時，諸侯大臣人人惶恐自危，足智多謀，身懷遠慮的陳平此時也無能爲力，不敢出聲，深怕大禍臨頭。當惠帝逝世，發喪時呂后哭卻無淚，留侯少子劉辟彊對陳平說這是孝惠子幼，怕一班大臣爲亂，爲今之計只有「請拜呂台、呂產、呂祿爲將，將兵居南北軍，及諸呂皆入宮，居中用事，如此則太后心安，君等幸得脫禍矣。」〔註441〕果然這樣呂后才高興，免去了一場政治風暴。相對於剛直不曲，責讓陳平「縱欲阿意背約，何面目見高帝於地下」〔註442〕的王陵，更顯的陳平以退爲進的智慧。只是這麼一來呂氏的力量越來越大，恐怕連朝中大臣都沒有反制力量。史稱：

> 呂太后時王諸呂。諸呂擅權，欲劫少主，危劉氏。右丞相陳平患之，

〔註438〕此點可從陳平身上清楚看到。《史記·陳丞相世家》：「陳平爲相非治事，日飮醇酒，戲婦女。陳平聞，日益甚。呂太后聞之，私獨喜。」

〔註439〕《讀通鑑論》，卷二，〈惠帝〉一，頁 24，台北：漢京文化事業公司，1984年 7 月。

〔註440〕《讀史管見》，卷二，《曹相國世家》，據楊燕起、陳可青、賴長揚編《歷代名家評史記》引，北京師範大學出版社，1986 年 3 月第一版。

〔註441〕《史記·呂太后本紀第九》，卷九，頁 399。

〔註442〕《史記·呂太后本紀第九》，卷九，頁 400。

力不能爭。恐禍及己，常燕居深念。〔註443〕

陸賈說以將相和調之論，陳平深然之，遂用其計交歡周勃，待時而動。當王陵罷相，呂后寵臣審食其代之，大小決事皆因之。這時呂嬃數讒「陳平爲相非治事，日飲醇酒，戲婦女。」，〔註444〕陳平聽到這傳言，更變本加厲，此舉讓呂后「私獨喜」。呂后見陳平不治事，暗中高興，不僅擺明了陳平如果稍有舉動，呂后會對他不利，而陳平也認識到這個危機，索性使出日飲醇酒，藉以避禍，與曹參用同樣的方法保身，益發印證了曹參沒來由的打了曹窋二百笞刑的眞正用意。

諸呂盡滅，文帝繼位，陳平以太尉周勃親以兵誅呂氏，功多，讓勃尊位，於是謝病徙爲左丞相，位次第二。其實，論文治周勃遠不如陳平，而陳平之所以稱病屛謝右丞相的職位，恐怕也是信持黃老思想中的以退爲進，不與人爭，爭者不祥的信念，這樣不但可以維持政局的和諧，更能成就自己謙讓的美名。文帝爲此，賜他金千斤，加封三千戶。當孝文帝嫻熟政事後，問右丞相周勃：「天下一歲決獄幾何？」「天下一歲錢穀出入幾何？」結果周勃「汗出沾背，愧不能對。」最後陳平憑著機智與辯才，讓孝文帝與周勃大爲折服，周勃自知能力遠不如平，稱病免相，由陳平專一丞相，可爲黃老謀之功。〔註445〕從整個漢初功臣觀之，每個功臣或多或少多面臨被疑忌的情形，輕者繫獄問罪，重者夷滅三族。而陳平處於諸呂還伺，人單勢孤的窘境，情勢更凶險於他人，最後卻能「全社稷，定劉氏後」，全身而終。史載他「少時家貧，好讀書，治黃帝老子之術。」，〔註446〕豈非偶然。

尙有一位用黃老術解禍的是張釋之。文帝時，張釋之爲廷尉，奉法不曲，公正無私，贏得文帝的讚許與信賴。曾經奏劾太子不敬。景帝即位後，釋之恐大誅至，用王生計，卒見謝，景帝不過。《史記·張釋之傳》說：

> 王生者，善爲黃老言，處士也。嘗召居廷中，三公九卿盡會立，王生老人，曰『吾襪解』，顧謂張廷尉：『爲我結襪！』釋之跪而結之。既已，人或謂王生曰：「獨柰何廷辱張廷尉，使跪結襪？」王生曰：「吾老且賤，自度終無益於張廷尉。張廷尉方今天下名臣，吾故聊辱廷尉，

〔註443〕《史記·酈生陸賈列傳第三十一》，卷九十七，頁2700。
〔註444〕《史記·陳丞相世家第二十六》，卷五十六，頁2060。
〔註445〕《史記·陳丞相世家第二十六》，卷五十六，頁2061～2062。
〔註446〕《漢書·張陳王周傳第十》，卷四十，頁2038。

使跪結襪，欲以重之。」諸公聞之，賢王生而重張廷尉。〔註447〕
王生多智謀，使張釋之爲之結襪，成就釋之美名，最後又使張釋之免除景帝
誅罰，史書雖未明講所用何術，但用黃老術則無疑。從結襪事件而言，張釋
之與黃生可以說都深得《老子》「將欲歙之，必固張之」〔註448〕的要旨。

　　就上述幾個例子觀察，漢初士人取黃老思想作爲修身保身的依據，處處
顯露出權謀意味，乃不得已的權宜之計，非出於己意。這是爭天下時黃老術
重計略之風的遺留。

　　武帝以後，整個政治環境大爲不同，黃老思想退居幕後，儒學思潮起而
代之，黃老政術不再被刻意強調，修黃老術者雖然不乏其人，卻與漢初出相
則以之治國，退居則以之修身有所差別。曾資生說：

> 漢武帝以後，儒學獨尊，光武亦極推隆儒術，帝王讀經，孝廉選舉，
> 以明經得進，待詔對策，均依經義，儒術經學成爲仕宦唯一途徑，
> 黃老之學，遂在政治上完全失勢。客觀環境，使此後的黃老之學與
> 學者不得不趨向兩種途徑。第一是政治上失勢之後，黃老思想及其
> 學者遂在人生哲學思想一方面發展，於是養生、順生、保眞、全神，
> 以及知足退讓，寡欲棲隱等思想特見發達。
>
> 第二是政治與仕途既全爲儒學與儒生的勢力，社會政治的環境，使
> 此後的黃老學者大多有兼通經學的需要。所以以經學入仕，而以黃
> 老全身，成爲一種特出的現象。〔註449〕

曾氏之言，極符合武帝以後整個黃老思想體現的傾向。就第一點而言，此時
士人已非像漢初施政指導全因黃老，個人亦無不得已採黃老術保身，全因個
人性情所趨，出自內心的眞誠愛好，而用之於修身，以此作爲行事準則，這
些人作爲雖有些歧異，但強調人生哲學則一樣。例如武帝時的楊王孫對黃老
術的實踐主要表現在「厚自奉養生」，主張順化反眞，死時裸葬，欲矯世人
飾外以譁眾。〔註450〕嚴君平隱於卜筮，玄默無欲，修身自保，並授《老子》。
〔註451〕疏廣強調「知足不辱，知止不殆，功遂身退，天之道」的精神，官

〔註447〕《史記・張釋之馮唐列傳第四十二》，卷一百二，頁 2756。
〔註448〕《老子註譯及評介》，三十六章，頁 205。
〔註449〕〈兩漢的黃老思想〉，《東方雜誌》第四十一卷第五號，1945 年 3 月。
〔註450〕楊王孫事蹟見《漢書・楊胡朱梅云傳第三十七》。劉向《說苑・反質》、揚雄
　　　　《法言・重黎》亦記載其裸葬之事。
〔註451〕陳壽撰，裴松之注《三國志・蜀書・許麋孫簡伊秦傳》，卷三十八，頁 975，

至二千石，願歸老故鄉，以壽命終。〔註452〕安丘丈人，少持老子經，恬靜不求進宦，爲巫醫於人間。〔註453〕法眞欲遁形遠世，周勰「少尙玄虛，慕老聃清靜」，馮顥「修黃老，恬淡終日」。矯愼隱遁山谷，並明確地把黃老、導引術和長生成仙有機結合在一起，〔註454〕都是這人生哲學的實踐。

　　就第二點而言，武帝一朝，尙延漢初遺緒，粹然術黃老者仍有在朝者，如汲黯，其治務在無爲，宏大體，不拘文法，然武帝則愛其憨直敢諫。鄭當時稱言天下長者，常薦舉賢於己者，然在朝，常趨和承意，不敢甚引當否。武帝以後，史載純粹術黃老者，鮮見仕於朝廷。〔註455〕此時儒學定於一尊，研讀儒家經典成爲利祿所在，也成爲一種潮流，因此術黃老者於儒家經典亦頗有涉及。開兩漢黃老人物通儒經風氣者爲司馬季主，褚少孫說司馬季主者，楚賢大夫，文帝時游學長安，通《易經》，術黃帝、老子，博聞遠見。中大夫宋忠、博士賈誼曾問卜之於長安市，其論分別天地之終始，日月星辰之紀，差次仁義之際，列吉凶之符。〔註456〕其說顯然揉合諸家之學，而以黃老道家爲主。又如武帝、昭帝時劉辟彊、劉德父子，清靜少欲，好黃老術，卻以詩傳家。耿況以明經爲郎並學《老子》，范升通《論語》、《孝經》以梁丘《易》、《老子》教授，翟　好《老子》而尤善圖緯，法眞爲關西大儒而欲遁形遠世蹈老子高縱。向長「好通《老》、《易》」，而馮顥修黃老，恬淡終日，曾事師楊厚，厚三世家學，曉獨圖讖，顥既從其受業，則亦明圖讖，又曾作易章句，章句之學則顯然爲博士官學。折象能通京氏《易》，好黃老言。可見兩漢黃老思潮受時代的影響深鉅。

　　總的來說，在黃老思想注重養生，順應自然的浸潤下，兩漢黃老人物行事有幾個特質：第一是清靜少欲，廉潔自愛。《老子》曾說人生三寶，其一爲儉。又說少私寡欲，見素抱樸。多藏必厚亡，知足不辱，知止不殆。禍莫大於不知足，咎莫大於欲得。此說影響兩漢甚鉅。黃老思想在人生道德修爲上主張清靜少欲，其實際表現在黃老人物身上莫過於鄙薄金錢財物，爲人廉

北京：中華書局，1990年4月第十刷。
〔註452〕《漢書·雋疏于薛平彭傳第四十一》，卷七十一，頁3039。
〔註453〕《後漢書·耿弇列傳第九》注引嵇康《聖賢高士傳》曰：「安丘望之字仲都，京兆長陵人。少持老子經，恬淨不求進宦，號曰安丘丈人。成帝聞，欲見之，望之辭不肯見，爲巫醫於人閒也。」
〔註454〕《後漢書·逸民列傳第七十三》，卷八十三，頁2771。
〔註455〕白衣尚書鄭均爲一特例。
〔註456〕《史記·日者列傳第六十七》，卷一百二十七，頁3215～3220。

潔不貪，以道德理性節制自己的感官欲望，指導自己的行動，避免淪爲物的奴隸，保持廉潔正直的美德，豎立一個良好典範。除了漢初蕭何以貲財自污避禍之外，絕大多數皆以廉潔著稱。如田叔曾「學黃老術於樂巨公所」，其爲人「刻廉自喜」，高祖時，爲趙王郎中時「切直廉平」。鄭當時，爲人廉，「又不治其產業，仰奉賜以給諸公。然其餽遺人，不過算器食。」劉德，家產過百萬，則以振昆弟賓客飲食，曰：「富，民之怨也。」鄭均兄爲縣吏，頗受禮遺，均數諫止，不聽。即脫身爲傭，歲餘，得錢帛，歸以與兄。曰：「物盡可復得，爲吏坐臧，終身捐棄。」兄感其言。遂爲廉絜。任隗字仲和，少好黃老，清靜寡欲，所得奉秩，常以賑卹宗族，收養孤寡。疏廣歸鄉里，日令家共具設酒食，請族人故舊賓客，與相娛樂。其言賢而多財，則損其志；愚而多財，則益其過。折像感多藏厚亡之義，乃散金帛資產，周施親疏。向長貧無資食，好事者更饋焉，受之取足而反其餘。這些黃老人物，操持少私寡欲的信念，自然會克制多欲奢侈的行爲，而表現淡泊廉潔之風。

其次，講求柔弱謙卑、功遂身退。黃老思想雖然也講究事功，主張積極入世，匡正社會積弊，尋求解決問題的方法。但在此過程中，強調不敢爲天下先，將柔弱的原則視爲取勝和生存之道。教人要謙卑不逞能，行動應如水一般，擅於順應時勢。當功成名就之後，輒應功成不居，功遂身退，所謂「功成而不止，身危又（有）央（殃）。」〔註457〕只有秉持適可而止或是謙退不居的精神，權勢富貴，反而才能確保，否則至少也可以免於災禍，史上有「三代之將，道家所忌」〔註458〕的教訓，豈是虛言。在此原則之下，其實際作爲表現在不干聲譽，不慕榮名，避免盛滿的行事風格。張良杜門不出，願與赤松子游；劉德妻死，大將軍霍光欲以女妻之，德不敢取，畏盛滿；楊厚拒受威權傾朝的大將軍梁冀的車馬珍玩，避與相見，稱病求退；太子少傅疏廣，深感宦成名立，如此不去，懼有後悔；任隗義行內修，不求名譽，而以沈正見重於世。這些令人讚頌的例子，謙卑身退正是他們最佳的註腳。當不好榮名，不立聲譽發揮到極致，則必視仕宦爲拘累，功名爲糞土，而走上另一道路—隱逸。隱逸林中無榮辱，藉由隱來避免外在紛爭，以保全其本眞。這也爲何兩漢眾多學黃老道家之術者，如蓋公、司馬季主、安丘望之、嚴遵、向長、周勰、高恢、矯愼、馮顥等輩甘於潛隱江湖山林，不能不承認皆是此思想的影響。

〔註457〕《經法・國次》，頁45。
〔註458〕《漢書・李廣蘇建傳第二十》，卷五十四，頁2469。

第四節　小　結

　　就以上所述，清楚地看到黃老思想影響兩漢的層面既深遠又廣泛。漢室之興，以黃老起家，昭、宣、光武中興亦得力於斯。尤其西漢初年的統治者，由於秦的血與火的教訓，和社會條件的限制，不得不抑制貪婪的本性，表現爲生活上的節儉，政治上的寬平。漢初採取這種政策，爲統治者帶來極大的利益，替往後立下一個效法的典範。

　　儘管史家每謂至武帝罷黜百家，獨尊儒術，黃老思想正式退出政治的舞台，終而湮沒不聞。此說似乎符合實情，卻不盡如此。漢初以後，史書明確記載以黃老治國雖然幾乎不見，但是道家黃老思想的無爲而治的基本方向是清靜不擾，與民休息，尤其經過動亂之後的朝代，不能不以此作爲恢復生產甚至長治久安的重要策略。故每當國家疲弊，主政者則復用之，所以黃老思想並未眞正消失，其精神時時在關鍵時期發揮作用，達到穩定社會政局的潛伏力量，這對黃老之學可以說是師其意而不師其辭。魏源說：

> 西漢承周末文勝，七國嬴秦湯火之後，當天下生民大災患，大痼瘵之時，故留侯師黃石佐高祖，約法三章，盡革苛政酷刑，曹相師蓋公輔齊、漢，不擾獄市，不更法令，致文景刑措之治，亦不啻重睹太古焉。此黃老無爲可治天下，後世如東漢光武、孝明、元魏孝文、五代唐明宗、宋仁宗、金世宗皆得其遺意。是古無爲之治，非不可用於世明矣。〔註459〕

魏氏之說是有所見地，但是它的影響並不僅限於這幾朝。例如唐太宗李世民承隋之弊，他說：

> 往昔初平，京師宮中美女珍玩無院不滿。煬帝意猶不足，徵求無已。兼東西征討，窮兵黷武，百姓不堪，遂致亡滅。此皆朕所目見，故夙夜孜孜，惟欲清淨，使天下無事，遂得徭役不興，年穀豐稔，百姓安樂。夫治國猶如栽樹，本根不搖，則枝葉榮茂。君能清靜，百姓何得不安樂乎？〔註460〕

又說：

〔註459〕《魏源集上冊・老子本義序》，頁254，台北：鼎文書局，1978年11月初版。

〔註460〕《貞觀政要・政體二》，卷一，頁20，台北：臺灣中華書局四部備要本據明刻本校刊，1979年7月台三版。

> 君無爲則人樂，君多欲則人苦。〔註461〕

即是以無爲不擾施之於政。唐玄宗初任大位，承武周晚年以來政局不靖，生產滯緩，賦斂激增的情勢，以漢初黃老思想清靜無爲而治爲範例，進行改革。玄宗曾愼重告誡官員說：

> 曹參相齊，貴於清靜，清靜則不擾，不擾則和平，和平則不爭，不爭則知恥。〔註462〕

國家要治理，須先創造一個清靜不擾，和平不爭的社會，讓百姓各歸其位，如此生產得以正常，政局自然安定。所謂「土煩則草木不長，水煩則魚鱉不大。必也寬恕，貴乎清靜。」「宜問疾苦，拯貧窮，杜侵漁，察冤獄，至於賦役務從簡省，深刻爲事，人何以堪？」〔註463〕爲了貫徹清靜之治，開元初玄宗選定了一批尚輕靜、務簡易的官吏：如倪若水「出爲汴州刺史，尚政清靜，人吏安之。」〔註464〕齊澣「爲平陽太守，……更以黃老清靜爲治。」〔註465〕蘇頲「尚清靜」。〔註466〕裴寬「以清簡爲政，故所蒞人皆愛之。」〔註467〕改變了當初政治將頹的局勢，開創了受後人歌頌的開元之治。

又如宋太宗，他曾就黃老之治發表感慨說：

> 清靜致治，黃老之深旨也。夫萬物自有爲以至於無爲，無爲之道，朕當力行之。至如汲黯臥治淮陽，宓子賤彈琴治單父，此皆行黃老之道也。

參知政事呂端等人說：

> 國家若行黃老之道，以致昇平，其效甚速。

呂蒙正則說：

> 老子稱治大國若烹小鮮。夫魚撓之則潰，民撓之則亂。今之上封事

〔註461〕《貞觀政要・務農三十》，卷八，頁2。

〔註462〕宋敏求編《唐大詔令集・簡京官爲都督刺史詔》，卷一百，頁680，台北：臺灣商務印書館影文淵閣四庫全書第426冊。

〔註463〕《唐大詔令集・處分朝集使敕八道》，卷一百三，頁705～706。

〔註464〕劉煦等《舊唐書・良吏列傳下第一三五》，卷185下，頁4811，北京：中華書局點校本，1997年3月六刷。

〔註465〕《舊唐書》本傳，頁5036。

〔註466〕歐陽修等《新唐書・列傳五十》，卷一二五，頁4402，北京：中華書局，1997年3月第六刷。

〔註467〕《舊唐書・列傳第五十》，卷100，頁3131。

　　議制置者甚多，陛下漸行清靜之化以鎮之。〔註468〕
凡此莫不是借鏡於前人經驗智慧之所得。又如宋眞宗，亦以無事治天下，初
爲開封封尹，太宗上諭以政教之設，在乎得人心而不擾，不擾莫若以清淨靜
先的理民之道。〔註469〕又《宋史・王旦傳》記載：「會契丹修和，西夏誓守故
地，二邊兵罷不用，眞宗以無事治天下。旦謂祖宗之法具在，務行故事，愼
所改變，帝久益信之，無所不聽。」〔註470〕《宋史卷二八二・李沆傳》：「眞
宗問治道所宜先，沆曰：『不用浮薄新進喜事之人，此最爲先』。」〔註471〕眞
宗師法清靜無爲，臣下李沆退喜更張激昂之人，與漢初曹參等輩用人選擇直
木者一脈相傳，都是黃老作風。司馬光給王安石的信曾說：「自古聖賢治國者，
不過使百官各稱其職，委任而責成功也。其所以養民者不過輕租稅，薄賦斂，
已逋責也。」〔註472〕可說道出了中國政治本質，其本質就是從黃老思想中得
來。

　　歷史是一面鏡子，以史資政，以史鑑今，審度時勢，師法前人成功事例，
方能創造新局。顯然黃老思想實踐的成功事例對漢代及以後理國安民的政
策，起了大的作用，無怪乎往後的帝王治國常以爲師法。

　　當然，黃老思想的影響不僅限於此，黃老思想具有多方面貌，適足以提
供不同的需求。兩漢士人紛紛取之以爲出處進退的依據。魏源又說：

　　　漢人學黃老者，蓋公曹參汲黯爲用世之學，疏廣劉德爲知足之學，

　　四皓爲退隱之學。〔註473〕

無論是用世、知足、退隱，黃老思想都能提供一個成就自我的路途，同時也
成爲穩定社會的重要基石。我們看兩漢信奉黃老思想的人，多秉持寡欲儉約，
謙卑不爭，以達觀的心胸來應世，引導人們淡泊名利物欲，保持操守和人格
獨立，爲兩漢注入了一股清流。同時，兩漢信持黃老思想的人，多強調順性

〔註468〕李濤《續資治通鑑長編》，卷三十四，頁 356，台北：世界書局，1974 年 6
　　　　月三版。

〔註469〕李攸《宋朝事實》，卷三，頁 33～34，北京：中華書局，叢書集成初編，1985
　　　　年新一版。

〔註470〕脫脫等《宋史・列傳四十一》，卷二八二，頁 9545，北京：中華書局，1997
　　　　年 6 月四刷。

〔註471〕《宋史・列傳四十一》，卷二八二，頁 9538。

〔註472〕《司馬溫公集・與王介甫書》，卷之十，頁 242，北京：中華書局，叢書集成
　　　　初編，1985 年新一版。

〔註473〕《老子本義・論老子》，頁 6，台北：漢京文化事業出版公司， 1980 年 9 月。

養生，求得心靈的平和，精神的自由，肉體的健全，讓人對於生命的珍惜。唐高祖李淵在《神堯傳位皇太子詔》中說，退位以後，他將「游心恬淡，安神玄默，無為拱揖，憲章往古」，〔註474〕將有生之年放在保生養性之道上；唐睿宗也在退位制書中透露出「神與化游，思與道合，無為無事」〔註475〕的心願。宋太祖在開寶二年五月，親自詢問隆興觀道士蘇澄養生之術，蘇澄說：

> 臣養生，不過精思鍊氣耳；帝王養生，則異於是。老子曰：我無為
> 而民自化，我無欲而民自正。無為無欲，凝神太和，昔黃帝、唐堯
> 享國永年，用此道也。〔註476〕

此番黃老說教，太祖非常高興，蘇澄也得道重賞。總之，黃老思想自兩漢以後，隨者時代的興替，已被視為歷史陳跡，但我們不管從黃老思想應用在政治上或處世原則上，所反映出來的典型特徵，仍然根植於往後的時代，並清晰地被實踐著。

〔註474〕《唐大詔令集》，卷三十，頁170。
〔註475〕《唐大詔令集·睿宗命皇太子即位制》，卷三十，頁171。
〔註476〕《續資治通鑑長編》，卷十，頁88。

第六章 黃老思想與道教

第一節 黃老思想與方仙道

　　從前面幾章，我們看到黃老的政治思想，在《淮南子》之後幾乎不再有進展，形上道論也不見開拓性的變化；反而是養生思想，已有不同，即是由注重精神層面的修鍊逐步到重視有形生命的長度，甚至追求不死。這在東漢以後的發展更為清楚。漢明帝劉莊為太子時，見其父光武帝「勤勞不怠」，勸諫說：「陛下有禹湯之明，而失黃老養性之福，願頤愛精神，優游自寧」。〔註1〕顯然，東漢早期黃老已成為養性保身之學。

　　另一方面，隨著「方仙道」的流行，黃老思想也隨著轉變。我們知道，方仙道以「形解銷化，依於鬼神之事」，〔註2〕飛昇沖舉，凌虛御空，變成神仙不死為根本思想，這種思想從追求長生不死而來。

　　《山海經》記載有不死國、不死山、不死藥、不死樹、不死民等等。〔註3〕《左傳》昭公二十年，齊景公問晏子說「古而無死，其樂若何？」晏子以古無不死之人以答，〔註4〕可見不死的思想，春秋時期已廣受注意。

〔註1〕　《後漢書‧光武帝紀一下》，卷一下，頁85。
〔註2〕　《史記‧封禪書第六》，卷二十八，頁1368～1369。
〔註3〕　如《山海經‧海外南經》：「不死民在其（川胸國）東，為人色黑，壽，不死。」
　　　　〈大荒南經〉：「有不死之國，阿姓，甘木是食。」〈海內西經〉：「開明東有巫彭、巫抵、巫陽、巫履、巫凡、巫相，夾窫窳之尸，皆操不死之藥以拒之。」
　　　　〈海內經〉：「流砂之東，黑水之間，有山名不死之山。」此皆以不死為言。
〔註4〕　《春秋左傳注》，頁1420。

到了戰國時期，有人造不死藥。《戰國策·楚策》有人獻不死藥於楚王；〔註5〕《韓非子》也有人「教燕王爲不死之道者」；〔註6〕在《莊子》記載著「不食五穀，吸風飲露。乘雲氣，御飛龍，而游乎四海之外」〔註7〕的神人，這種神人不食人間煙火，不怕水火侵害，騰雲駕霧，來去自由，雖是寓言，卻留下由現實世界成就神仙世界的一個空隙。屈原〈天問〉說：「黑水玄趾，三危安在？延年不死，壽何所止？」〔註8〕這是神仙之說，屈原疑而問之。在〈離騷〉裡，屈原想像自己升天，「前望舒使先驅兮，後飛廉使奔屬。鸞皇爲余先戒兮，雷師告余以未具。吾令鳳鳥飛騰兮，繼之以日夜」。〔註9〕〈九章〉中則說：

> 駕青虬兮驂白螭，吾與重華遊兮瑤之圃。登崑崙兮食玉英，與天地
> 兮同壽，與日月兮同光。〔註10〕

這都反映了當時的神仙思想。

戰國末期，經過燕、齊方士的鼓吹，神仙不死的思想逐漸與陰陽家、方技家、數術家合流，並已有修習各類道術的方士集團組織。當秦時，秦始皇好神仙，自稱「眞人」，不稱「朕」，命博士作「仙眞人詩」，他游幸天下的時候，傳令樂工演奏歌唱；並有大批方士替他「練求奇藥」，此奇藥即仙藥。仙藥必求之於仙人，於是於二十八年（公元前219年）使徐市發童男女數千人，入海求仙人；三十二年使燕人盧生求仙人羨門、高誓；使韓終、侯公、石生，求仙人不死之藥。〔註11〕

進入西漢，此風不歇，陸賈曾批評那些「苦身勞形，入深山，求神仙；棄二親，捐骨肉，絕五穀，廢詩書，背天地之寶，求不死之道」〔註12〕的人，說明當時有一批這樣的人物。而追求神仙不死在宮廷最爲盛行，一九七二年長沙馬王堆一號漢墓出土一幅帛畫，據研究這是墓主下葬時在遣車前舉揚的圖畫，以「引魂升天」，是一件招魂的「非衣」。〔註13〕這畫繪於漢文帝之時，

〔註5〕《戰國策新校注》，卷十七，楚四，頁565。

〔註6〕《韓非子釋評·外儲說左上第三十二》，頁1094。

〔註7〕《莊子集釋·逍遙遊第一》，卷一上，頁28。

〔註8〕《楚辭·天問》，頁96。

〔註9〕《楚辭·離騷》，頁28～29。

〔註10〕《楚辭·九章·惜誦》，頁128～129。

〔註11〕以上皆見《史記·始皇本紀第六》，卷六，頁247～253。

〔註12〕《新語·慎微第六》，卷上，頁93。

〔註13〕參商志馥〈馬王堆一號漢墓「非衣」試釋〉，《文物》1972年第9期。

畫的是下葬的貴族婦女升上天界成仙的場面，表現漢初神仙思想的發展。

到了漢武帝尤好神仙，「海上燕、齊怪迂之方士，多更來言神事。」〔註14〕其事蹟俱在《史記·封禪書》。如：李少君以祠竈、穀道、卻老方受重視；〔註15〕齊人少翁以鬼神方見上，拜爲文成將軍；〔註16〕欒大以「黃金可成，而河決可塞，不死之藥可得，僊人可致」之言，受封「天道將軍」。〔註17〕又如齊人公孫卿，講黃帝封禪、鑄鼎、登仙之事，武帝信之。並言仙人好樓居，建益壽觀，高二十丈，武帝前後七次至東萊海上，候神仙，皆失望而返。〔註18〕

爾後宣帝、成帝、哀帝皆好仙人鬼神。宣帝時，接受方士建議，祭祀仙人，並爲之立祠。《漢書·郊祀志》說：

> 以方士言，爲隨侯、劍寶、玉寶璧、周康寶鼎立四祠於未央宮中。又祠太室山於即墨，三戶山於下密，祠天封苑火井於鴻門。又立歲星、辰星、太白、熒惑、南斗祠於長安城旁。又祠參山八神於曲城，蓬山石社石鼓於臨朐，之罘山於睡，成山於不夜，萊山於黃。成山祠日，萊山祠月。又祠四時於琅邪，蚩尤於壽良。京師近縣鄠，則有勞谷、五床山、日月、五帝、僊人、玉女祠。雲陽有徑路神祠，祭休屠王也。又立五龍山僊人祠及黃帝、天神、帝原水，凡四祠於膚施。

張敞上書諫說：

> 願明主時忘車馬之好，斥逐方士之虛語，游心帝王之術，太平庶幾可興也。〔註19〕

成帝晚年，谷永上書極言神鬼之術，「皆姦人惑眾，挾左道，懷詐偽，以欺罔世主。」〔註20〕繼之王莽亦好神仙，用方士蘇樂言，「起八風臺於宮中，作樂其上，順風作液湯。又種五粱禾於殿中，以各順色置其方面，先鬻鶴髓、毒冒、犀玉二十餘物漬種，計粟斛成一斤，言此黃帝僊穀之術也」。〔註21〕由此可知，西漢方仙道因帝王喜好，有進一步發展，方士除講神仙術外，又兼具

〔註14〕《史記·封禪書第六》，卷二十八，頁1386。
〔註15〕《史記·封禪書第六》，卷二十八，頁1385。
〔註16〕《史記·封禪書第六》，卷二十八，頁1387～1388。
〔註17〕《史記·封禪書第六》，卷二十八，頁1390～1391。
〔註18〕《史記·封禪書第六》，卷二十八，頁1393～1402。
〔註19〕卷二十五下，頁1249～1251。
〔註20〕《漢書·郊祀志第五下》，卷二十五下，頁1260。
〔註21〕《漢書·郊祀志第五下》，卷二十五下，頁1270。

巫祝祭祀之事。

　　黃老思想本重養生之說但無神仙不死之說，蒙文通說：

　　　　神仙之事，晚周已盛，仙道分爲三派，似皆與老子無關。〔註22〕

周紹賢也說：

　　　　神仙由長生不死之思想而來，黃老本身只有養生之說，而無不死之
　　　　說。至於謂黃帝鑄鼎荊山之下，乘龍仙去，乃戰國方士之談。謂老
　　　　子將西出關，昇崑崙，使徐甲死而復生，以顯神異，乃道教所傳。
　　　　道家只重養生之道，而未談不死之論。……雖有將《老子》「長生久
　　　　視之道」、「死而不亡者壽」引作神仙之說者，如河上公注《老子》，
　　　　以此處所謂長生，所謂壽，乃養精養氣之說，然亦只可謂長生延壽，
　　　　而未云不死。〔註23〕

西漢前期習黃老者未曾有以長生爲業的，《史記・留侯世家》說張良功成後也
僅「欲從赤松子遊」，「乃學辟穀，導引輕身。」〔註24〕淮南王劉安雖喜神仙
方術，但他所編撰的《淮南子》並未和神仙家混爲一談。《漢書・淮南衡山濟
北王傳》說：

　　　　淮南王安，……招致賓客方術之士，作內書二十一篇，外書甚眾，
　　　　又有中篇八卷，言神仙黃白之術，亦二十餘萬言。〔註25〕

中篇即《枕中鴻寶苑秘書》，是專言神仙方術之書。〔註26〕然而在漢武帝之後，
黃老思想在政治層面退居幕後，其中「長生久視」的思想恰與神仙家「保性

〔註22〕《古學甄微・道教史瑣談》，頁316。
〔註23〕《道家與神仙》，頁28～29，台北：臺灣中華書局，1987年3月四版。
〔註24〕《史記・留侯世家第二十五》，卷五十五，頁2044。
〔註25〕卷四十四，頁2145。
〔註26〕據《漢書・劉向傳》記載，漢宣帝時，「上復興神仙方術之事，而淮南有《枕
　　　　中鴻寶苑秘書》（《漢書・郊祀志》作《枕中鴻寶苑秘之方》），書言神仙使鬼
　　　　物爲金之術，及鄒衍《重道延命方》。」可見這部書是煉丹仙術之書。這部書
　　　　顏師古說：「〈鴻寶〉、〈苑秘書〉，並道術篇名。藏在枕中，言長存錄之，不漏
　　　　泄也。」又說：「鴻，大也；苑秘者，言秘術之苑囿也。」葛洪《抱朴子內篇・
　　　　論仙卷第二》說：「夫作金皆在神仙集中，淮南王抄出以作《鴻寶枕中書》，
　　　　雖有其文，然皆秘要其文，必須口訣，臨文指解，然後可爲也。其所用藥，
　　　　復多改其本名，不可按之使用也，劉向父德治淮南王獄中所得此書，非爲師
　　　　授也。向本不解道術，偶偏見此書，便謂其意盡在紙上，是以作金不成耳。」
　　　　又葛洪《神仙傳》說：「《中篇》八章，言神仙黃白之術。」（台北：臺灣商務
　　　　印書館影印文淵閣四庫全書第1059冊，1983年）所謂黃白之術，就是燒煉黃
　　　　金白銀的方法。

命之眞，而游求於其外者也，聊以蕩意平心，同死生之域，而無怵惕于於胸中」〔註27〕的原理頗相吻合，於是逐步接納方仙道中的神仙不死思想，方仙道也慢慢以黃老爲宗；又道家黃老喜歡假托古人的情形也容易與神仙故事互相結合，於是養生長生與神仙不死二者雜糅。原本尙黃老與神仙的兩股思潮，差不多同時興起於齊、楚，而在西漢中期，神仙方士與黃老術士逐漸合流，也使得黃老之學有了轉變。

其中最明顯的莫過於從神化黃老的兩位核心人物——黃帝與老子開始。對於黃帝的神化，由來已久。如《莊子·大宗師》說：「黃帝得之（道），以登雲天」。〔註28〕《韓非子·十過》敘述師曠對晉平公說的話：

> 昔者黃帝合鬼神於泰山之上，駕象車而六蛟龍。畢方並鎋，蚩尤居前，風伯進掃，雨師灑道，虎狼在前，鬼神在後，騰蛇伏地，鳳凰覆上，大合鬼神，作爲清角。〔註29〕

這裡的黃帝在泰山合鬼神，完全以神的面貌出現。到了漢初有五時之祀，黃帝是其中之一。〔註30〕而《史記·五帝本紀》記載黃帝在位百年而崩，年一百一十歲。《索隱》引《大戴禮記》說：「宰我問孔子曰：『榮伊言黃帝三百年，請問黃帝何人也？抑非人也？何以至三百年乎？』對曰：『生而人得其利百年，死而人畏其神百年，亡而人用其教百年。』」孔子雖然對黃帝三百年進行合理解釋，但看到的黃帝是一個長壽的人物。〔註31〕武帝時期，黃帝逐步成爲仙人的形象。《史記·封禪書》裡，黃帝和神仙打交道的故事不少。如：

> 黃帝采首山銅，鑄鼎於荊山下。鼎既成，有龍垂胡髯下迎黃帝。黃帝上騎，群臣後宮從上者七十餘人，龍乃上去。餘小臣不得上，乃悉持龍髯，龍髯拔，墮，墮黃帝之弓。百姓仰望黃帝既上天，乃抱其弓與胡髯號，故後世因名其處曰鼎湖，其弓曰烏號。〔註32〕

這段神話說黃帝在荊山鑄鼎成功，於是有龍來迎接黃帝，黃帝於是乘龍昇天成仙。何以知道黃帝成仙，這本由方士申公所說，有人在汾陽掘得古鼎，硬說黃帝當年所製，方士申公遺書予以證實，說黃帝且戰且學仙，鑄成此鼎之

〔註27〕　《漢書·藝文志第十》，卷三十，頁1780。
〔註28〕　《莊子集釋·大宗師第六》，卷三上，頁247。
〔註29〕　《韓非子釋評·十過第十》，頁379。
〔註30〕　《史記·封禪書第六》，卷二十八，頁1378。
〔註31〕　《集解》引皇甫謐曰：「（黃帝）在位百年而崩，年百一十一歲。」卷一，頁11。
〔註32〕　頁1394。

後，就乘龍登仙而去。這個神話開了黃帝由神轉變爲仙的角色。武帝以後的
《列仙傳》則將黃帝列爲仙人，而且依據司馬遷的記載說：

> 黃帝者，號曰軒轅，能劾百神，朝而使之。弱而能言，聖而預知。
> 知物之紀，自以爲雲師。有無形，自擇亡日，與群臣辭，至於迁。
> 還葬橋山。山崩，柩空無尸，唯劍舃在焉。仙書云：黃帝采首山之
> 銅，鑄鼎於荊山之下。鼎成，有龍垂胡鬣下迎，帝乃升天，群臣百
> 僚，悉持龍鬣，從帝而升。攀帝弓及龍鬣，撥而弓墜，群臣不得從。
> 仰望帝而悲號。故後世以其處爲鼎湖，名其弓爲烏號焉。〔註33〕

以上所述黃帝成仙的事，既具神性，又富仙味。可見西漢時期，黃帝成仙之
說，已經廣泛流傳，並且載入史冊。這是神仙方士與黃老思潮結合的例證。

老子被神化比起黃帝來則晚的多。老子被尊奉爲黃老學術之祖，司馬遷
寫《史記》時老子不過是一個活了二百來歲的「修道而養壽」的隱君子。後
來桓譚引杜房言「老子用恬淡養性，致壽數百歲」；〔註34〕王充以老子之道可
以度世，而稱老子、文子似天地者也。又認爲：「老子恬淡無欲，養精愛氣，
世爲眞人。」〔註35〕老子雖然被神秘化，但尚未成爲神仙。漢武帝以好神仙
方術聞名，卻與老子無緣，說明當時老子還未以神仙面目出現。《漢書‧藝文
志》神仙家類的書目，也只有黃帝而無老子。然而到了東漢中晚期，老子的
地位越來越高，當時學術界一些著名的經學家如馬融也參與注《老子》；還有
些學者，兼修儒道，廣授門生，爲了與儒學相抗衡，在道學中滲透神仙怪異
之說。《列仙傳》乾脆把老子列爲神仙：

> 老子，姓李，名耳，字伯陽，陳人也。生於殷時，爲周柱下史。好
> 養精氣，接而不施，轉爲守藏史，積八十餘年。《史記》云二百餘年。
> 時稱爲隱君子，諡曰聃。仲尼至周見老子，知其聖人，乃師之。後
> 周德衰，乃乘青牛車去入大秦，過西關，關令尹喜待而迎之，知眞
> 人也。乃強使著書，作道德上下經二卷。〔註36〕

邊韶《老子銘》更把老子描繪成「離合乎渾沌之氣，與三光爲終始」的「蟬

〔註33〕 王叔岷《列仙傳校箋》，頁9，台北：中央研究院中國文哲研究所籌備處，1995
　　　　年4月初版。《列仙傳》二卷，原題西漢劉向撰，余嘉錫認爲係託名，此書盛
　　　　行於東漢，蓋明帝以後順帝以前人之所作。參余嘉錫《四庫提要辨證‧列仙傳》。
〔註34〕 《新論‧袪蔽》，《全後漢文》，卷十四，頁544。
〔註35〕 《論衡校釋‧道虛第二十四》，第七卷，頁334。
〔註36〕 《列仙傳校箋》，頁18。

蛻度世」〔註37〕的道的化身，成為與天地相終始的永恆之神，修老子之道就能與道合一，就像道一樣永生永存。永興元年（公元 153 年）譙令長沙王阜《老子聖母碑》也說：

> 老子者，道也。乃生於無形之先，起於太初之前，行於太素之元。
>
> 浮遊六虛，出入幽冥。觀混合之未別，窺清濁之未分。〔註38〕

以神仙家的眼光攀附已向養生之道發展的黃老來神化老子。可見在東漢，老子已變成養生的神仙。

　　在神仙化的過程中，黃帝、老子形象轉變的同時，黃帝、老子也逐漸成為宗教祭祀崇拜的對象。《後漢書・楚王英傳第三十二》載，楚王劉英年輕時好遊俠，結交賓客，晚年「更喜黃老，學為浮屠，齋戒祭祀。」漢明帝永平八年（公元 65 年），詔令天下有死罪者可用縑贖罪，劉英派郎中令奉黃縑白紈三十匹送到國相處，明帝下詔曰：

> 楚王誦黃老之微言，尚浮屠之仁祠，結齋三月，與神為誓，何嫌何疑，當有悔吝？其還贖，以助伊蒲塞、桑門之盛饌。〔註39〕

足見楚王英把黃老作為祭祀對象並與佛陀同祀。《後漢書・孝明八王列傳第四十》還記載：「憍辭與王共祭黃老君，求長生福」。〔註40〕漢桓帝劉志（在位公元 147～167 年）於延熹八年（公元 165 年），兩次派人到楚苦縣祠老子。延熹九年（公元 166 年），「庚午，祠黃老于濯龍宮。」〔註41〕《漢書・郊祀志中》記載如何祭祀：

> 延熹九年，親祠老子於濯龍，文罽為壇飾，淳金扣器，華蓋之坐，用郊天樂也。〔註42〕

這裡只說祭老子，「文罽」是華貴的毛氈，「淳金扣器」是鑲金的禮器，「華蓋之坐」是裝飾華麗，有絹傘遮陽的座位，「郊天樂」是祭天演奏的音樂，如此高規格的祭祀，顯見老子在時人心中的地位。同年，襄楷詣闕上疏說：

> 又聞宮中立黃老、浮屠之祠。此道清虛，貴尚無為，好生惡殺，省欲去奢。今陛下（桓帝）嗜欲不去，殺罰過理，既乖其道，豈獲其

〔註37〕《隸釋》三，《全上古三代秦漢六朝・全後漢文》卷六十二，頁 813。
〔註38〕《太平御覽》卷一引，頁 131。
〔註39〕卷四十二，頁 1428。
〔註40〕卷五十，頁 1669。
〔註41〕《後漢書・孝桓帝紀第七》，卷七，頁 317。
〔註42〕《志》第八，頁 3188。

祚哉！或言老子入夷狄爲浮屠，浮屠不三宿桑下，不欲久生恩愛，精之至也。天神遣以好女，浮屠曰：此但革囊盛血。遂不眄之。其守一如此，乃能成道。今陛下婬女艷婦，極天下之麗，甘肥飲美，單天下之味，奈何欲如黃老乎。〔註43〕

此說明黃老的思想主旨，以及老子西出化胡而成爲浮屠之事。出於漢桓帝時的敦煌本《老子變化經》已表明老子在當時已經是宗教之教主。〔註44〕此時的黃老已不再是西漢初期的面貌，而爲神仙家所托附，它同佛教相提並論，並有祭拜、誦經、齋戒等具體活動，黃老之學已經開始向宗教轉化而變成道教的雛形「黃老道」。

「黃老道」之名，首見於《後漢書·循吏王渙傳第六十六》：

延熹中，桓帝事黃老道，悉毀諸房祀。唯特詔密縣，存故太傅卓茂廟，洛陽留王渙祠焉。〔註45〕

這裡的黃老道顯然已與宗教祭祀有關。而黃老道原義並非指一種特定的宗教，它是對東漢後期流行於社會上的黃帝、老子崇拜的泛稱，它們已有嚴密的教團組織。當時有兩大派別。

一是太平道。《後漢書·皇甫嵩傳第六十一》：

初，鉅鹿張角自稱「大賢良師」，奉事黃老道，畜養弟子，跪拜首過，符水咒説以療病，病者頗愈，百姓信向之。角因遣弟子八人使於四方，以善道教化天下，轉相誑惑。十餘年間，眾徒數十萬，連結郡國，自青、徐、幽、冀、荊、楊、兗、豫八州之人，莫不畢應。遂置三十六方。方猶將軍號也。大方萬餘人，小方六七千，各立渠帥。詭言「蒼天已死，黃天當立，歲在甲子，天下大吉。」以白土書京城寺門及州郡官府，皆作「甲子」字。中平元年，大方馬元義等先

〔註43〕《後漢書·郎顗襄楷列傳第二十下》，卷三十下，頁 1082～1083。

〔註44〕《老子變化經》，明《道藏》未收，出於敦煌卷子，斯 2295 號即此經。卷後題「老子變化經」，並題「大業八年（612 年）八月十四日經生王儔寫，用紙四張，玄都玄壇道士覆校，裝潢人，秘書省寫」。本經尚存正文 95 行，每行 17 字。內容稱元康五年，老子托形化入楚國李母胎中，七十二年乃生。接著描繪老子雄其相貌，稱爲天地之本根、萬物之魂魄，游騁日月，回送星辰，化易四時，推移寒溫，是爲道體。又能千變萬化，應視無窮，隨世浮沉，退則養精，進則帝王師。最後老子自述變易身形，托死更生，周遊仙府之大能，教人讀《五千文》，念老子之名，思老子之形，確立了老子在道教神壇中的崇高地位。

〔註45〕卷六十七，頁 2470。

收荊、楊數萬人，期會發於鄴。元義數往來京師，以中常侍封諝、徐奉等爲内應，約以三月五日内外俱起。未及作亂，而張角弟子濟南唐周上書告之，於是車裂元義於洛陽。靈帝以周章下三公、司隸，使鈎盾令周斌將三府掾屬，案驗宮省直衛及百姓有事角道者，誅殺千餘人，推考冀州，逐捕角等。角等知事已露，晨夜馳敕諸方，一時俱起。皆著黃巾爲摽幟，時人謂之「黃巾」，亦名爲「蛾賊」。殺人以祠天。角稱「天公將軍」，角弟寶稱「地公將軍」，寶弟梁稱「人公將軍」，所在燔燒官府，劫略聚邑，州郡失據，長吏多逃亡。旬日之閒，天下嚮應，京師震動。〔註46〕

《資治通鑑・漢紀》靈帝光和六年（公元 183 年）云：

初，鉅鹿張角奉事黃老，以妖術教授，號太平道。〔註47〕

太平道的首領張角，冀州鉅鹿人，原是黃老道徒。他接受黃老道中傳承的《太平經》，在漢靈帝建寧年間（公元 168～171 年）開始佈道，自稱「大賢良師」，創立太平道。所謂「以妖術教授」，是指張角打著黃老道的旗號以《太平經》佈道，建立異端教團而言；所謂異端，是說有異於朝廷尊崇的黃老道。蓋漢代朝廷雖事奉黃老道，但沒有接受《太平經》，這從宮崇、襄楷等屢上《太平經》而順帝、桓帝不能行可知。

另一派爲五斗米道，即後來的天師道，或是正一道。〔註48〕創立者張陵，子張衡，孫張魯相繼而得以發展。〔註49〕這一派直接以《老子》爲教義，將

〔註46〕卷七十一，頁 2299～2300。

〔註47〕《資治通鑑・漢紀五十》，卷五十八，頁 1864。

〔註48〕張陵所創之教，稱爲「天師道」。天師道之名始見於《太平經》：「願得天師道傳弟子，付歸有德之君能用者。」（《太平經合校》，頁 82）《隸續》卷三載後漢靈帝熹平二年（公元 173 年）祭酒張普題字云：「祭酒約，施天師道，法無極耳。」據《雲笈七籤》卷六引梁孟法師《玉緯七部經書目》說：「漢末有天師張道陵，精思西山，太上親降，漢安元年五月一日，授以三天正法，命爲天師。」即說明張陵所傳爲「天師道」。天師道又名「正一道」。此導因於張陵傳《正一經》，《雲笈七籤》卷六說：「太上所說《正一經》，天師自云：我受於太上老君，教以正一新出之法。」或傳「正一盟威之道」，葛洪《神仙傳・卷四・張道陵傳》：「張道陵與弟子入蜀，住鶴鳴山，著道書二十四篇，精心修煉，忽有天人下降，自稱柱下史，乃授陵以新出正一盟威之道。」

〔註49〕關於五斗米道的創立者，另有一說是張脩。有學者認爲，張脩創立的五斗米道，其性質與張角太平道相同，都是以宗教形式進行農民起義運動。但張魯取代張脩成爲五斗米道的首領後，僞造了自己祖父兩代的歷史以確立自己的「師君」正宗地位，並改變五斗米道的性質（熊德基《太平經》的作者和思

黃帝描寫成「道」的化身，將老子稱爲太上老君，爲道的教化者。《三國志‧二公孫陶四張傳第八》說：

> 張魯字公棋，沛國豐人也。祖父陵，客蜀，學道鵠鳴山中，造作道書以惑百姓，從受道者出五斗米，故世號米賊。陵死，子衡行其道。衡死，魯復行之。益州牧劉焉以魯爲都義司馬，與別部司馬張脩將兵擊漢中太守蘇固，魯遂襲殺脩殺之，奪其眾。焉死，子璋代立，以魯不順，盡殺魯母家室。魯遂據漢中以鬼道教民，自號師君。其來學道者，初皆名鬼卒，受本道已信，號祭酒。各領部眾，多者爲治頭大祭酒。皆教以誠信不欺詐，有病自首其過，大都與黃巾相似。諸祭酒皆作義舍，如今之停傳。又置義米肉，縣於義舍，行路者量腹取足；若過多，鬼道輒病之。犯法者，三原，然後乃行刑。不置長吏，皆以祭酒爲治，民夷便樂之。雄據巴、漢垂三十年。漢末，力不能征，遂就寵魯爲鎮民中郎將，領漢寧太守，通貢獻而已。〔註50〕

五斗米道與太平道相似，其組織、經典、宗教活動等在魚豢《典略》有清楚的記載：

> 熹平中，妖賊大起，天賊大起，三輔有駱曜。光和中，東方有張角；漢中有張脩。駱曜教民緬匿法，角爲太平道，脩爲五斗米道。太平道者，師持九節杖爲符祝，教病人叩頭思過，因以符水飲之，得病或日淺而愈者，則云此人信道，其或不愈，則爲不信道。脩法略與魯同，加施靜室，使病者處其中思過，又使人爲姦令祭酒，祭酒主以《老子》五千文，使都習，號爲姦令。爲鬼吏，主爲病者請禱。請禱之法，書病人姓名，說服罪之意。作三通，其一上之天，著山上，其一埋之地，其一沉之水，謂之三官手書。使病者家出米五斗以爲常，故號曰五斗米師，實無益于治病；但爲淫妄，然小人昏愚，競共事之。後角被誅，脩亦亡。及魯在漢中，因其民信行脩業，遂增飾之。教使作義舍，以米肉置其中以止行人；又教使自隱，有小過者，嘗治道百步，則罪除；又依月令，

想及其與黃巾和天師道的關係〉，《歷史研究》，1962 年第 4 期，頁 8～25）。此說僅是推測，未有堅強的史實證據。

〔註50〕 卷八，《魏書》第八，頁 263～264。

春夏禁殺，又禁酒。流移寄在其地者，不敢不奉。〔註51〕

五斗米道主要以《老子》五千文教授教徒，目前留有《老子想爾注》殘篇。

作爲具有宗教性質的黃老道，不僅要從形式上去神化黃帝、老子，更重要的是要從思想內容上去依附它以文飾其教。上述的太平道與五斗米道都有它們信奉的經典，儘管來源多端，內容龐雜，但其形成主要是以漢代道家黃老思想爲主軸。如果說兩漢黃老思想以《老子》爲中心，由此進行引申、發揮、擴大甚至轉化《老子》某些思想，那麼黃老道的核心思想，則是站在漢代黃老思想的基礎上進行轉化，尤其以神化某些思想爲主。因此，對於宗教的崇拜，黃帝與老子的地位可能不分軒輊；而作爲教義內容，在思想這一部分，黃老道與先秦時期黃老思想的發展一樣，雖然依託黃帝與老子，但仍然以《老子》爲中心。而這種黃老思想神學化的結果就是標示著道教的產生。當然，嚴格來說，這種帶有一定儀式的黃老道並非等同於道教，它是道教的前身，或是一種準道教的形式，〔註52〕就如同道家黃老並不能等同於黃老道。〔註53〕不過無論如何，黃老道以黃老思想爲根本，它是依附在道家黃老而來；

〔註51〕《三國志・魏書第八・二公孫陶四張傳第八》，卷八，注引，頁264。

〔註52〕葛兆光說：「從現存比較可靠的資料來看，張陵所代表的只是一個並不成熟的、帶有地方色彩的宗教團體，與後來的成熟道教相去甚遠，如果把五斗米道當作成熟的道教，我們就無法解釋許多棘手的問題。比如說五斗米道缺乏完整的理論體系，尚未構築起一個崇拜神仙譜系，也缺乏宗教必然具備複雜的儀式方法，而道教的這些理論、神譜、儀式、方法，主要都成熟於東晉南朝，大多來自於與張陵並不相干的葛玄、楊羲、二許、葛洪、陸修靜、陶弘景一脈，那麼怎麼解釋這一現象呢？同樣，把《太平經》視爲業已成熟的道教著作，便忽略了道教作爲一個宗教的特殊姓，《太平經》是一部彙編而成的書，來源不一，體系亂漫，比較原始，也比較粗糙，我們可以看到，道教特有的自然，社會與人的體系，道教特有的神祇系統、齋醮科儀、符籙禁咒、丹鉛導引方藥在《太平經》中還很零散。相反，講倫理，政治、法術的地方倒很多，看起來像是一本披了神學外衣的政治教科書，所以《後漢書・襄楷傳》說他『以陰陽五行爲家，而多巫覡雜語。』白雲齋《道藏目錄詳注》卷四說他『內則治身長生，外則治國太平。』的確不太像純道教的著作。」（《道教與中國文化》，頁19，上海人民出版社，1991年3月第三刷）龔鵬程也認爲：「道教並非單一的宗教，秦漢間實爲諸道並立的時代，這些道，彼此間競爭、融合、或各行其是，直到南北朝中晚期，才逐漸在『佛／道』對舉的架構下，被攏統地稱爲道家或道教。在這大共名底下，因諸道來源與內涵殊不相同，所以才在經書編秩及神仙品地等形式結構上運用巧思，勉強拼湊合成一個大系統。可是這只是形式上的統合，並非實質性的。」（《道教新論》二集，頁21，嘉義：南華管理學院，1998年7月）

〔註53〕目前學術界對「黃老之學」、「道家黃老」或「黃老道家」與「黃老道教」有

可以說，黃老道為一複雜概念，夾雜方仙道、巫覡符籙，黃老思想是其主要的組成份子，黃老思想的流傳為道教派別的建立起了重要的理論基礎，往後的道教也與此有深的關聯。

第二節　黃老道典籍對黃老思想的吸收與轉化

一、《太平經》

（一）《太平經》的相關問題

　　《太平經》是東漢黃老道經典，〔註 54〕是中國流傳最早的道教經典。根據記載，此書經過多次製作傳鈔才形成，西漢成帝時是始作期。《漢書‧眭兩夏侯京翼李傳第四十五》說：「齊人甘忠可詐造《天官曆》、《包元太平經》十二卷，以言漢家逢天地之大終，當更受名於天，天帝使真人赤精子，下教我此道。」甘忠可將此書教授夏賀良、丁廣世、郭昌等人，中壘教尉劉向奏其假鬼神罔上惑眾，將甘忠可下獄治罪，未斷病死。甘忠可死後，其弟子夏賀良等繼續暗中學習《包元太平經》。哀帝即位，騎都尉李尋向哀帝推薦夏賀良等待詔黃門，數次召見，便藉機說：「漢歷中衰，當更受命。成帝不應天命，故絕嗣。今陛下久疾，變異屢數，天所以譴告人也。宜急改元易號，乃得延年益壽，皇子生，災異息矣。」哀帝久病不癒，於是聽從建議，「以建平二年為太初元年，號曰陳聖劉太平皇帝。」後來，哀帝的病仍不見好轉，夏賀良等又奏言「大臣皆不知天命，宜退丞相御史，以解光、李尋輔政。」但哀帝

所區別，前者是學術流派，後者則是宗教。

〔註54〕有學者認為《太平經》非黃老道的宗教經典。理由之一是《太平經》中沒有「黃老道」的名稱；之二是漢桓帝祭拜黃老，事黃老道，但襄楷獻《太平經》時卻沒有採用；之三是張角兄弟領導的「黃巾起義」，旬日之間，天下響應，京師震動。漢靈帝對此採取鎮壓的手段。這次起義雖然失敗，卻加速了漢朝的滅亡。而襄楷先後三次上獻《太平經》，先是「順帝不行」，接著桓帝也未採用。而「靈帝即位，以楷書為然」。雖然說靈帝未必能夠預料後來發生的黃巾起義，但封建統治者素來對民間宗教組織存心戒懼，如果太平道就是黃老道，《太平經》就是其宗教經典，則靈帝將這部造反的宗教組織的經典看作是可供參考利用的，便很難解釋了（金正耀《道教與煉丹術論》，頁21，北京：宗教文化出版社，2001年2月一刷）。其實正由於黃老道是當時黃老的崇拜與各種宗教組織的泛稱，順、桓二帝不用，只能說明宮廷中的黃老道並未以《太平經》為經典，卻不足以說明民間黃老道也未以《太平經》為經典。

因為他們的建議無驗效，復以朝中大臣反對，於是逮捕夏賀良等人，判定他們「執左道，亂朝政，傾覆國家，誣罔主上，不道。夏賀良等皆伏誅，尋及解光減死一等，徙敦煌郡。」〔註55〕由此可知，《太平經》第一次出現稱作《包元太平經》，而當時的《包元太平經》內容今已不可詳考，而且由於所傳者甘忠可、夏賀良等人被殺，此書莫知所終。

順帝時期，《太平經》又再次出現。《後漢書》說：「初，順帝時，琅邪宮崇詣闕，上其師于（千）吉於曲陽泉水上所得神書百七十卷，皆縹白素朱介青首朱目，號《太平清領書》。其言以陰陽五行為家，而多巫覡雜語。有司奏崇所上妖妄不經，乃收藏之。」〔註56〕這一次是瑯邪人宮崇獻上其師于（千）吉所得的神書，號《太平清領經》，最後仍以「夭妄不經」不了了之，未受重用。據考證，于吉神書的來歷，有三種說法：

一說出自葛洪《神仙傳》。《三洞珠囊》卷一《救導品》引《神仙傳》佚文云：「干君者，北海人也。病癩數十年，百藥不能愈。見市中一賣藥公，姓帛名和。往問之。公言卿病可護。卿審欲得愈者，明日雞鳴時來會大橋北木蘭樹下，當教卿。明日雞鳴，干君往期處；而帛公已先在。怒曰：不欲愈病耶？而後至何也？更期明日夜半時。於是干君日入時便到期處。須臾，公來。干君曰：不當如此耶？乃以素書二卷受干君。誡之曰：卿得此書，不但病愈而已；當得長生。干君再拜受書。公又曰：卿歸，更寫此書，使成百五十卷。干君思得其意，內以治身，外以消災救病，無不差愈。在民間三百年，道成仙去也。」王松年《仙苑編珠》卷中引《神仙傳》佚文則說：「吉受之，乃《太平經》也。行之疾愈，乃於上虞釣臺鄉高峰之上，演此經成一百七十卷。今太平山干谿在焉。」據此，帛和授書二卷于干吉，吉演成一百七十卷，一百五十卷之說非是。

第二說出自已佚的《後漢書》，其中《混元聖記》卷一云漢成帝「河平二年甲午，老君降於琅琊郡曲陽淵，受干吉《太平經》。」此說言老子於前漢成帝河平二年下降，授干吉《太平經》。

第三說出《老君說一百八十戒序》，文見《太上老君經律》及《雲笈七籤》卷三十九。其言：「昔周之末，赧王之時，始出太平之道，太清之教。老君至琅琊，受道與干吉。干吉受道法，遂以得道，拜為真人。又傳《太平經》一

〔註55〕卷七十五，頁 3192～3193。
〔註56〕《後漢書‧郎顗襄楷列傳第二十下》，卷三十下，頁 1084。

百七十卷甲乙十部。後帛君篤病，從干君受道護病。病得除差。遂復得道拜爲眞人。」此說謂老君授干吉，吉授帛和。〔註57〕

桓帝之世，襄楷復獻此書於皇帝，說：

> 前者宮崇所獻神書，專以奉天地，順五行爲本，亦有興國廣嗣之術，
>
> 其文易曉，參同經典，而順帝不行，國胤不興。〔註58〕

並明白表示自己所獻即「琅邪宮崇受于吉神書」。根據上述記載，再合神書來歷三說，我們當了解，三說都是神仙家之言，老君下凡傳授，事屬妄誕；帛和授書亦如黃石公授張良韜略，亦皆自神之說。但可以肯定，該書出於于吉、宮崇等人之手，當時未能流布，後經襄楷於桓帝時復獻，才漸爲世人所知。東漢末，該書落入精通黃老道的張角之手，「後張角頗有其書焉」，〔註59〕對張角重新創立和傳播太平道、組織黃巾之事起了重要的作用。張陵創立五斗米道也受此書的影響。

至於《包元太平經》與于吉等人的《太平清領書》是否有關聯呢？目前雖然無法明確其中的細部內容，但一般相信二者脫離不了關係，蒙文通說：「西漢今文學家夏賀良、甘忠可之流，始作《包元太平經》，是爲早期道教經典《太平經》之權輿。」〔註60〕湯一介認爲甘忠可《包元太平經》與于吉《太平清領書》有幾點密切關係：一是甘忠可、夏賀良、丁廣世等人與於吉皆山東沿海人，二書皆產生於齊地，彼此有地緣關係。二是《包元太平經》具五行相生相克的思想，提出「漢家逢天地之大終，當更受命」，與《太平清領書》據《後漢書・襄楷傳》言「專以奉天地，順五行爲本」，「其言以陰陽五行爲家」相一致；以及夏賀良據《包元太平經》所陳「成帝不應天命故絕嗣，今陛下久疾，變異屢數」，故當「改元易號，乃得延年益壽，皇子生」，也與〈襄楷傳〉所說《太平清領書》「亦有興國廣嗣之術」相一致。三是二者均以「致太平」爲目的。四是二書皆與養生成仙的神仙家思想有關。五是二書都不爲當朝統治者接受，可見這兩部書都有些與漢朝當時統治思想不合之處。〔註61〕

〔註57〕 參見陳國符《道藏源流考》「于吉《太平經》」條，頁 83～87，北京：中華書局，1992 年 4 月第四刷。

〔註58〕 《後漢書・郎顗襄楷列傳第二十下》，卷三十下，頁 1081。

〔註59〕 《後漢書・郎顗襄楷列傳第二十下》，卷三十下，頁 1084。

〔註60〕 《古學甄微・道教史瑣談》，頁 315。

〔註61〕 《中國傳統文化中的儒釋道・關於太平經成書問題》，頁 142～144，北京：中國和平出版社，1988 年 10 月初版。

此書在晉朝之前或稱《太平清領經》，或稱「神書」。牟子《理惑論》說：「問曰：王喬赤松，八仙之籙，神書百七十卷，長生之事，與佛經豈同乎？」〔註62〕神書一百七十卷當即《太平經》，並且把它視爲長生之事。葛洪的《抱朴子・遐覽》、《神仙傳》中始稱《太平經》。唐朝多種著述中亦稱《太平經》。章懷太子李賢《後漢書注》襄楷傳時說：「神書即《太平清領書》」，「神書即今道家《太平經》也。其經以甲乙丙丁戊己庚辛壬癸爲部，每部一十七卷也。」〔註63〕

歷史的記載，都說明《太平經》是東漢典籍，而目前所流傳下來的《太平經》是否就是當時流傳的典籍呢。這個意見，湯用彤早先曾發表看法，他考定《太平經》爲漢代舊書。其根據大略有三：一、依范曄《後漢書》李賢注及唐王懸河《三洞珠囊》所引，知明正統《道藏》中的《太平經》，唐代已有其書。二、現存之經與後漢襄楷、晉葛洪及劉宋范曄所傳相符合。三、《太平經》所載的事實與理論，皆爲漢代所已有，而且關於五兵、刑德之說，如果不是漢人，決不能陳述的那樣詳實。〔註64〕

王明認爲現存的《太平經》除《太平經鈔・甲部》爲後人增補東晉以後梁以前纂集的《靈書紫文》外，整體上還保存著後漢著作的本來面目，大抵爲公元二世紀前期的作品。《太平經》的成書時代，只能根據《經》的殘卷和除「甲部」以外的《太平經鈔》的內容來研究和考證。

王明從四個方面論述：

一、從漢代語言上考察。主要從漢代常用的口語、名詞、詞彙來考證。如「天子」稱「縣官」爲漢代盛行的口語；「不失銖分」的語句，屢見不鮮；「成事」係漢人通用的語言，屢見王充《論衡》等書；「何等」是漢代流行的口語。這些顯著的漢代語言，皆於《太平經》中俯拾即是。

二、從地理名稱上考察。魏黃初以前，伊雒、河雒之雒，本作雒，未經變更。正統《道藏》本《太平經》中河雒圖書之雒仍作「雒」，而《太平經鈔》之文後出，才改「雒」爲「洛」，於此可見《太平經》文尚有一部分保存魏黃初以前的眞相。又，漢之前，秦制四十郡。漢之後，晉分天下爲十九州，南

〔註62〕周叔迦輯撰，周邵良新編《牟子叢殘新編》，頁 20，北京：中國書店，2001年 7 月第一刷。

〔註63〕《後漢書・郎顗襄楷列傳第二十下》，卷三十下，頁 1080。

〔註64〕〈讀《太平經》書所見〉，《國學季刊》第五卷第一號，1935 年 3 月。

朝劉宋有二十二州，齊、梁各有二十三州。陳的國土，比梁縮小，但分四十二州。至於北朝，後魏管州一百一十有一，北周則有二百一十二州之多。一國十三州，只見於兩漢。至於十二州，則制於王莽。《太平經》中云「帝王有德，憂及十二州；大憂及十三州。」都是漢代行政區域的制度。可見，從十三州、十二州的地理名稱上考察，《太平經》確是漢代的作品。

三、從社會風尚方面考察。九等的區分，是漢代品評人倫的風尚。《太平經》分神和人為九等，蓋仿班固《漢書‧古今人表》。《太平經》始出現於後漢順帝之世，繼班固之後，受《漢書‧古今人表》的影響，分別高下，定人為九等，足以表明《太平經》它是後漢時代成書的特徵之一。

四、從《太平經》的思想內容上考察。「元氣」一詞，在先秦的書籍裡，未曾見過，只有漢儒在《易緯》裡以及唐人對《易傳》的解釋才有「元氣」的說法，這是《太平經》在漢代元氣論籠罩和影響下表現出來的特徵之一。此外，王、相、休、囚、廢，是根據五行相生而間相勝的原理而來，為漢代五行說的重要內容之一。從西漢的《春秋繁露》，《淮南鴻烈》、讖緯圖書以及東漢的《白虎通義》等相繼運用王、相、休、囚、廢的五行說。《太平經》也將「元氣」說和王、相、休、囚、廢的五行說筆之於書，也就自然的事了。〔註65〕

近年有學者利用新發現的考古資料「鎮墓文」與《太平經》作比較研究。透過「鎮墓文」第一手資料的辭彙與《太平經》的重要術語比對，也認為是東漢時期的作品。如鎮墓文的「句校」、「鉤校」與《太平經》的「鉤校」；鎮墓文的「太陽之精」與《太平經》的「日精」；鎮墓文的「重復」與《太平經》的「承負」；鎮墓文的「尸注」與《太平經》的「尸咎」等等，提供了一個力證。〔註66〕

另一個問題，《太平經》與《太平洞極經》的關係亦須交代。《太平經》中屢言《洞極之經》，〔註67〕唐道士孟安排《道教義樞‧七部義》記載說：

按《正一經》云：有《太平洞極之經》一百四十四卷，此經盛明治

〔註65〕王明《道家和道教思想研究‧論太平經的成書時代和作者》，頁183～200。
〔註66〕參劉昭瑞〈《太平經》與考古發現的東漢鎮墓文〉，《世界宗教》，1992年第4期；〈承負說的源起〉，《世界宗教研究》，1995年4期。
〔註67〕如：「其為道乃拘校天地開闢以來，天文地文人文神文皆撰簡得善者，以為洞極之經。」（《太平經合校》，頁87）此外又有「名為洞極天地陰陽之經」（《太平經合校》，頁85），「善者以為洞極之經，名為皇天洞極政事之文」（《太平經合校》，頁354），「立洞極經」（《太平經合校》，頁467），「洞極之經，名曰太平」（《太平經合校》，頁576）。

道，證果修因，禁忌眾術也。其《洞極經》者，按《正一經》，漢安元年（順帝年號），太上親授天師（張陵），流傳日滋。〔註68〕可見《太平經》一百七十卷之外，尚有一部《太平洞極經》一百四十四卷流傳，而且相傳由天師張陵所傳。《太平經》與《太平洞極經》兩書是否爲同一部而僅卷帙不同，還是兩部不同性質的作品呢？或認爲「《太平經》是一個簡稱，是于吉的《太平清領書》和張道陵的《太平洞極經》兩種的混合物。」〔註69〕亦有認爲《太平經》與《太平洞極經》並非兩部不同的經書，可能是一部經書的兩種版本的兩種名稱。〔註70〕根據熊德基的研究，今本《太平經》文體風格多樣，大致可分三類：問答體、散文體、對話體。《太平洞極經》即《太平經》問答體部份，一百四十四卷可能爲問答體之篇數。〔註71〕由此《太平洞極經》可能屬於今本《太平經》的一部份。

《太平經》該書篇幅浩繁，內容龐雜，體例不一，雖屬東漢舊籍，但也並非一人一時之作，是經多人之手逐步彙集、增廣而成的。原書一百七十卷，今只存明正統《道藏》中五十七卷殘本。另外，《道藏》中還有唐人閭丘方遠節錄《太平經》而成的《太平經鈔》十卷。王明根據《太平經》殘本和《太平經鈔》及其他二十七種引書，加以校、補、附、存，編成《太平經合校》，基本上恢復了一百七十卷的輪廓，給研究《太平經》提供了有利的基礎，廣爲遵用。本文即根據此書論述。

（二）《太平經》的黃老思想特點

《太平經》一書內容多而且雜，甚至自相矛盾。舉凡宇宙之道、陰陽五行、災異瑞應、政治思想、神仙長生、養生、巫術、治病等方面，都一一網羅，它彙集了漢代的流行思想，反映了兩漢時期思想特點。湯用彤說：「《太

〔註68〕此說宋張君房《雲笈七籤‧卷六‧四輔》亦云：「今甲乙十部合一百七十卷，今世所行。按《太一經》云，有《太平洞極之經》一百四十四卷，今此經流亡，殆將欲盡。此之二經并是盛明治道及證果修因禁忌眾術也。若是一百四十卷《洞極經》者，按《正一經》，此漢安元年太上親授天師，流傳滋目，若是甲乙十部者，按百八十戒云，是周赧王時，老君於蜀郡臨邛縣授於瑯琊干吉。」（蔣力生等校注，北京：華廈出版社，1996年8月第一刷）

〔註69〕陳攖寧《道教與養生‧太平經的前因後果》，頁48～50，華文出版社，1989年。

〔註70〕卿希泰主編《中國道教史》第一卷，頁107～108，成都：四川人民出版社，1996年12月第一刷。

〔註71〕熊德基〈《太平經》的作者和思想及其與黃巾和天師道的關係〉，《歷史研究》1962年第4期。

平經》者，上接黃老、圖讖之道術，下啓張角、張陵之鬼教。其所記與漢末黃巾、六朝之道士，均有差異，則謂其爲最早之道教典籍。」〔註72〕由此可知，《太平經》不但是宗教上一部著作，宗教神學爲其核心，其中亦有不少黃老思想。藉著《太平經》的探討，我們會發現東漢中期以後黃老思想被繼承與轉變的一面。

1、道氣的宇宙觀

在第二章我們由《老子》、黃老帛書、《管子》四篇、《淮南子》、王充等的探討，認爲先秦到東漢的黃老形上思想的發展傾向，主要圍繞在道、氣觀念的延伸與擴大、道爲究竟還是氣爲究竟的意見上。在《太平經》中，關於這種黃老重視的道與氣的形上觀點，就被納入其中，成爲《太平經》形上思想重要環節之一。

《太平經》繼承了黃老道家關於「道」的思想，認爲「道」在天地之上，是生成宇宙萬物的總根源，有了道才生成宇宙，演化出元氣、天地、陰陽、四時、五行等等，由此化生萬物。它說：

夫道何等也？萬物之元首，不可得名者。〔註73〕

又說：

道乃主生，道絕萬物，不生萬物。〔註74〕

天地大小，無不由道而生者也。〔註75〕

道無不導，道無不生。〔註76〕

道也是天地萬物運行永恆與普遍的規律，一切按照規律的運行，天地陰陽才能調和，萬物才能相生相傳，它說：

道者，乃天地所常行，萬物所受命而生也。〔註77〕

六極之中，無道不能變化。〔註78〕

道無所不能化，故元氣守道，乃行其氣，乃生天地，無柱而立，萬

〔註72〕 《國學季刊》，第五卷第一期，1935年。

〔註73〕 《太平經合校・守一明法》，卷十八至三十四，頁16，北京：中華書局，1997年10月第五刷。

〔註74〕 《太平經合校》，卷一百三十七至一百五十三，頁701。

〔註75〕 《太平經合校・守一明法》，卷十八至三十四，頁16。

〔註76〕 《太平經合校・附錄佚文》，頁736。

〔註77〕 《太平經合校・附錄佚文》，頁734。

〔註78〕 《太平經合校・守一明法》，卷十八至三十四，頁16。

物無動類而生，遂及其後世相傳，言有類也。比若地上生草木，豈
有類也。是元氣守道而生如此矣。自然守道而行，萬物皆得其所矣。
〔註79〕

天道有常運，不以故人也。故順之則吉昌，逆之則危亡。〔註80〕

對於規律意義的道具有循環往復的特性，《太平經》說：

天道比若循環，周者復反始，何有解已。〔註81〕

天道常在，不得喪亡，狀如四時周反鄉，終老反始。〔註82〕

本去故當繩之以眞道，反其末極還就本，反其華還就實，反其僞還
就眞。夫末窮者宜反本，行極者當還歸，天之道也。〔註83〕

又說：

夫皇天迺以四時爲枝，厚地以五行爲體，枝主盛衰，體主規矩。部
此九神，周流天下，上下洞極，變化難覩。爲天地重寶，爲眾神門
戶。自有固常，不可妄犯。〔註84〕

天地是依四時、五行、天干地支等規律構成，五行在四時的地位變化，隨著
元氣的運行而有「王、相、休、囚、死」的五種循環。〔註85〕這種規律本身，
顯示「周流相轉」或「始終」的意義。這是《老子》「有物混成，先天地生，
寂兮寥兮，獨立不改，周行而不殆，可以爲天下母。吾不知其名，字之曰道。」
〔註86〕以及「反者道之動」〔註87〕思想的說明。另一個則具對立轉化的特性，
《太平經》說：

道無奇辭，一陰一陽，爲其用也。〔註88〕

透過陰陽作用，事物相生相成。它說：「夫陽極者能生陰，陰極者能生陽，此兩
者相傳，比若寒盡反熱，熱盡反寒，自然之術也。」〔註89〕或說：「極上者當反

〔註79〕《太平經合校・安樂王者法》，卷十八至三十四，頁21。
〔註80〕《太平經合校・天文記訣第七十三》，卷五十，頁178。
〔註81〕《太平經合校・斷金兵法第九十九》，卷六十五，頁227。
〔註82〕《太平經合校・胞胎陰陽規矩正行消惡圖》，卷五十二，頁193。
〔註83〕《太平經合校・四行本末訣第五十八》，卷四十二，頁95。
〔註84〕《太平經合校・天讖干支相配長安國家法第一百五》，卷六十九，頁262。
〔註85〕《太平經合校・斷金兵法第九十九》，卷六十五，頁227。
〔註86〕《老子註譯及評介》，二十五章，頁163。
〔註87〕《老子註譯及評介》，四十章，頁223。
〔註88〕《太平經合校・合陰陽道法》，卷十八至三十四，頁11。
〔註89〕《太平經合校・守三實法第四十四》，卷三十六，頁44。

下，極外者當反內，故陽極當反陰，極于下者當反上，故陰極反陽，極于末者當反本。」〔註90〕以上可以看出《太平經》中的「道」合黃老道家之義。

《太平經》也沒有忘記「氣」，以元氣論宇宙的形成。元氣爲何呢？《太平經》認爲宇宙最初渾沌未分而含有陰陽，天地萬物均從其中化生而來。它說：

> 天地未分，起初之時，乃無有上下日月三光，上下洞冥，洞冥無有分理。雖無分理，其中內自有上下左右表裡陰陽，具俱相持，而不分別。〔註91〕

這種渾沌未分的原初情形就是元氣。《太平經》又說：

> 天地開闢貴本根，乃氣之元也。〔註92〕

> 夫物，始於元氣。〔註93〕

> 元氣乃包裹天地四面八方，莫不受其氣而生。〔註94〕

> 一氣爲天，一氣爲地，一氣爲人，餘氣散備萬物。〔註95〕

宇宙萬物莫不稟受元氣而生，同時，元氣也是構成宇宙萬物最細微的物質。其生化過程，《太平經》說：

> 元氣怳惚自然，共凝成一，名爲天地；分而生陰而成地，名爲二也；因爲上天下地，陰陽相合施生人，名爲三也。三統共生，長養凡物名曰財。〔註96〕

元氣在天地未開闢以前就存在，開始是恍惚無形而後凝結爲一，元氣內部有「陰陽」存在，由元氣內部陰陽，化分爲陰陽二氣，陽氣就成爲天，陰氣就成爲地，「天者常下施，其氣下流也。地者常上求，其氣上合也。」「兩氣者常交用事，合於中央」，〔註97〕接著生人，生萬物。這裡的天氣地氣之上升下流即是陰陽相合，表示氣具化生萬物的動能，其功能亦如同道。

《太平經》又說元氣是陰、陽、中和三種氣之共名，「元氣有三名：太

〔註90〕　《太平經合校・四行本末訣第五十八》，卷四十二，頁95～96。
〔註91〕　《太平經合校・三者爲一家陽火數五訣第二百一十二》，卷一百一十九，頁678。
〔註92〕　《太平經合校・修一卻邪法》，卷十八至三十四，頁12。
〔註93〕　《太平經合校・六罪十治訣第一百三》，卷六十七，頁254。
〔註94〕　《太平經合校・分解本末法第五十三》，卷四十，頁78。
〔註95〕　《太平經合校・利尊上延命法》，卷一百五十四至一百七十，頁726。
〔註96〕　《太平經合校・闕題》，卷七十三至八十五，頁305。
〔註97〕　《太平經合校》，卷一百二十至一百三十六，頁694。

陰、太陽、中和。」〔註98〕自然是元氣的特性,「元氣自然,共爲天地之性。」
〔註99〕這表明《太平經》在宇宙生成論上與《老子》的「三生萬物」的論斷
是一致的,尤其更加把《老子》的「三」具體化爲元氣、天地和人,而且其
自然觀上堅持元氣論,這與黃老思想都有直接關係。

　　由以上所論來看,似乎出現「道」和「氣」兩個本源。事實也是如此。
從道的角度,道高於氣,或者說道比氣更根本,所謂「夫道者,乃大化之根,
大化之師長也。」〔註100〕就是以道爲萬物本源的。從氣的角度,元氣是先於
道而存在的,並不依賴於道,「元氣無形,以制有形,以舒元氣,不緣道而生」。
〔註101〕只不過元氣在化生萬物時要依道而行,是所謂「元氣行道,以生萬物」
〔註102〕、「元氣守道,乃行其氣,乃生天地」。〔註103〕這裡不說氣生於道,而
是說氣行道、守道,表示氣與道並非從生關係,而是二元關係,即是在宇宙
形成的過程中,道僅是萬物生成、發展的一種普遍法則和規律,是氣行之時
的依據而已。意味著《太平經》將《淮南子》主張的「道生氣」這一環節抽
離,而與王充的「元氣生萬物」的命題更爲貼近。會有這兩種傾向,其實是
《太平經》吸收黃老道家道本論與氣本論矛盾之處,正顯現其雜的一面,同
時意味《太平經》並不特別關注形上理論意義的本身,也不關注是否形成系
統、連貫的理論體系。

　　另一個與道氣相關的概念是「一」。《太平經》中說:

　　　　一者,生之道也;一者,元氣所起也。〔註104〕

又說:

　　　　一者,乃道之根也,氣之始也。〔註105〕

又說:

　　　　一者,其元氣純純之時也。元氣合無理,若風無理也,故都合名爲
　　　　一也。一凝成天。〔註106〕

〔註98〕　《太平經合校‧和三氣興帝王法》,卷十八至三十四,頁19。
〔註99〕　《太平經合校‧名爲神訣書》,卷十八至三十四,頁17。
〔註100〕《太平經合校‧天咎四人辱道誡第二百八》,卷一百一十七,頁662。
〔註101〕《太平經合校‧守一明法》,卷十八至三十四,頁16。
〔註102〕《太平經合校‧守一明法》,卷十八至三十四,頁16。
〔註103〕《太平經合校‧安樂王者法》,卷十八至三十四,頁21。
〔註104〕《太平經合校‧五事解承負法第四十八》,卷三十七,頁60。
〔註105〕《太平經合校‧修一卻邪法》,卷十八至三十四,頁12～13。
〔註106〕《太平經合校‧國不可勝數訣第一百三十九》,卷九十三,頁392。

一即是道，也是氣，這是從宇宙生成論與本體論的角度對《老子》「一」的繼承。不過《太平經》不說「道生一」，而說「道爲一」、「一是氣」，將道的本體與化生的歷程由抽象化爲具體，這與《老子》不同而與《淮南子》「道始於一」的命題關係密切。

　　《太平經》用道與氣作爲宇宙的本體，將氣規定爲宇宙構成的元素，這與黃老思想並沒有不同。說明《太平經》構建了以黃老本體論爲核心的思想體系，但它並不止於此。既然《太平經》是早期道教的經典，它就不可能只探討本體論這樣的純哲學問題，而與其宗教信仰毫不沾邊。應該說《太平經》討論形上本體的目的並非論證客觀現象或自然本性，而是要在形上的基礎說明和論證其對神性的看法。因此，《太平經》說：

　　　　無形委氣之神人，職在理元氣。〔註107〕

在元氣之上還有一個更高的主宰它的神。又說：

　　　　無形委氣之神人與元氣相似，故理元氣。〔註108〕

元氣與這個神人有相同的特性，「元氣」既是客觀而自然的實體，同時也是一個主宰的神，元氣的作用也非自然而是具有某種目的性。它說：

　　　　元氣自然樂，則合共生天地，悅則陰陽和合，風雨調，風雨調則共

　　　　生萬二千物。〔註109〕

元氣有喜、怒之情，有「善」、「惡」之分；〔註110〕陽氣「好生」，和氣「好成」，陰氣「好殺」，〔註111〕表示這種元氣，帶有感情、意志、道德的色彩，帶有高深不可測的神秘性。《太平經》又說：

　　　　元氣與自然太和之氣相通，并力同心，時悅悅未有形也，三氣凝，

　　　　共生天地。天地與中和相通，并力同心，共生凡物。凡物與三光相

　　　　通，并力同心，共照明天地。凡物五行剛柔與中和相通，并力同心，

　　　　共成共萬物。四時氣陰陽與天地中和相通，并力同心，共興生天地

　　　　之物利。孟仲季相通，并力同心，各共成一面。地高下平相通，并

　　　　力同心，共出養天地之物。蠕動之屬雄雌合，迺共生和相通，并力

〔註107〕　《太平經合校‧九天消先王災法第五十六》，卷四十二，頁88。
〔註108〕　《太平經合校‧九天消先王災法第五十六》，卷四十二，頁88。
〔註109〕　《太平經合校‧闕題》，卷一百一十五至一百十六，頁647～648。
〔註110〕　《太平經合校‧努力爲善法第五十二》，卷四十，頁74。
〔註111〕　《太平經合校‧三者爲一家陽火數五訣第二百一十二》，卷一百一十九，頁
　　　　675～676。

　　同心，以傳其類。男女相通，并力同心，共生子。三人相通，并力

　　同心，共治一家。君臣民相通，并力同心，共成一國。此皆本之元

　　氣自然天地授命。凡事悉皆三相通，迺道可成也。〔註112〕

把元氣自然與三光、五行、四時、萬物相連，彼此之心相通相感，這是一種
天人合一，天人感應的思想。這種思想與道家黃老認爲天與人的感應是由於
「陰陽同氣相動」，〔註113〕而且這種感應與「鼓宮而宮應，鼓角而角動」的「類
同相召」〔註114〕的氣感思想相關，但卻更具神秘性，說明《太平經》既有黃
老思想的哲學基礎，又有宗教神學的特質。

　　對於「道」的宗教塑造，《太平經》說：

　　道乃能導化無前，好生無輩量。夫有眞道，乃上善之名字；夫無道

　　者，乃最惡衰凋兇犯死喪之名稱也。〔註115〕

道能化育眾生，得眞道可得善，無道則惡死，此道具道德善惡特性。又說：

　　天道迺祐易教，祐至誠，祐謹順，祐易曉，祐易敎，將要人君厚，

　　故教之，不要其厚者，不肯教之也。其象效，猶若人相與親厚則相

　　教示以事，不相與至厚，不肯教示之也。教而不聽，忿其不以時用

　　其言，故廢而置之，不復重教示之也。於是災變怪便止，不復示敎

　　人也。如是則雖賢聖，聾闇無知也；聰明閉塞，天地神祇不肯復諫

　　正者也。〔註116〕

天道能護祐至誠之人，人若不相親愛，道則災異怪變教示之，此道有意志神
力。又說：

　　天之爲道也，不樂淹汙辱，不欲利人。天乃無上，道復尚之。道乃

　　天皇之師法也，乃高尚天。是故天與道者主修正，凡事爲其長。故

　　能和陰陽，調風雨，正晝夜，列行伍，天地之間莫不被恩受命，各

　　得其所者。〔註117〕

天能利人亦能辱人，道乃天之師法，亦能如之。其爲事之長，能調和陰陽，
恩被萬物。因此，「道者，天也，陽也，主生；德者，地也，陰也，主養。」

〔註112〕《太平經合校・三合相通訣第六十五》，卷四十八，頁148～149。
〔註113〕《淮南子校釋・覽冥》，卷第六，頁642。
〔註114〕《呂氏春秋注疏・應同》，卷第十三，頁1282～1290。
〔註115〕《太平經合校・急學眞法第六十六》，卷四十九，頁157。
〔註116〕《太平經合校・大小諫正法第五十九》，卷四十三，頁100。
〔註117〕《太平經合校・天咎四人辱道誡第二百八》，卷一百十七，頁662。

〔註118〕「道者,乃天所按行也。天者最神,故眞神出其助化也。」〔註119〕這些說法都可以看到「道」具神秘莫測的特性。除此,《太平經》還有一特殊見解,它說:

> 夫天畏道者,天以至行也。道廢不行,則天道亂毀,天道亂毀則危亡無復法度。故自然使天地之道守,行道示不懈,陰陽相傳,相付相生也。道乃至生,道絕萬物不生,萬物不生則無世類,無可相傳,萬物不相生相傳則敗矣。何有天地乎?天地陰陽乃當相傳相生。今絕滅則滅亡。故天畏道絕而危亡。道畏自然者,天道不因自然,則不可成也。〔註120〕

很顯然的,這裡完全是闡釋《老子》「天法道,道法自然」的觀念,然而《太平經》故意將「道法自然」更改爲「道畏自然」,這樣的改變,已從純然遵循客觀規律的思想,落入到畏懼有人格意義的自然尊神,有著濃厚的宗教意味。

總之,《太平經》不僅吸收黃老道家形上思想作爲立教的根本思想,更重要的是將之帶往神秘之路引伸,強調其超越性與主宰性,使得黃老道家與黃老道教在本質屬性上有了絕大的分野,成爲黃老思想在兩漢最大的變化。

2、以成仙爲目標的養生觀

「重生」是道教與道家共同的人生價值觀。道教與道家都體認到在人類發展的過程中,造成最大的心理刺激莫過於生命的結束。生生不息是不可阻擋的自然規律,死亡也同樣是一種不可遏止的自然趨勢。生命的一開始就意味著生命的逐漸結束,生就是死的開端。因此它們主張熱愛自然,集中地表現於對生命的重視,肯定生命的價值,將生命的存在與延續,視爲是人對自然本性的維護。

在《太平經》中,就大力宣揚生的意義和死的可怕,確定了重生的主旨。它說:

> 凡天下人死亡,非小事也。壹死,終古不得復見天地日月也,脈骨成塗土。死命,重事也。人居天地之間,人人得壹生,不得重生也。
> 〔註121〕

〔註118〕《太平經合校·闕題》,卷五十六至六十四,218頁。
〔註119〕《太平經合校·分別貧富法第四十一》,卷三十五,頁32。
〔註120〕《太平經合校》,卷一百三十七至一百五十三,頁701。
〔註121〕《太平經合校·不用大言無效訣第一百一十》卷七十二,頁298。

又說：

> 人死者大劇事，當大冤之，叩胸心自投擗也，力盡長悲哀而已。……
> 夫人死者乃盡滅，盡成灰土，將不復見。〔註122〕

又說：

> 太陽、太陰、中和三氣共為理，更相感動，人為樞機，故當深知之。
> 皆知重其命，養其軀，即知尊其上，愛其下，樂生惡死，三氣以悅
> 喜，共為太和，乃應並出也。但聚眾賢，唯思長壽之道，乃安其上，
> 為國寶器。〔註123〕

人生最可貴的是生命，每個人僅僅一次機會，一旦死亡，將永遠無法得到重生。因此，「三萬六千天地之間，壽為最善」。〔註124〕「常欲樂生」，〔註125〕「要當重生，生為第一。」以為生活在世上是一件樂事，死亡才是痛苦的。這與其它宗教認為人生充滿苦難，無可流連，而把對幸福的理想寄託於虛幻的天國，幻想死後靈魂得救相較，這種鼓勵人們樂生、重生，著重在當下現實世界的精神，彰顯其積極的養生觀。

　　道家黃老以生命能夠「畢其數」、「盡天年」，就是合乎自然之道。「長生久視」，「乘彼白雲，至於帝鄉」的思想只是一種願望，一種想像，是純粹觀念性質的東西。它所追求的生命價值不在於世俗的享受之中，而是在另一個層次上保全身體和生命，亦即追求與最高本體的道相合，從而解脫世俗的紛擾而得到生命的長存。道教則比道家黃老更往前了一大步，將「長生久視」視作是一種人生追求的目標，一種生活實踐。既然生命有結束的悲劇，人類就必須珍惜現有的生命本體，通過各種修煉，使人自然生命得到保養、長壽以至於長生，使死亡的悲劇不能上演。最高的理想是生道相守，永遠活著，因此不僅認為精神要不死，更要求實體的長生，同時認為長生並非是人生問題的解決途徑之一，而是唯一的解決途徑。於是學仙、成仙就成為人生最後歸宿。它說：

> 故夫上士忿然惡死樂生，往學仙，勤能得壽耳，此上士是尚第一
> 有志者也。中士有志，疾其先人夭死，忿然往求道學壽，勤而竟

〔註122〕《太平經合校・冤流災求奇方訣第一百三十一》，卷九十，頁340。
〔註123〕《太平經合校・名為神訣書》，卷十八至三十四，頁18。
〔註124〕《太平經合校・闕題》，卷五十六至六十四，頁222。
〔註125〕《太平經合校・樂生得天心法第五十四》，卷四十，頁80。

其天年耳，是其第一堅志士也。其次疾病多而不得常平平，忿然往學，可以止之者，勤能得復其故，已小困於病，病乃學，想能禁止之，已大病矣。其次大病劇，乃求索學道，可以自救者已死矣。〔註126〕

《太平經》說神仙可致，這並非無法實現的夢想。然而能夠修道成仙，必須具備兩個條件：

第一要有仙籍，即是「仙錄有常」的觀念。《太平經》說仙錄在北極，由北極天君或崑崙眞人掌管：

神仙之錄在北極，相連崑崙。崑崙之墟有眞人，上下有常。眞人主有錄籍之人，姓名相次。高明得高，中得中，下得下，殊無搏煩乞丐者。〔註127〕

當白日昇天之人，求生有籍，著文北極天君內簿，有數通。〔註128〕

並配合是否具備神仙「命樹」而定，《太平經》說：

人有命樹生天土各過，其春生三月命樹桑，夏生三月命樹棗李，秋生三月命梓梗，冬生三月命槐柏，此俗人所屬也。皆有主樹之吏，命且欲盡，其樹半生；命盡枯落，主吏伐樹。其人安從得活，欲長不死，易改心志，傳其樹近天門，名曰長生。神吏主之，皆潔靜光澤，自生天之所，護神尊榮。但可常無毀名，天有常命，世世被榮，雖不下護，久自知精。〔註129〕

凡人與仙人皆有命樹，但二者不同。凡人的命樹依其出生季節不同，其樹也不同，其壽命有一定，當壽命將盡，其樹半生，命盡則命樹由主吏伐除；仙人的命樹直屬於天地五行眾神吏及司命之神，可以世世被榮。從這一點來說，《太平經》主張「人生各有命也，命貴不能爲賤，命賤不能爲貴也。」〔註130〕承認命運的存在。

第二則是《太平經》雖然承認並非人人都能成爲神仙，度世者「萬未有一人也」。〔註131〕但同時它也不主張人壽命長短，歸結爲天命或鬼神的力量，

〔註126〕 《太平經合校・急學眞法第六十六》，卷四十九，頁161。
〔註127〕 《太平經合校・不忘誡長得福第一百九十》，卷一百十二，頁583。
〔註128〕 《太平經合校・大聖上章訣第一百八十》，卷一百十一，頁546。
〔註129〕 《太平經合校・有過死謫作河梁誡第一百八十八》，卷一百十二，頁578。
〔註130〕 《太平經合校・致善除邪令人受道戒文第一百八》，卷七十一，頁289。
〔註131〕 《太平經合校・神司人守本陰祐訣第一百五十六》，卷九十八，頁438。

否定所謂「我生不有命在天」，〔註132〕或是「生死有命，富貴在天」，〔註133〕
排除聽天由命的消極思想。三四十年代《中國道教史》的作者傅勤家說：

> 儒畏天命，修身以俟；佛亦謂此身根塵幻化合，業不可逃，壽終有
> 盡。道教獨欲長生不死，變化飛昇，其不信天命，不信業果，力抗
> 自然，勇猛何如耶。〔註134〕

《太平經》就說：

> 人命近在汝身，何爲叩心仰呼天乎？有身不自清，當清誰乎？有身
> 不自愛，當愛誰乎？有身不自成，當成誰乎？有身不自念，當念誰
> 乎？有身不自責，當責誰乎？〔註135〕

認爲命運自主，每個人可以積極發揮各自的主觀能動性，努力行動並得其法，
必能長生成仙。但要如何完成這個理想呢？《太平經》說必須透過學習，由
學道來完成。

> 有天命者，可學之必得大度；中賢學之，亦可得大壽；下愚爲之，
> 可得小壽。〔註136〕

> 吾道書學凡人也，乃大學之，使其上列眞仙，如不能及眞仙，可得
> 平安。〔註137〕

在這一點看法上，勉力學習即使無法達到成仙的目的，至少可以「竟其天年」。
〔註138〕

　　從凡人到得道之人的等級，《太平經》有數種分法：有分神人、眞人、仙
人、道人、聖人、賢人六等的；〔註139〕有分爲愚人、賢人、聖人、道人、仙
人、眞人、神人七等的；〔註140〕有分天人、地人、神人、眞人、仙人、道人、
聖人、賢人八等的；〔註141〕有分奴婢、良民、賢人、聖人、道人、仙人、眞

〔註132〕《尚書釋義‧商書‧西伯戡黎》，頁86。
〔註133〕《四書章句集注‧論語‧顏淵》，卷六，頁134。
〔註134〕《中國道教史‧第二十章結論》，頁241，台北：臺灣商務印書館，1992年9
　　　　月第十刷。
〔註135〕《太平經合校‧大功益年書出歲月戒第一百七十九》，卷一百一十，頁527。
〔註136〕《太平經合校‧致善除邪令人受道戒文第一百八》，卷七十一，頁289。
〔註137〕《太平經合校‧急學眞法第六十六》，卷四十九，頁163。
〔註138〕《太平經合校‧神司人守本陰祐訣第一百五十六》，卷九十八，頁438。
〔註139〕《太平經合校‧致善除邪令人受道戒文第一百八》，卷七十一，頁289。
〔註140〕《太平經合校‧賢不肖自知法》，卷一百五十四至一百七十，頁725。
〔註141〕《太平經合校‧闕題》，卷五十六至六十四，頁222～223。

人、大神人、委炁神人九等的；〔註142〕有分愚人、善人、賢人、聖人、道人、仙人、眞人、神人、與天比德之人、與元氣比德之人十等的。〔註143〕不管那一種分法，「上古第一神人，第二眞人，第三仙人，第四道人，皆象天得眞道意。」〔註144〕即是從「道人」以上是屬於神仙等級，以下則是人間等級，這些等級不會一成不變，將隨著學道的程度而有所更改。在人間等級中，即使是奴婢亦同賢人與聖人可以努力向道進入仙人之林：

> 故奴婢賢者得爲善人，善人好學得成賢人；賢人好學不止，次聖人；
> 聖人學不止，知天道門戶，入道不止，成不死之事，更仙；仙不止
> 入眞，成眞不止入神，神不止乃與皇天同形。故上神人舍於北極紫
> 宮中也，與天上帝同象也，名天心神，神而不止，乃復踰天而上，
> 但承委氣，有音聲教化而無形，上屬天上，憂天上事。〔註145〕

> 賢而不止，乃得次聖；聖而不止，乃得深知眞道，守道而不止，乃
> 得仙不死；仙而不止，乃得成眞；眞而不止，乃得成神。〔註146〕

就這一點來說，《太平經》雖然主張仙人有籍，沒有普及眾生，有其狹礙性。但另一方面主張力學可致壽，甚至成仙，即是「學道積久，成神眞也」，〔註147〕則神仙與凡人之間並非絕對阻隔，而是相互聯繫，仙人彼岸凡人一樣能夠到達，則尚保留信眾對追求人生理想的吸引力，可以說積極的。成仙需要命錄與力學可成仙這兩種觀念合起來是矛盾的，《太平經》同時俱有，即看出其理論雜糅不圓融之處。

《太平經》認爲宇宙間「奇方仙衣，乃無億數也」，〔註148〕相信有「不死之方」。〔註149〕《太平經》又說：

> 學道爲長生。〔註150〕

〔註142〕《太平經合校・闕題》，卷五十六至六十四，頁222。另在卷四十二《九天消先王災法第五十六》亦分奴婢、民、賢人、聖人、大道人、仙人、眞人、大神人、無形委氣之神人九等。

〔註143〕《太平經合校・分解本末法第五十三》，卷四十，頁78。

〔註144〕《太平經合校》，卷一百三十七至一百五十三，頁709。

〔註145〕《太平經合校・闕題》，卷五十六至六十四，頁222。

〔註146〕《太平經合校・分解本末法第五十三》，卷四十，頁78。

〔註147〕《太平經合校・闕題》，卷十八至三十四，頁26。

〔註148〕《太平經合校・上善臣子弟爲君父師得仙方訣》，卷四十七，頁139。

〔註149〕《太平經合校・上善臣子弟爲君父師得仙方訣》，卷四十七，頁138。

〔註150〕《太平經合校・天咎四人辱道誡第二百八》，卷一百一十七，頁661。

> 守道而不止，乃得仙不死；仙而不止，乃得成眞；眞而不止，乃得
>
> 成神，神而不止，乃得與天比德，天比不止，乃得與元氣比其德。

〔註151〕

主張學道、守道可以長生，而這裡的以道爲修煉依據，其實就是成仙的不死之方。葛洪曾說道教最隱密重視的，「莫過乎長生之方」，〔註152〕這話非常契合道教的特色，道教爲追求長生不死，即身成仙，一開始便十分重視修鍊方術。在《太平經》中，我們看到在神仙信仰的支持下，非常強調通過養生治身來達到長生成仙的目標。在「道」的原則下，提出甚多相應的修煉方法，重要者，大致有以下幾種。

（1）守　一

道家重視「一」，「一」相當於「道」，《老子》第三十九章中就有「昔之得一者，天得一以清，地得一以寧，神得一以靈，穀得一以盈。」第十章說：「載營魄抱一，能無離乎？」《莊子・田子方》稱：

> 夫天下也者，萬物之所一也，得其所一而同焉，則四支百體將爲塵
>
> 垢，而死生終始將爲晝夜，而莫之能滑，而況得喪禍福之所介乎。

〔註153〕

意思是天下萬物貫通其中的就是一，一就是道。如果能得一，就會將生死終始及其得失禍福，視作平常，視作不可避免的事，因而不再介意。《莊子》已把守一作爲一種長生的方術提出來，〈在宥〉中，廣成子對黃帝說：「我守其一以處其和。故我修身千二百歲矣，吾形未嘗衰。」〔註154〕秦漢時期的《呂氏春秋》、《淮南子》、《河上公老子注》中也都有關於「一」就是「道」的論述。

《太平經》繼承和發展黃老守一、抱一的思想，強調「一」的作用，認爲：

> 夫一者，乃道之根也，氣之始也，命之所繫屬，眾心之主也。〔註155〕

> 一者，數之始也；一者，生之道也；一者，元氣之所起也；一者，
>
> 天之綱紀也。故使守思一，從上更下也。〔註156〕

將守一視爲修煉養生之術。今存的《太平經》中，標以「守一」的就有「修

〔註151〕　《太平經合校・分解本末法第五十三》，卷四十，頁78。
〔註152〕　《抱朴子內篇校釋・勤求》，卷十四，頁252。
〔註153〕　《莊子集釋》，卷七下，頁714。
〔註154〕　《莊子集釋》，卷四下，頁381。
〔註155〕　《太平經合校・修一卻邪法》，卷十八至三十四，頁12～13。
〔註156〕　《太平經合校・五事解承負法第四十八》，卷三十七，頁60。

一卻邪法」、「守一明之法」、「守一入室知神戒」等數篇。〔註157〕至於經文中
涉及「守一」的更是隨處可見。在《太平經》中,「守一」是最主要也是最根
本的修煉內容之一,而且有全面論述「守一」的方法。《太平經》說:

> 守一之法,可以知萬端。萬端者,不能知一。夫守一者,可以度世,
> 可以消災,可以事君,可以不死,可以理家,可以事神明,可以不窮
> 困,可以理病,可以長生,可以久視。元氣之首,萬物樞機。天不守
> 一失其清,地不守一失其寧,日不守一失其明,月不守一失其精,星
> 不守一失其行,山不守一不免崩,水不守一塵土生,神不守一不生成,
> 人不守一不活生。一之為本,萬事皆行。子知一,萬事畢矣。〔註158〕

即是對守一之法給予相當高的評價。

守一的內容是什麼?《太平經》認為精、氣、神為人體生命不可或缺的
三個要素,為人之三寶,是由道或一所化生且合而為一者,所以守一即守精、
氣、神三者,又稱守三一。《太平經》說:

> 三氣共一,為神根也。一為精,一為神,一為氣。此三者,共一位
> 也,本天地人之氣。神者受之於天,精者受之於地,氣者受之於中
> 和,相與共為一道。故神者乘氣而行,精者居其中也。三者相助為
> 治。故人欲壽者,乃當愛氣尊神重精也。〔註159〕

守一就是指把精、氣、神三者合一而守持。而所謂的守神亦即守精神。《太平
經》認為人的形體與精神相合,不能分離,若分離則死。這與司馬談、《淮南
子》、《河上公老子注》的看法一致,是典型的黃老觀點。因此,主張守神,
使形神合一。例如:

> 古今要道,皆言守一,可長存而不老。人知守一,名為無極之道。
> 人有一身,與精神常合并也。形者乃主死,精神者乃主生。常合即
> 吉,去則凶。無精神則死,有精神則生。常合即為一,可以長存也。
> 常患精神離散,不聚於身中,反令使隨人念而遊行也。故聖人教其
> 守一,言當守一身也。念而不休,精神自來,莫不相應,百病自除。
> 此即長生久視之符也。〔註160〕

〔註157〕根據敦煌本 S4226 號殘卷,中有《太平經》一百七十卷三百六十六篇的目錄,
尚有「清身守一法」、「法一法」、和「守一長存訣」等篇。
〔註158〕《太平經合校・附錄佚文》,頁 743。
〔註159〕《太平經合校・令人壽治平法》,卷一百五十四至一百七十,頁 728。
〔註160〕《太平經合校》,卷一百三十七至一百五十三,頁 716。

「無極之道」即指人身與精神合一之道，由於精神主生，因此應使它與形體常合，能夠達到這種常合即為一，即能百病自除，便可以長生久視，通往神仙世界，可見守一即守神。

至於守氣，《太平經》說，天地之道之所以能長久存在，是因為守氣而不絕的緣故；一切事物，若無氣則「終死」。人「欲不終窮，宜與氣為玄牝」，〔註161〕即認為守氣則可不死。《太平經》將修煉之道分為九種形態，每一種形態都有相應的操作方法，這九種形態總體上被分為三等，上等可度世，中等可召使真神，下等可召鬼魂。這三等以上等上三首度世之道為「真道」，其術為：

> 第一元氣無為者，念其身也，無一為也，但思其身洞白，若委氣而無形，常以是為法，已成則無不為無不知也。故人無道之時，但人耳，得道則變易成神仙；而神上天，隨天變化，即是其無不為也。其二為虛無自然者，守形洞虛自然，無有奇也；身中照白，上下若玉，無有瑕也；為之積久久，亦度世之術也，此次元氣無為象也。三為數度者，積精還自視也，數頭髮下至足，五指分別，形容身外內，莫不畢數，知其意，當常以是為念，不失銖分，此亦小度世之術也，　次虛無也。〔註162〕

元氣無為、虛無自然、數度均為度世之術。這三種又以修煉「元氣」最為高明，其次以虛無自然的精神「守形」，再次是「內視積精」，即可看出守一即以煉氣置於修煉神仙之道的首要位子。

《太平經》對於守一實際操作的具體方式，也有涉及。認為居處要安靜不使喧鬧，「始思居閑處，宜重牆厚壁，不聞喧譁之音」；〔註163〕飲食要以少食為原則，因為「真神好潔，糞穢氣昏」，〔註164〕多食生糞多穢氣，而且「食者命有期，不食者與神謀，食氣者神明達，不飲不食，與天地相卒也」；〔註165〕在情志上要「不喜不怒」，即不妄發脾氣，保持平和的心境；在生活心態上內要「去榮辭顯」，〔註166〕「安貧樂賤，常內自求」，〔註167〕在外「則行仁施惠為功，

〔註161〕　《太平經合校・包天裏地守氣不絕訣》，卷九十八，頁450。
〔註162〕　《太平經合校・道真九首得失文訣第一百七》，卷七十一，頁282。
〔註163〕　《太平經合校・附錄佚文》，頁740。
〔註164〕　《太平經合校・附錄佚文》，頁742。
〔註165〕　《太平經合校》，卷一百二十至一百三十六，頁700。
〔註166〕　《太平經合校・附錄佚文》，頁741。
〔註167〕　《太平經合校・附錄佚文》，頁742。

不望其報，忠孝亦同。」〔註168〕可見這些明確的方法，不再只是像道家講全性保生，其中已具有道德修養的成分，實際是道家與儒家結合的結果。

（2）胎　息

所謂「胎息」，即如嬰兒在母胎中，不用口鼻呼吸，而行腹中內呼吸。這是養生食氣法中的一種。此術漢時已流行，《後漢書・方術列傳》記王眞說：「悉能行胎息、胎息之方。」李賢注：「《漢武內傳》曰：王眞字叔經，上黨人，習閉氣而吞之，名曰胎息；習漱舌下泉而咽之，名曰胎食。眞行之，斷穀二百餘日，肉色光美，力並數人。」〔註169〕

《太平經》說：

> 請問胞中之子，不食而取氣。在腹中，自然之氣。已生，呼吸陰陽之氣。守道力學，反自然之氣。反自然之氣，心若嬰兒，即生矣。隨呼吸陰陽之氣，即死矣。〔註170〕

又說：

> 請問胎中之子，不食而炁者何也？天道迺有自然之炁，乃有消息之炁。凡在胞中，且而得炁者，是天地自然之炁也；及其已生，噓吸陰陽而炁者，是消息之炁也。人而守道力學，反自然之炁者生也，守消息之炁者死矣。故夫得眞道者，乃能內炁，外不炁也。以是內炁養其性，然後能返嬰兒，復其命也。故當內炁以內養其形體。〔註171〕

凡人胎在母胞中時靠臍帶與母體相連，口鼻並不呼吸。胎胞隨母親的呼吸而呼吸，實際上並不吸入外氣，而是一種內息，一種自然之氣，即通過臍帶呼吸，又稱胎息。出生以後，開始口鼻呼吸，是為外息，是消息之氣，吸入外氣的同時，體內之元氣隨之漸漸散失，元氣既失，人便虧損，乃至死亡。如果能不從鼻口噓吸，如人在胎胞中，還返胎息之法，便可達到培養體內元氣，健康長壽，乃至長生不死。《太平經》所言食氣之法：

> 夫人，天且使其和調氣，必先食氣；故上士將入道，先不食有形而食氣，是且與元氣合。故當養置茅室中，使其齋戒，不睹邪惡，日練其形，毋奪其欲，能出無間去，上助仙眞元氣天治也。是為

〔註168〕《太平經合校・附錄佚文》，頁743。
〔註169〕《後漢書・方術列傳第七十二下》，卷八十二下，頁2751。
〔註170〕《太平經合校》，卷一百二十至一百三十六，頁699。
〔註171〕《太平經合校》，卷一百二十至一百三十六，頁699～700。

神士，天之吏也。毋禁毋止，誠能就之，名爲天士，簡閱善人，天大喜之，還爲人利也，何謂乎哉？然此得道去者，雖不爲人目下之用，皆共調和陰陽氣也。古者帝王祭天上神下食，此之謂也。
〔註172〕

這應該也是胎息食氣的描述，尚須透過一定的齋戒儀式，潔淨身心，才能與元氣合，共調和陰陽。

（3）內視思神

《河上公老子注》中已有「五臟神」這一概念，但它的神學色彩還不大明顯。《太平經》則認爲人身中每一個部位都有相應的神居住，掌管人的生命。人神本該居住體內，但由於受到人追逐名利財貨等各種活動的影響，反而遊散於外，不爲自身所用。《太平經》說：

故肝神去，出遊不時還，目無明也；心神去不在，其脣青白也；肺神去不在，其鼻不通也；腎神去不在，其耳聾也；脾神去不在，令人口不知甘也；頭神去不在，令人眴冥也；腹神去不在，令人腹中央甚不調，無所能化也；四肢神去，令人不能自移也。〔註173〕

這裡的五臟神完全是神靈之義，謂身中某一部位的神不在，相應於那一個部位就會生病。如何解決這個問題呢？

《太平經》說：

少年神加，年衰即神滅，謂五藏精神也，中內之候也。千二百二十善神爲其使，進退司候，萬神爲其民，皆隨人盛衰。此天地常理，若以神同城而善御之，靜身存神，即病不加也，年壽長矣，神明祐之。故天地立身以靖，守以神，興以道。故人能清靜，抱精神，思慮不失，即凶邪不得入矣。其眞神在內，使人常喜，欣欣然不欲貪財寶，辯訟爭，競功名，久久自能見神。神長二尺五寸，隨五行五藏服飾。君仁者道興，君柔者德生。中心少有邪意，遠方爲之亂。神氣周流，疾於雷電，急還神明，以自照內，故病自愈而人自治。故人生百二十上壽，八十中壽，六十下壽，過此皆夭折。此蓋神游於外，病攻其內也。思本正行，令人相親愛。古之求壽，不失其道者。天地有常行，不可離本也；故求安而長存者，慎無忘此道本元

〔註172〕《太平經合校・九天消先王災法第五十六》，卷四十二，頁90。
〔註173〕《太平經合校・闕題》，卷十八至三十四，頁27。

也。故畫圖以示後來。〔註174〕

即是使自己處在一種清靜無擾的狀態，運用自己的思維力量存思，使外游之神返回身中，甚至接引外界五行諸神人同入身中，達到安靜和諧的境界，這是「瞑目內視」〔註175〕的方式。《後漢書・馮衍傳》中就有「守寂寞而存神」的修煉記載，這也能夠看出此法在當時頗爲流傳。只是，由於《太平經》屬宗教性質，其具體操作過程中則主張借助「神像」進行神思：

> 使空室內傍無人，畫象隨其藏色，與四時氣相應，懸之窗光之中而思
> 之。上有藏象，下有十鄉，臥即念以近懸象，思之不止，五藏神能報
> 二十四時氣，五行神且來救助之，萬疾皆愈。男思男，女思女，皆以
> 一尺爲法，隨四時轉移。春，青童子十，夏，赤童子十，秋，白童子
> 十，冬，黑童子十，四季，黃童子十二。二十五神人眞人共是道德，
> 正行法，陽變於陰，陰變於陽，陰陽相得，道乃可行。〔註176〕

五臟神靈，有具體身長、形狀與服飾，並能夠與二十四節氣相對應。如果將身中五臟神等畫其圖形，懸於窗光中，隨其四季不同而更換以不同的顏色，經常靜臥默想心接近神，就可以得到相助，有延壽之效。

　　《太平經》這種方法，是一種四時五臟陰陽相對應的天人一體觀，即認爲心神合一，人的意念可與神相通。《太平經》吸收這一觀念，同時又顧及宗教的本質，乃借助於畫上的神推行這種方法。而《太平經》中雖然沒有明確留下存思的「神像」，但在卷九十九之《乘雲駕龍圖》、卷一百之《東壁圖》、卷一百一之《西壁圖》，便是漢代遺留下來的神像畫圖，或能從中得出些線索。

　　（4）針灸調脈

《太平經》說：

> 灸刺者，所以調安三百六十脈，通陰陽之氣而除害者也。三百六十
> 脈者，應一歲三百六十日，日一脈持事，應四時五行而動，出外周
> 旋身上，總於頭頂，內繫於藏。衰盛應四時而動移，有疾則不應，
> 度數往來失常，或結或傷，或順或逆，故當治之。灸者，太陽之精，
> 公正之明也，所以察姦除惡害也。針者，少陰之精也，太白之光，
> 所以用義斬伐也。治百中百，治十中十，此得天經脈讖書也，實與

〔註174〕《太平經合校・盛身卻災法》，卷一百五十四至一百七十，頁722～723。
〔註175〕《太平經合校・胞胎陰陽規矩正行消惡圖》，卷五十二，頁193。
〔註176〕《太平經合校・以樂卻災法》，卷十八至三十四，頁14。

脈相應，則神爲其驅使；治十中九失一，與陰脈相應，精爲其驅使；治十中八，人道書也，人意爲其使；過此而下，不可以治疾也，反或傷神。甲脈有病反治乙，名爲恍惚，不知脈獨傷絕。故欲樂知天道神不神，相應與不也，直置一病人前，名爲脈本文，比若書經道本文也。令眾賢圍而議其病，或有長於上，或有長於下，三百六十脈，各有可睹，取其行事，常所長而治訣者以記之，十十中者是也，不中者皆非也，集眾行事，愈者以爲經書，則所治無不解訣者矣。天道制脈，或外或內，不可盡得而知之也，即是其脈會處也；人有小有大，尺寸不同，度數同等，常以窬穴分理乃應也·道書古今積眾，所言各異，名爲亂脈也；陽脈不調，反治陰脈，使人被咎，賊傷良民，使人不壽。脈乃與天地萬物相應，隨氣而起，周者反始。故得其數者，因以養性，以知時氣至與不也，本有不調者安之。古者聖賢，坐居清靜處，自相持脈，視其往來度數，至不便以知四時五行得失，因反知其身衰盛，此所以安國養身全形者也，可不慎乎哉！人惑隨其無數灸刺，傷正脈，皆傷正氣，逆四時五行，使有災異：大人傷大，小人傷小，盡有可動遙不居其處者，此自然之事也。是故古聖賢重之，聖帝王居其處，候脈行度，以占知六方吉凶，此所謂以近知遠，以內知外也，故爲神要道也。〔註177〕

以上經文說明灸刺的定義、理論、治療原則。首先闡明了「灸刺」可以調脈通氣，是一種很重要的療法；強調脈與天地萬物相應，隨氣而起，但有病則不應，故需用灸刺調安人體三百六十脈來治病。其次並進一步分析了人有大小、尺寸不同，因而「灸刺」取穴，不能墨守成規，必需因人因時而異。最後說明「灸刺」關鍵在於診脈正確，取穴無誤，而達到養身全形的作用。此法是吸收當時的醫學理論，並實際進行療疾，代表《太平經》中較爲可靠的養生術。

（5）食　藥

《太平經》認爲世上存有不死之藥，「天上積仙不死之藥多少，比若太倉之積粟也。」〔註178〕因此，「食藥」也成爲修仙的主要方法之一。顧名思義，「食藥」主要是通過服用特定食物或藥物，亦即所謂的「服食」，以達到長生成仙的目的。這是一種外養的養生術，它通過一定的加工、配劑、炮製成一

〔註177〕《太平經合校·灸刺訣第七十四》，卷五十，頁 179～181。
〔註178〕《太平經合校·上善臣子弟爲君父師得仙方訣》，卷四十七，頁 138。

定形式，以內服爲主要攝入途徑。從戰國時期神仙方士便有以安期生爲代表的藥餌服食的養生派。〔註179〕秦始皇曾使徐福出海尋長生不死藥，又使韓終、石生求仙人不死之藥；漢武帝時方士李少君獻祠灶、穀道、卻老方。穀道、卻老方即是服食之方。李少君又對漢武帝說自己嘗游海上，遇見安期生，食巨棗大如瓜，此皆以服食特定食物之說。據《列仙傳》記載，仙人多喜服食，如赤將子輿「啖百花草」，偓佺「好食松實」，鹿皮公「食芝草」等等。〔註180〕王充說：「聞爲道者，服金玉之精，食紫芝之英。」〔註181〕可說明兩漢時期服食藥餌的普遍。

服藥的內容，主要有三類，一種是以植物爲主，即所謂草木藥；一種是動物類，即所謂的生物方；另一種是礦物，是所謂的金石藥。《太平經》教人修道服食以前面兩種爲主，而不及金石藥。它說：

> 草木有德有道有官位者，乃能驅使也。名之爲草木方，此謂神草木也。治事立愈者，天上神草木也，下居地而生也。立延年者，天上仙草木也，下居地而生也。〔註182〕

這是說天地之間有神草木，疾者食之，能夠病愈延年。又說：

> 生物行精，謂飛步禽獸跂行之屬，能立治病。禽者，天上神藥在其身中，天使其圓方而行。〔註183〕

生物之方，亦如草木方一樣是一種神丹妙藥，能使人「得長壽命」，其根據是宗教神學萬物皆有神靈的觀點。但由於《太平經》是宗教性質，對於使用此方尙多保留，認爲「天道惡殺而好生，蠕動之屬皆有知，無輕殺傷用之也。」除非在特殊情況下，否則「不得已乃後用之也。」〔註184〕充分表現「重生」的特色。

（6）服　符

符籙是道教重要法術之一。通常是一種用朱筆或墨筆所畫的圖形或線條。相傳張角曾以「師持九節杖，爲符祝，教病人寇頭思過，因以符水飲之。」

〔註179〕蒙文通說：「古之僊道，大別爲三，行氣、藥餌、寶精，三者而已也。」（參《古學甄微・晚周僊道分三派考》，頁337。）
〔註180〕《列仙傳校箋》，頁7、頁11、頁119。
〔註181〕《論衡校釋・道虛第二十四》，卷第七，頁324。
〔註182〕《太平經合校・草木方訣第七十》，卷五十，頁172。
〔註183〕《太平經合校・生物方訣第七十一》，卷五十，頁173。
〔註184〕《太平經合校・生物方訣第七十一》，卷五十，頁174。

〔註185〕即用九節杖作爲符咒治病的法器，讓病人叩頭思過，並用施咒過的水或灰符作成的符水給病人吞服。這種符籙在《太平經》中就有許多個文字重疊的「復文」符，如「興上除害復文」、「令尊者無憂復文」、「德行吉昌復文」、「神祐復文」等名目。從這些名目就可看出，符籙是出於「救世」的宗教目的。根據《太平經復文・序》的記載：

> 君有太師，上相上宰上傅，公卿侯伯，皆上眞察屬，垂謨作典，預令下教。故作太平複文，先傳上相青童君，傳上宰西城王君，王君傳弟子帛和，帛和傳弟子干吉。干君初得惡疾，殆將不救，詣帛和求醫。帛君告曰，吾傳汝太平本文，可因易爲一百七十卷，編成三百六十章，普傳於天下，授有德之君，致太平，不但疾愈，兼而度世。〔註186〕

這也說明其製作動機主要用在治病。其實際使用，《太平經》說：

> 欲除疾病而大開道者，取訣於丹書吞字也。〔註187〕

> 天符還精以丹書，書以入腹，當見腹中之文大吉，百邪去矣。五官五王爲道初，爲神祖，審能閉之閉門户。外闇内明，何不洞觀？守之積久，天醫自下，百病悉除，因得老壽。愚者捐去，賢者以爲重寶，此可謂長存之道。〔註188〕

這裡的「丹書吞字」即是服下符籙，其重要性在於能還精存神，爲符籙派修仙的要求。

（7）祝讖召神

如果說符籙是用圖文驅邪治病，那麼祝讖則是通過特殊而神秘的語言驅邪治病的一種法術。這是從古老的巫祝演化而來。《尚書・無逸》說：「民否則厥心違怨，否則厥口詛祝。」孔穎達《正義》解釋「詛祝」說：「謂告神明令加殃咎也。以言告神謂之祝，請神加殃謂之詛。」認爲人們所遭受的病魔與災禍可能是一些鬼魅作怪的結果。而鬼魅也像人一樣害怕天神的責罵與天神降臨災禍。人們在遭受病魔與災禍卻無能爲力的情形下，就借用語言，告之上天神明，使神明對他們進行懲罰，或用惡毒的話語加以譴責。這種方式

〔註185〕《後漢書・皇甫嵩傳第六十一》，卷七十一，頁2299～2300。
〔註186〕《太平經合校》，頁744。
〔註187〕《太平經合校・要訣十九條第一百七十三》，卷一百八，頁512。
〔註188〕《太平經合校・長存符圖第一百二十八》，卷八十七，頁330。

在《太平經》也被提及。

> 天上有常神聖要語，時下授人以言，用使神吏應氣而往來也。人民得之，謂爲神祝也。祝也祝百中百，祝十中十，祝是天上神本文傳經辭也。其祝有可使神伝爲除疾，皆聚十十中者，用之所向無不愈者也。但以言愈病，此天上神議語也。良師帝王所宜用也，集以爲卷，因名爲祝議書也。是乃所以召眾神使之，故十愈也。十九中者，眞神不到，中神到，大臣有也。十八中者，人神至，治民有也。此者，天上神語也，本以召呼神也，相名字時時下漏地，道人得知之，傳以相語，故能以治病，如使行人之言，不能治愈病也。夫變事者，不假人須史，天重人命，恐奇方難卒成，大醫失經脈，不通死生重事，故使要道在人口中，此救急之術也。欲得此要言，直置一病人於前，以爲祝本文，又各以其口中密祕辭前言，能即愈者，是眞事也；不者，盡非也，應邪妄言也，不可以爲法也。或有用祝獨愈，而他傍人用之不決效者，是言不可記也；是者鬼神之長，人自然使也，名爲孤言，非召神眞道也。人雖天遙遠，欲知其道眞不？是與非相應和，若合符者是也，不者非也。〔註189〕

祝議語乃天上神聖要語，其辭密祕難言；其效用依眞神，中神、人神而不同，是一種救急之術；其方法是將病人置於前，透過祝文的唸誦，使疾病痊愈。在《太平經》諸多煉養之術之中，與服符、葬宅占選、懸像思神等皆屬神祕之術，頗難知曉，尤其祝議的效果，更近於心理上的安慰作用。

（8）葬宅占選

《太平經》說：

> 葬者，本先人之丘陵居處也，名爲初置根種。宅，地也，魂神復當得還，養其子孫，善地則魂神還養也，惡地則魂神還爲害也。五祖氣終，復反爲人。天道法氣，周復反其始也。欲知地效，投小微賤種於地，而後生日興大善者，大生地也；置大善種於地，而後生日惡者，是逆地也；日衰少者，是消地也。以五五二十五家冢丘陵效之，十十百百相應者，地陰寶書文也；十九相應者，地陰寶記也；十八相應者，地亂書也，不可常用也；過此而下者，邪文也，百姓害書也。欲知其審，

〔註189〕《太平經‧神祝文訣第七十五》，卷五十，頁181～182。

記過定事，以效來事，乃後真偽分別。可知吾書，猶天之有甲，地之
有乙，萬世不可易也。本根重事效，生人處也，不可苟易，而已成事，
□□邪文為害也，令使災變數起，眾賢人民苦之甚甚。故大人小人，
欲知子子孫孫相傳者，審知其丘陵當正，明其故，以占來事。置五五
二十五丘陵以為本文，案成事而考之，錄過以效今，去事之證以為來
事。真師宜詳惟念書上下，以解醉迷，名為占陰覆文，以知祖先，利
後子孫，萬世相傳，慎無閉焉。〔註190〕

生死，人之大事，尤其是死，更受到特別重視。《太平經》相信精神不滅，認
為人死魂神仍然存在，它可以與子孫感通，進而影響在世之人。葬宅提供魂
神居住，葬宅的善惡，決定魂神的善惡。善地產生善氣，魂神受到滋潤，就
能蔭庇福佑子孫；惡地產生惡氣，魂神獲得惡氣，就會危害子孫。葬宅的善
惡，足以影響子孫的富貴貧賤、夭壽賢愚，甚至容貌的妍醜，為了能夠久壽，
使自己一生善始善終，就必須善選葬宅。這是《太平經》受到兩漢流行的堪
輿方術的影響。

（9）行善立德

《太平經》除了以道家養性之說為基礎，並廣泛吸收當時流行的各種方
術、醫學作為去疾長生的方式外，還認為社會倫理道德觀念為「道」的作用
和體現，是所謂的「三綱六紀所以能長吉者，以其守道也。」〔註191〕因此，
將社會倫理道德觀念與成仙信仰密切配合，把行善立德作為修道的重要內容。

《太平經》相信天人感應、善惡有報的思想。認為天為有意志的神，喜
善怒惡，它常派神監視世人，過無大小都清楚的記錄，壞事做多了，就減他
的壽，奪他的命，連死都不得超生，做惡的，甚至禍延子孫，有所謂「承負」
之說。所謂「承負」即是前人有過，由後人承受其過責。《太平經》說：

承者為前，負者為後。承者，迺謂先人本承天之心而行，小人失之
不自知，用日積久，相聚為多，今後生人反無辜蒙其過謫，連傳被
其災。故前為承，後為負也。負者，流災亦不由一人之治，比連不
平，前後更相負，故名之為負。負者，迺先人負於後生者也。〔註192〕

如果為善的話，則是前人種樹，後人遮蔭。怎樣才能終止承負而免於厄運呢？

〔註190〕《太平經合校·葬宅訣第七十六》，卷五十，頁182～183。
〔註191〕《太平經合校》，卷十八至三十四，頁27。
〔註192〕《太平經合校·解師策書狀第五十》，卷三十九，頁70。

一要虔誠信道修行，免除自身的承負厄運；另一則是要行善積德爲後世子孫造福。《太平經》說：

> 汝努力心爲善，勿行遊蕩，治生有次，勿取人財，才可足活耳。各且相事，無妄飲酒，講議是非，復見失。詳思父母言，可無所咎。天上聞知，更爲善子，可得久生竟年之壽。爲汝作大，以是爲誠。諸神聞知，上白於天。天令善神隨之，治生有進，財復將增，生子遂健，更爲有足，是天恩也。春秋節臘，輒奉天報恩，既不解，努力爲善，自得其福。行慎所言，復自消息。天神常在人邊，不可狂言。慎之小差，不慎亡身。見誠當責身，勿尤他人也，此戒可知也。欲得大壽者，勿失此戒言。〔註193〕

這是針對個人爲善立德所需遵守的基本事項，包括生活有節、臨財不貪、不論人是非、不妄飲酒，其它尚有如「每見人有過，復還責己」〔註194〕、「聞人有過，助其自悔」〔註195〕等等。總歸於「自愛」、「自好」、「自親」、「自養」的主張，〔註196〕去凶遠害，通過自身的努力以求得長壽。尤其能修煉成爲神仙的人，是「皆不爲惡者，各惜其命」，〔註197〕並且累積極大善功的人。《太平經》說：

> 人無大功於天地，不能治理天地之大病，通陰陽之氣，無益於三光四時五行天地神靈，故天不予其不死之方仙衣也。此者，乃以殊異有功之人也。〔註198〕

所謂的善功就是實踐倫理道德的規範，最重要的是忠君、孝親、尊師。《太平經》說：

> 父母者，生之根也；君者，授榮尊之門也；師者，智之所出，不窮之業也。此三者道德之門戶也。〔註199〕

又說：

> 故人生之時，爲子當孝，爲臣當忠，爲弟子當順；孝忠順不離其身，

〔註193〕《太平經合校・大壽誡第二百》，卷一百一十四，頁618～619。

〔註194〕《太平經合校・善仁人自貴年在壽曹訣第一百八十二》，卷一百十一，頁550。

〔註195〕《太平經合校・大功益年書出歲月戒第一百七十九》，卷一百一十，頁539。

〔註196〕《太平經合校・經文部數所應訣第一百六十七》，卷一百二，頁466。

〔註197〕《太平經合校・見誡不觸惡訣第一百九十五》，卷一百十四，頁602。

〔註198〕《太平經合校・上善臣子弟爲君父師得仙方訣第六十三》，卷四十七，頁138。

〔註199〕《太平經合校》，卷七十三至八十五，頁310－311。

然後死魂魄精神不見對也。〔註200〕

諸多德行之中，當以孝德爲先，爲人子女的，要用盡一切辦法求得不死之術，使父母延續生命。《太平經》說：

> 自開闢已來，行有二急，其餘欲知之亦可，不知之亦可。天地與聖明所務，當推行而大得者，壽孝爲急。壽者，乃與天地同優也。孝者，與天地同力也。故壽者長生，與天同精。孝者，下承順上，與地同聲。此二事者，得天地之意，凶害自去。深思此意，太平之理也，長壽之要也。〔註201〕

又說：

> 上善第一孝子者，念其父母且老去也，獨居閒處念思之，常疾下也，於何得不死之術，嚮可與親往居之，賤財貴道活而已。〔註202〕

如此，則「不當見神仙之人，皆以孝善，逮得仙耳，其壽何極。」〔註203〕由此可知，《太平經》將成仙與孝善聯繫起來，代表儒家思想的倫理綱常滲透到黃老道教當中，成爲修道的重要內容之一，對後來的道教影想深遠。如葛洪說：

> 覽諸道戒，無不云欲求長生者，必欲積善立功，慈心於物，恕己及人，仁逮昆蟲，樂人之吉，愍人之苦，賙人之急，救人之窮，手不傷生，口不勸禍，見人之得如己之得，見人之失如己之失，不自貴，不自譽，不嫉妒勝己，不佞諂陰賊，如此乃爲有德，受福於天，所作必成，求仙可冀也。〔註204〕

又說：

> 欲求仙者，要當以忠孝和順爲本，若德行不修，而但務方術，皆不得長生也。〔註205〕

就是認爲即使不懂仙術，只要勤作善事，也會延年益壽；如果懂得方術，但不作善事，上天也不會讓其成生成仙，反而會奪其算紀，使之早亡。這可說在《太平經》開始，就成爲道教的傳統觀念。

〔註200〕《太平經合校・六極六竟孝順忠訣第一百五十一》，卷九十六，頁408。
〔註201〕《太平經合校》，卷七十三至八十五，頁310。
〔註202〕《太平經合校・上善臣子弟爲君父師得仙方訣第六十三》，卷四十七，頁134。
〔註203〕《太平經合校・不承天書言病當解謫誡第二百二》，卷一百十四，頁623。
〔註204〕《抱朴子內篇校釋・微旨》，卷六，頁126。
〔註205〕《抱朴子內篇校釋・對俗》，卷三，頁53。

通過奉行這些方法之後，實現成仙的可能性，《太平經》進一步認爲成仙的方式兩種：一爲尸解成仙，一爲白日昇天。尸解成仙謂遺棄肉體，假託死亡而仙去，此次於白日昇天，百萬之人出現一人，其情形爲：

> 或有尸解分形，骨體以分。尸在一身，精神爲人尸，使人見之，皆言已死。後有見者，見其在也。此尸解人也。久久有歲數，次上爲白日昇天者。使有歲數功多成，更生光照，普天神周遍。還復止雲中，所部界皆有尸解仙人，主知人鬼者。〔註206〕

此即死而復生。白日昇天與尸解仙不同，爲仙之珍貴者。它的行爲是：

> 白日昇天之人，自有其眞。性自善，心自有明，動搖志意不傾邪，
> 財利之屬不視顧，衣服麤粗，衣方蔽形，是昇天之人行也。〔註207〕

即是白日昇天的人本性良善，行爲無缺，不貪世俗財物，能夠幫助天君治理萬民，使人向善，得到大神所保信，百萬人中未有一人。

3、無為治道

《太平經》把度世看得比治國更爲重要的位子，認爲「上賢明力爲之，可得度世；中賢力爲之，可爲帝王良輔善吏。」〔註208〕宣揚成仙的樂處，「去官求仙，仙無窮時，命與天連」，〔註209〕這是注重現實人生，不期待死後世界，強調修煉得道，凡身成仙，即可享受現實生活中的各種幸福。然而，現實世界往往充滿罪惡，並非歡樂安和，想要眞正永享歡樂，除修己之外，還要度人，必須也把現實社會治理好，改善人群生活，建立起一個理想的社會境地。因此，這必然要與政治掛聯起來，藉由政治手段，實現其神道立教的目標。

誠如本章上一節所言，治身是《太平經》的主要思想之一，但對於治國理民之道，它同樣重視，不曾忽略。《太平經》認爲政治的最終理想是建立一個「太平」世界，根據它自己解釋說：

> 太者，大也，……平者，乃言其治太平均，凡事悉理，無復奸私也。
> 〔註210〕
> 太平者，乃無一傷物，爲太平氣之爲言也。凡事無一傷病者，悉得

〔註206〕《太平經合校・善仁人自貴年在壽曹訣第一百八十二》，卷一百十一，頁553。
〔註207〕《太平經合校・九君太上親訣第一百九十三》，卷一百十四，頁596。
〔註208〕《太平經合校・守一入室知神戒第一百五十二》，卷九十六，頁409～410。
〔註209〕《太平經合校・闕題》，卷九十四至九十五，頁403。
〔註210〕《太平經合校・三合相通訣第六十五》，卷四十八，頁148。

　　其處，故爲平也。〔註211〕

　　平之爲言者，乃平平無冤，故爲平也。〔註212〕

　　太平之書，令下可順其上，可得長久。〔註213〕

總括起來，「太平」之義就是極大公平、極大平均、極大和平。使宇宙萬物皆生活在這樣的世界中，人人都安居樂業，竟其天年，世界上沒有水旱災害，沒有戰爭，沒有疾病，沒有冤仇，各得其處，各得其樂。

　　在《太平經》中將治身與治國兩個部分緊緊聯繫在一起，治身之道就是治國之道，治國之道也就是治身之道。這依然是道家黃老思想「身國合一」或是「身國同治」的模式，如說：

　　故端神靖身，乃治之本也，壽之徵也。無爲之事，從是興也。先學其身，以知吉凶。是故賢聖明者，但學其身，不學他人，深思道意，故能太平也。〔註214〕

　　王者靜思道德，行道安身，求長生自養；和夫婦之道，陰陽俱得其所，天地爲安。〔註215〕

　　急教帝王，令行太平之道。道行，身得度世，功濟六方含生之類矣。

　　　　〔註216〕

治身是治國之本，深思治身之道，才能使國治太平。相反而言，治國行太平之道，不僅天下太平，而且帝王身得度世。由此思路推之，治國與治身的許多原則和方法皆是一致的。例如守一既是成仙的重要原則，亦是治國理世的法寶。又如立善積德爲既是修身的法術，也是救世的良方。在這些治國之道當中，與道家黃老思想密切相關的，主要反映在二種傾向上：

　　第一個是行道治，合行仁義道德。《太平經》認爲在宗教天道論的支配下，以奉天地、順五行、調陰陽、崇道德爲治平社會的至理和方法。帝王只要善察天道之常，因順時務，不逆天，便能得天心，長保吉祥。《太平經》說：

　　天地有常法，不失分銖也。……故事不空見，時有理亂之文；道不

〔註211〕　《太平經合校・敬事神十五年太平訣第一百四十》，卷九十三，頁398。
〔註212〕　《太平經合校・包天裹地守氣不絕訣第一百六十》，卷九十八，頁451。
〔註213〕　《太平經合校・不承天書言病當解讁誡第二百二》，卷一百一十四，頁624。
〔註214〕　《太平經合校・錄身正神法》，卷十八至三十四，頁12。
〔註215〕　《太平經合校・行道有優劣法》，卷十八至三十四，頁17。
〔註216〕　《太平經合校・救迷輔帝王法》，卷一百五十四至一百七十，頁732。

空出，時運然也。是故古者聖賢帝王，見微知著，因任行其事、順
其氣，遂得天心意，故長吉也。〔註217〕

另一個得天心的途徑，就是要行道德仁義，所謂「欲得天地心者，乃行道與
德也。」〔註218〕「合于天心，事入道德仁善而已。」〔註219〕《太平經》曾說
進入太平之治的法門有十條，稱為「十閭」，〔註220〕完全從社會倫理的角度提
出來的，強調慈孝明德，安居樂業，對於侵害人民生命財產的人要嚴加痛斥，
對於有過能改者表示歡迎。這就很明顯的視倫理綱常的道德仁義為理治工
具，然而這些只是一端，並非全治之道。《太平經》提出帝王治術計有十種，
包括元氣治、自然治、道治、德治、仁治、義治、禮治、文治、法治、武治
等，〔註221〕並說：

古者神人治身，皆有本也，治民乃有大術也。使萬物生，各得其所，
能使六極八方遠近歡喜，萬物不失其所。……今未能養其本末，安
能得治哉？今此上德、仁、義、禮、文、法、武七事務各異治，俱
善有不達，而各有可長，亦不可廢，亦不可純行。治身安國致太平，
乃當深得其訣，御此者道也。〔註222〕

此即是以德、仁、義、禮等治身及治萬民，都顯得善而不達，不能滿足治身
治國的要求，儘管它們「不可無」，於治道各有所長，真正的治身治國之道是
以元氣、自然、道為根本，而仁義禮法等只不過是末。這裡以道家養生之道
為根本，結合儒家修身之道，是標準的以大道為主，兼採儒家道德仁義之說
的道家黃老的特點。

第二個是理想的治道在於以道為中心的無為之治。《太平經》說：

天地之性，獨貴自然，各順其事，毋敢逆焉。道興無為，虛無自然，
高士樂之，下士恚焉。〔註223〕

又說：

無為者，無不為也，乃與道連。〔註224〕

〔註217〕《太平經合校・天文記訣第七十三》，卷五十，頁177。
〔註218〕《太平經合校・服人以道不以威訣第六十四》，卷四十七，144頁。
〔註219〕《太平經合校・急學真法第六十六》，卷四十九，頁160。
〔註220〕《太平經合校・闕題》，卷七十三至八十五，頁301～302。
〔註221〕《太平經合校・六罪十治訣第一百三》，卷六十七，頁254。
〔註222〕《太平經合校・七事解迷法》，卷一百五十四至一百七十，頁729～730。
〔註223〕《太平經合校・虛無無為自然圖道畢成誡第一百六十八》，卷一百三，頁472。
〔註224〕《太平經合校・虛無無為自然圖道畢成誡第一百六十八》，卷一百三，頁470。

這是《老子》所強調的道性自然與道常無爲而無不爲的思想。無爲是道的主要特性，而且無爲並非無所作爲，其實是無所不爲。因此，《太平經》說以道治民，應該也是一個無爲的情形。它說：

> 夫道者，乃無極之經也。前古神人治之，以眞人爲臣，以治其民，故民不知上之有天子也，而以道自然無爲自治。其次眞人爲治，以仙人爲臣，不見其民時將知有天子也，聞其教敕而尊其主也。其次仙人爲治，以道人爲臣，其治學微有刑被法令彰也，而民心動而有畏懼，巧詐將生也。其次霸治，不詳擇其臣，民多冤而亂生焉，去治漸遠，去亂漸近，不可復制也。〔註225〕

治國的境地有五種層次，依序爲神人之治、眞人之治、仙人之治、道人之治與霸治。最上者爲神人之治，神人之治是自然無爲。《太平經》認爲帝王治國以順應天道爲主，能順天地中和之氣，就能無事，主張「用心清靜專一」，〔註226〕賢人自然雲集身邊，並通過任賢的辦法來達成無爲。它說：

> 通天地中和譚，順大業，和三氣游，王者使無事，賢人悉出，輔興帝王，天大喜。〔註227〕

有了賢人的幫助，君王可以垂拱而爲，安坐而長游，即是「無事」。惟有如此的「無事」，才是眞正的無爲之治：

> 欲正大事者，當以無事正之。夫無事乃生無事，此天地常法，自然之術也，若影響。上士用之以平國，中士用之以延年，下士用之以治家。此可謂不爲而成，不理而治。〔註228〕

從這裡可以看出，《太平經》主張賢來人輔，君王可無事，即可安治，此是道家黃老君逸臣勞之義；而以無事爲要，則具有爲政清簡不擾，讓人民自化自成的方法。

二、《老子想爾注》

（一）《老子想爾注》的作者與成書時代

倫敦大英博物館所藏敦煌寫本《老子注》一種，卷長約 30 英尺，首端殘

〔註225〕《太平經合校・闕題》，卷十八至三十四，頁 25。
〔註226〕《太平經合校・瑞儀訓訣第一百七十四》，卷一百八，頁 512。
〔註227〕《太平經合校・和三氣興帝王法》，卷十八至三十四，頁 18。
〔註228〕《太平經合校・令人壽治平法》，卷一百五十四至一百七十，頁 728。

損，斯氏編目六八二五號，卷末題《老子道德經上》，下注橫排《想爾》二字，起於《老子》之第三章「不尚賢，使民不爭；不貴難得之貨，使民不爲盜」的注「則民不爭和不盜」，止於卷終，共五百八十行，注和經文連書，無章句之分，字體大小相同。此卷王重民先生《敦煌古籍敍錄》認爲是六朝人抄寫的經卷。後爲香港饒宗頤先生所注意，依《道德經河上公章句》的次序，將殘卷連寫的經文與注，分別錄出，分注章數，一九五六年四月出版《敦煌六朝寫本張天師道陵著老子想爾注校箋》。〔註229〕《老子想爾注》〔註230〕這部書在《道藏》中未收錄，過去人們雖知其名，卻不明其實，是現存文獻中確定無疑的孤本。

關於此經卷的抄寫時代，據諸學者的結論，較一致認爲從紙質、字體斷定，當爲北朝人所書，且從對「民」字不避諱，亦應是六朝時的寫本。〔註231〕但成書時代有不同說法，一說是南北朝時期，另一說則是東漢末期。〔註232〕據研究，《老子想爾注》不分章次，原文與注字體大小相同，保持東漢時箋注形式，其用字、韻語等亦具東漢時代特點，一般認爲產生於此時。〔註233〕

〔註229〕此書1991年11月上海古籍出版社重新出版名爲《老子想爾注校證》，本文引文悉依1991年版。

〔註230〕龔鵬程認爲此書本名應稱爲《想爾》或《想爾訓》。天師道教內稱此書爲張道陵所「注」時，注只是泛稱，而實際上漢人注經之體例甚爲複雜，有傳、注、訓、解、箋、釋、詁、章句之異，其體例不盡相同。今存《想爾》，當即爲《傳授經戒儀注訣》所載之「老君《道經》上《想爾訓》」，逕稱爲《老子想爾注》恐怕並不恰當（《道教新論》二集，頁53）。本文仍依循學術界慣稱，以《老子想爾注》爲名。至於「想爾」之義，有認爲是書名，《太上紀戒》說：「色者是想爾，想悉是空，何有色耶？」也有認爲事仙人名，如《雲笈七籤》卷三十三引孫思邈《攝養枕中方》云：「想爾曰：勿與人爭曲直。」原文「想爾」二字下自注謂：「想爾蓋仙人名」。《傳授經戒儀注訣》亦云：「托遘想爾，以訓初回。」似即「假托拜訪仙人想爾」。

〔註231〕王重民《敦煌古籍敍錄》：此殘卷「唐諱不避，書法帶隸意，當是六朝寫本。」（頁234，北京：中華書局，1979年版）饒宗頤《老子想爾注校證》：「注與經文連書，字體大小不分，既不別章次，過章又不起行，與其他唐寫本《道德經》款式頗異。」（〈解題〉，頁1）「卷中民字不避諱，故向來定爲六朝寫本。」「按以字體定之，當爲北朝人所書。」（〈解題〉，頁5）

〔註232〕南北朝之說以日本學者爲主。如福井康順主北魏末期至唐初之間；楠山春樹主六朝時期；麥谷邦夫主北魏新天師道作品；小林正美主劉宋時期。東漢末期者如饒宗頤、陳世襄、湯一介、日本學者大淵忍爾等人主之。諸說請參（韓）吳相武《〈老子想爾注〉之年代和作者考》，《道家文化研究》第十五輯，頁248。

〔註233〕《老子想爾注校證·解題》，頁1。

至於作者，也是說法不一。

唐玄宗御製《道德眞經疏外傳》，列古今箋注《道德經》各家，於《想爾》二卷下云：「三天法師張道陵所注」。〔註234〕《廣弘明集》中唐釋法琳〈辨正論〉云：「漢安元年，歲在壬午，道士張陵分別《黃書》，故注五千文。」〔註235〕唐道士張萬福《傳授三洞經戒法籙略說》所開列的道德經目中著錄《想爾注》上下二卷，其說經演戒目錄中又有「《想爾》二十七戒」。〔註236〕五代杜光庭《道德眞經廣義》，敘歷代詮疏箋注《老子》者六十餘家，於《想爾》亦云：「三天法師張道陵所注。」〔註237〕其後，宋董思靖《道德眞經集解序說》，亦引杜光庭說，曰：「註者有尹喜《內解》、漢張道陵《想爾》、河上公《章句》。」〔註238〕這些記載認爲張陵作《老子想爾注》。

陸德明《經典釋文·序錄》則於《想余注》二卷下注云：「不詳何人，一云張魯，或云劉表。」〔註239〕劉表在東漢末割據荊州，僅「起立學校，博求儒術，綦毋闓、宋忠等撰立《五經》章句，謂之後定。」〔註240〕熱心提倡經學，沒有崇道的事蹟，其作《老子想爾注》的可能性不大。陳世驤認爲陸德明並存二說，是因爲張魯與劉表皆曾受封鎮南將軍，致使後人分不清哪一個鎮南將軍，〔註241〕因此《老子想爾注》可能是張魯所作。關於張魯，《傳授經戒儀注訣》言道教授經序次，太玄部書，共十卷，即第一，老君大字本《道經》上；第二，老君大字本《德經》下；第三，老君《道經》上、《道經》下、河上公《章句》；第四，老君《德經》上、《德經》下、河上公《章句》；第五，老君《道經》上，《想爾訓》；第六，老君《德經》下、《想爾訓》；第七，老君《思神圖注訣》；第八，老君《傳授經戒儀注訣》；第九，老君《自然朝儀注訣》；第十，老君《自然齋儀》。在論經法序次之由中有「係師得道，化道

〔註234〕《道藏》，第十二冊，頁808，北京：文物出版社、上海書店、天津古籍出版社，1994年8月第一版第三刷。

〔註235〕《廣弘明集》，卷十三，頁172，台北：臺灣商務印書館，四部叢刊影明汪道昆本。

〔註236〕《道藏》，第三十二冊，頁186，184。

〔註237〕《道藏》，第十四冊，頁309。

〔註238〕《道藏》，第十二冊，頁821。

〔註239〕卷一，頁54，叢書集成初編，北京：中華書局，1985年新一版。敦煌寫本作「想介」，陸德明卻作「余」，疑「爾」或作「介」，誤爲「余」之故。

〔註240〕《後漢書·袁紹劉表列傳六十四下》，卷七十四下，頁2421。

〔註241〕陳世驤〈「想爾」老子道德經燉煌殘卷論證〉，《清華學報》新一卷第二期，1957年4月。

西蜀，蜀風淺末，未曉深言，託構想爾，以訓初迴」的記載。〔註242〕這裡所說的「係師得道，化道西蜀」，係師即張魯，是說張魯作《老子想爾注》以訓道徒。《眞誥》卷四記張鎮南夜解事，注云：

> 張係師爲鎮南將軍，建安二十一年亡。〔註243〕

《後漢書·劉焉傳》又說：

> 魯在漢川垂三十年，聞曹操征之，至陽平，欲舉降漢中。……操入南鄭，以魯本有善意，遣人慰安之。魯即與家屬出逆，拜鎮南將軍，封閬中侯。〔註244〕

可見，《老子想爾注》也與張魯有關。又元劉大彬《茅山志》卷九引陶弘景《登眞隱訣》稱：

> 老子《道德經》，有玄師楊眞人（楊羲）手書張鎮南古本。鎮南即漢天師第三代，係師魯，魏武表爲鎮南將軍者也。其所謂爲五千文者，有五千字也。數係師內經有四千九百九十九字，由來闕一，是作「三十輻」應作「卅輻」，蓋從省易文耳，非正體矣。宗門眞跡不存，今傳五千文爲正本，上下二篇不分章。〔註245〕

《老子想爾注校箋》對此考證說：

> 今敦煌《想爾》殘卷「三十輻」作「卅輻」，不分章，刪減助字，與此正合。又卷終題「《道經》上」，亦分上下二篇，並同於《注訣》所記。而卷上終「道常無爲」章，都三十七章。復與敦煌天寶十載寫本卷末記：「《道經》卅七章」，「五千文上下二弓（卷）」「係師定」諸語相符。綜是以言，此《老子想爾注》本，即所謂係師張魯之五千文本斷然無疑。〔註246〕

以上兩種說法，或說張陵，或說張魯。饒宗頤認爲，《老子想爾注》陸氏一云張魯，與《注訣》稱係師同，而玄宗、杜光庭則云張道陵，當是張陵之說而張魯述之，或是張魯所作，而託始於張陵。〔註247〕吳相武也認爲從現存的文獻看，張陵提倡房中術是可靠的，張陵主張的房中術是法琳〈辨正論〉所說

〔註242〕《道藏》，第三十二冊，頁 171、170。
〔註243〕《道藏》，第二十冊，頁 514。
〔註244〕《後漢書·劉焉袁術呂布列傳第六十五》，卷七十五，頁 2437。
〔註245〕《道藏》，第五冊，頁 677。
〔註246〕《老子想爾注校證·解題》，頁 4。
〔註247〕《老子想爾注校證·解題》，頁 4。

的：「道士張陵分別黃書云，男女有合和之法，三五七九交接之道也。其道眞
決，在於丹田。丹田者，玉門也。唯以禁秘爲急，不許洩於道路。」以不洩
爲主，與《老子想爾注》中批判「世間僞伎」：

> 世間僞伎詐稱道，託黃帝、玄女、龔子、容成之文相教，從女不施，
>
> 思還精補腦，心神不一，失其所守，爲揣悅，不可長寶。

所謂「黃帝、玄女、龔子、容成之文」是房中術；「不施」爲接而不洩，是一
種房中術；「還精補腦」也是一種房中術。這些都是屬於世間僞伎，與張陵所
講的房中術一致。如果說《老子想爾注》是張陵所作，是難以想像，該書當
出於張魯之手。〔註248〕要之，或說張陵，或說張魯，或張說陵所作，並由張
魯等增飾而成，已讓人難以斷定確切作者。釋法琳〈辨正論〉說《老子想爾
注》是「子孫三世相繼行之」，〔註249〕這是比較合理的。

　　《老子想爾注》作者雖有不同說法，但皆與五斗米道有密切關係，爲五斗
米道一家之學，從中可以看出五斗米道的信仰與教義。在《老子想爾注》之前，
《老子》這一部書純粹被視爲哲學著作看待。戰國時，《老子》就廣受注意。《莊
子》、《韓非子》中的〈六反〉、〈內儲說下〉、〈亡徵〉等都有徵引，而且尚有〈解
老〉、〈喻老〉兩篇闡釋《老子》旨意；秦有《呂氏春秋》，漢有《淮南子》都有
闡發《老子》的思想。《漢書‧藝文志》載西漢注釋《老子》有《老子鄰氏經傳》
四篇、《老子傅氏經說》三十七篇、《老子徐氏經說》六篇、《劉向老子說》四篇
等，都未有將《老子》視爲宗教典籍。《想爾注》是首次從宗教立場進行注解《老
子》，其中在《老子》基礎上，吸收兩漢流行的黃老思想與其它思想，與《老子》
原來的觀念有很大程度的出入。本文說明《老子想爾注》與《老子》思想差異，
由此也可以看出黃老思想與黃老道的思想不同之處。

（二）《老子想爾注》的黃老神學

　　《老子想爾注》主要透過注解《老子》來宣揚黃老道，其理論依據在於
黃老思想，帶有明顯的黃老之學的痕跡。但最重要的是吸收之後再與予轉化，
使之成爲宗教神學，其思想有以下幾個特點。

1、由道自然轉變成道神格化的造物主

　　「道」作爲《老子》最高的哲學範疇，具不可名、無形質、無聲色、無

〔註248〕（韓）吳相武〈《老子想爾注》之年代和作者考〉，《道家文化研究》第十五輯。
〔註249〕收錄於《廣弘明集》，卷十三，頁172。

所不在，又周而復始，作用無窮，與永恆不滅等特性，但它終究不是「神」。因為這裡的「道」只效法「自然」，即是天地萬物跟隨大自然之規律變化而變化。換句話說，道遵循事物自然趨勢而為，對於天地萬物的變化皆不加干預，順其自性去為，萬物非受一有意志之操控者所操控。所謂道法自然，自然就是本來的樣子，道也只是效法本然而不違礙，可知《老子》的道，雖然有無上的功用，但他並不同於無所不能的「上帝」，仍有其限制。代表道家黃老的《淮南子》也認為道具創生之義，整個與宇宙與道脫離不了關係，但同《老子》一樣，道的作用僅是自然而然，如王充所說天道自然，道是作為宇宙存在的客觀法則而已。

然而正由於「道」創生萬物，無所不能，乃是永存不朽的根源和本體，不像具體存在物那樣有生有死，而是以無限的時間作為自己的存在形式，永遠也不會消亡，替「道」成為「神」或「上帝」預留餘地，

《老子想爾注》就是在這縫隙中大大地改造了黃老之道。毫無疑義的，「道」是黃老道的核心，也是《老子想爾注》的思想核心。但《老子想爾注》的道卻與道家黃老的道迥然有別。

《老子想爾注》對道的解釋，尚保留黃老思想的部分內容，如肯定道是宇宙根本，「道者，天下萬事之本」；〔註250〕萬物因道而生，因道而成，「道雖微小，為天下母。」〔註251〕又說「自然」是道的性質，「自然，道也，樂清靜。希言，入清靜。合自然，可久也。」〔註252〕又從「精」、「氣」規定道的屬性，認為「道氣在間，清微不見，含血之類，莫不欽仰。」〔註253〕「萬物含道精，並作，初生起時也。」〔註254〕精與氣皆由道出。

然而在吸收黃老思想之外，最重要的是將道改造成符合宗教需求的性質。首先是賦予「道」人格特徵，把《老子》中「吾」、「我」等指老子的人稱代詞都解釋為「道」。如第四章：「吾不知誰之子？像帝之先。」注：

　　吾，道也。帝先者，亦道也。〔註255〕

第十三章：「吾所以有大患，為我有身。」注：「吾，道也。我者，吾同。」「及

〔註250〕《老子想爾注校證》，第十四章注，頁 17。
〔註251〕《老子想爾注校證》，第三十二章注，頁 40。
〔註252〕《老子想爾注校證》，第二十三章注，頁 30。
〔註253〕《老子想爾注校證》，第六章注，頁 8。
〔註254〕《老子想爾注校證》，第十六章注，頁 20。
〔註255〕《老子想爾注校證》，頁 7。

我無身，吾有何患。」注「吾、我，道也。」〔註256〕第二十一章：「吾何以之終甫之然？」注「吾，道也。」〔註257〕等等就是將道付與人格屬性，使之有情志及判斷能力。又如第十二章：「五味令人口爽」注「道不食之。」「難得之貨令人行妨」注「道所不欲也。」〔註258〕第十三章：「寵辱若驚，貴大患若身。」注：

　　道不喜強求尊貴，有寵輒有辱。〔註259〕

第十七章：「猶其貴言」注「道之所言，無一可棄者」〔註260〕等等皆有此特性。

進一步地，《老子想爾注》將「道」神格化，使之成爲無所不能的尊神。《老子》第十四章：「是無狀之狀，無物之像。」注說：

　　道至尊，微而隱，無狀貌形象也；但可從其誡，不可見知也。〔註261〕

這樣，道便是至尊至威，必須服從的神了。第三十五章：「執大象，天下往。」注「道尊且神，終不聽人。」〔註262〕經此解釋，道明白是與人對立的尊神。第十九章：「絕仁棄義，民復孝慈。」注說：

　　治國法道，聽任天下仁義之人，勿得強賞也。所以者，尊大其化，
　　廣開道心，人爲仁義，自當至誠，天自賞之，不至誠者，天自罰之。
　　〔註263〕

第二十章：「人之所畏，不可不畏。」注云「道設生以賞善，設死以威惡。」〔註264〕此說明「道」具賞善罰惡之威力。「天道」監視人們行爲的善惡。第五章說：

　　是以人當積善功，其精神與天通，設欲侵害者，天即救之，……（作
　　惡者）譬如盜賊懷惡不敢見部史也，精氣自然與天不親，生死之際，
　　天不知也。〔註265〕

又第十一章：「當其無，有車之用。」注說「古未有車時，退然；道遣奚仲作

〔註256〕《老子想爾注校證》，頁16。
〔註257〕《老子想爾注校證》，頁28。
〔註258〕《老子想爾注校證》，頁15。
〔註259〕《老子想爾注校證》，頁15。
〔註260〕《老子想爾注校證》，頁22。
〔註261〕《老子想爾注校證》，頁17。
〔註262〕《老子想爾注校證》，頁44。
〔註263〕《老子想爾注校證》，頁24。
〔註264〕《老子想爾注校證》，頁25。
〔註265〕《老子想爾注校證》，頁8。

之。」「當其無，有器之用。」注說「道使黃帝爲之，亦與車同說。」〔註266〕
這些都是把道神化了。又第三十七章「道常無爲而無不爲」注說：

　　道性不爲惡事，故能神，無所不作。道，人當法之。〔註267〕

就是認爲道的品性爲純粹之善，故神通廣大，無所不能。又道與自然的關係，
《老子》認爲道是自然，而「道法自然」；到了《老子想爾注》，基本上仍然
認爲道與自然同義，卻另有一番解釋。第二十五章：「道法自然」，注云：

　　自然者與道同號異體，令更相法，皆共法道也。〔註268〕

原文是道法自然，注文卻解釋成了自然法道，與《老子》原義大不相同，如
果我們知道《老子想爾注》目的是以道爲教，把道抬高到自然之上，就一點
也不足爲奇了。

　　再者，《老子想爾注》把道、自然、一、太上老君視爲同一本體的不同稱
謂，太上老君即是由道與一化生出來。第十章：「載營魄抱一，能無離乎？」
注說：

　　一者道也……。一散形爲氣，聚形爲太上老君，常治崑崙，或言虛

　　無，或言自然，或言無名，皆同一耳。〔註269〕

一是道，道是一，這在《老子》書中已言之。但是，《老子想爾注》將太上老
君牽合於道，就大異於《老子》了。太上老君就是老子，儘管史上的老子充
滿種種神秘性，但其哲學家歷史人物的身分則是確定。而《老子想爾注》把
老子供奉成道教的教主，創世的神，這無疑是站在宗教立場而進行的改造，
以符合宗教信仰的需求。而由此尙可看出道等於太上老君，並說：「道使黃帝
爲之」，〔註270〕則老子的地位高於黃帝，成爲五斗米道的最高天神，以爲道教
的教理皆出自這個偉大而神秘的人物，這樣也就爲道教設立了一位類似佛教
釋迦牟尼的教祖，同時爲黃老道立了神仙譜系。這種將人塑造爲神的作法，
其作用無疑使得神靈與人的距離拉近，並鼓勵人們對自己也能從人變成神
（仙）更具有了信心，這也代表神仙思想的一個發展趨勢。

　　《老子想爾注》雖名之爲解《老子》，其實已背離黃老原義。其範疇和
命題的符號形式雖然同於《老子》，然而其內容卻不相同，《老子想爾注》從

〔註266〕《老子想爾注校證》，頁 13～14。
〔註267〕《老子想爾注校證》，頁 46。
〔註268〕《老子想爾注校證》，頁 33。
〔註269〕《老子想爾注校證》，頁 12。
〔註270〕《老子想爾注校證》，第十一章注，頁 14。

宗教神學的角度改造發展《老子》的道論，將其神秘化宗教化。《老子》認
爲宇宙創生皆由道所主宰，但所謂的主宰，也不過是自然而然，並未夾雜任
何外力因素。兩漢的黃老道論，直接承襲《老子》而來，它雖然偏重於宇宙
發展論，基本上仍是在《老子》的思維範圍之內，它否定了宗教天道觀，破
除了神創說，用道法自然對世界生成做了新的有系統的解釋，是自然主義天
道觀。而《老子想爾注》雖借用了《老子》哲學的符號，雖然同樣認爲道是
治國養生之本，卻將其自然天道觀否定，把道主體化、人格神化，使之成爲
有意志，有情感的造物主。它是至高無上的，至尊的，可以進行賞善罰惡的，
人們不能違背它的意志，否則將遭天譴，甚至喪失生命。這種對《老子》天
道觀的修改，使之宗教神學化，演變成道教哲學。從這一點上說，儘管二者
操著相同語言，其實是各自成爲一個系統，二者的價值取向有根本上的不同。

2、由強調精神自由變成追求神仙不死

不死的追求是道教終極的目標。所謂的不死，在於追求肉體長生，羽化成
仙。葛洪《抱朴子・對俗》說:「古之得仙者，或身生羽翼，變化飛行，失人之
本，更受異形，……老而不衰，延年久視，出處任意，寒溫風濕不能傷，鬼神
眾精不能犯，五兵百毒不能中，憂喜毀譽不爲累，乃爲貴耳。」〔註271〕神仙之
特徵是長生不死，具特異功能。《老子》書中雖然極重視養生，其中包含者長生
胚胎思想。第六章:「谷神不死，是謂玄牝;玄牝之門，是謂天地根。」〔註272〕
第七章:「故能長生。」〔註273〕第五十九章:「長生久視之道。」〔註274〕不過
這些所針對並非肉身而言。《老子》並未教人追求不死成仙之道，他只承認「天
長地久」，〔註275〕而認爲人身是禍患之源，主張「無身」，〔註276〕因此《老子》
追求的只是精神上的解脫和自由，並無神仙不死的思想。《淮南子》同樣注重養
生之學，它與《老子》相似，追求眞人或神人那樣不受外界名利所困，不被物
欲束縛，要求「無累」的境界;《老子河上公章句》以養生爲第一要務，其中的
修道者已有輕舉飛昇，長生久壽的形象，但與羽化登仙，長生不死尚有一段距
離，然而從中我們也看到黃老養生思想的改變。

〔註271〕《抱朴子內篇校釋・對俗》，卷三，頁52～53。
〔註272〕《老子註譯及評介》，頁85。
〔註273〕《老子註譯及評介》，頁86。
〔註274〕《老子註譯及評介》，頁295。
〔註275〕《老子註譯及評介》，七章，頁86。
〔註276〕《老子註譯及評介》，十三章，頁109。

　　《老子想爾注》與《太平經》的看法相同，以致太平、求長生爲目標，其中以宣揚修道成仙的成分更濃厚一些。朱熹說：

　　　老氏初只是清淨無爲，卻帶得長生不死；後來卻只說得長生不死一
　　　項。〔註277〕

這裡說的老子之說後來只剩下一項長生不死，正是針對道教而言，間接道出道教思想的根本核心，即是以長生不死爲唯一目標。《老子想爾注》把道視爲最高終極存在，爲人格神，其特性永遠與「生」相通，它說：「生，道之別體。」〔註278〕並認爲這個世界上有仙境、有形體長生不死的活神仙，人們可以求而登仙。《老子想爾注》說：

　　　道重繼祠，種類不絕。〔註279〕

強調生命繼存的重要，認爲「不知長生之道，身皆尸行耳。」〔註280〕「歸志於道，唯願長生。」〔註281〕它借用《老子》詞句，大肆闡揚長生成仙說，教人要「學生」，如第十六章：「生能天」，注「能致長生，則副天也。」〔註282〕第七章：「聖人後其身而身先。」注：

　　　求長生者，不勞精思求才以養身，不以無功劫君取祿以榮身，不食
　　　五味以恣，衣弊履穿不與俗爭，即爲後其身也；而目此得仙壽，獲
　　　福在俗人先，即爲身先。〔註283〕

第十七章：「百姓謂我自然。」注：

　　　我，仙士也。〔註284〕

這些註解完全不符《老子》原義，卻利於闡釋自己的長生成仙的願望。

　　另一方面，作者爲了宣揚長生成仙，甚至不惜改字作解。如將第十六章：「公乃王，王乃天。」句中的「王」字改爲「生」字，並解釋說：

　　　能行道公政，故長生也；能致長生，則副天也；天能久生，法道故
　　　也；人法道意，便能長久也。〔註285〕

〔註277〕《朱子語類‧論道教》，卷一二五，頁3005。
〔註278〕《老子想爾注校證》，第十三章注，頁17。
〔註279〕《老子想爾注校證》，第六章注，頁9。
〔註280〕《老子想爾注校證》，第七章注，頁10。
〔註281〕《老子想爾注校證》，第二十八章注，頁36。
〔註282〕《老子想爾注校證》，頁21。
〔註283〕《老子想爾注校證》，頁10。
〔註284〕《老子想爾注校證》，頁22。
〔註285〕《老子想爾注校證》，頁20～21。

第二十五章：「故道大，天大，地大，人亦大。域中有四大，而人居其一焉。」
改成「道大，天大，地大，生大。域中有四大，而生處一。」注云：

> 四大之中，何者最大乎？道最大也。四大之中，所以令生處一者；
>
> 生，道之別體也。〔註286〕

又如將第七章「非以其無私邪？故能成其私」句中的「私」字改爲「尸」字，
並解釋成：

> 不知長生之道，身皆尸行耳，非道所行，悉尸行也。道人所以得
>
> 仙壽者，不行尸行，與俗別異，故能成其尸，令爲仙士也。〔註287〕

這樣一改，便利演說其長生之道，使《老子》更接近著神仙長生思想；又區
分了道行與尸行，認爲道人能獲仙壽就在於不行尸行，用長生之道作爲行動
的規範，充分展現對生命的重視。

　　《老子想爾注》既然主張以成仙爲目的，文中提出多項方法，其主要有：

（1）守道誡

　　「道」在《老子想爾注》中居於最崇高的地位，爲一切行動的依據，它
是神，同時也代表誡律。道是不死的，因此，體道之人也能入於不生不死，
通過這樣的推理，人可以不死。因此「信道」而行，才能長生。《老子想爾注》
提出幾項長生成仙之方，最根本者在於守道誡。認爲人們要循道而行，信道
志道，恪守道誡，這才有仙壽天福，才能修成正果，得道成仙。因爲災禍、
疾病、死亡皆是道對人本身所犯罪過的一種處罰，長生與治病、消災、卻禍
的原理一樣，都要通過奉道誡來實現。〔註288〕

　　《老子想爾注》認爲「誡爲淵，道猶水，人猶魚。魚失淵去水則死，人
不行誡守道，道去則死。」〔註289〕無誡則道不存，無道則人不存。他譴責眾
俗之人，「端不信道，好爲惡事」，〔註290〕「俗人不信道，但見邪惡利得，照

〔註286〕《老子想爾注校證》，頁33。
〔註287〕《老子想爾注校證》，頁10。
〔註288〕「戒」，本與「齋戒」同爲一事，在道教成立之前早已有之，《禮記·曲禮》
　　　　　說：「齋戒以告鬼神」，《易·繫辭》：「聖人以此齋戒」。即是在與鬼神交通之
　　　　　前，必須有一套潔淨自我的過程，如沐浴更衣，不飲酒，不吃葷，整潔心、
　　　　　身、口，以示虔誠。道教成立初期，就有道戒的形成，戒是齋的進一步發揮，
　　　　　具有強制性，且有固定條文。
〔註289〕《老子想爾注校證》，第三十六章注，頁46。
〔註290〕《老子想爾注校證》，第二十章注，頁25。

照甚明也。」〔註291〕他要人行動不可違道誡，尤其欲長生之人，更應須臾不離，書中作者再三呼籲，如第十章：「載營魄抱一，能無離乎？」注說：

> 今布道教誡教人，守誡不違，即為守一矣；不行其誡，即為失一也。
> 世間常偽技指五藏以名一，瞑目思想，欲從求福，非也；去生遂遠矣。〔註292〕

第十三章：「故貴以身為天下，若可寄天下。」注：

> 人但當保身，不當愛身，何謂也？奉道誡，積善成功，積精成神，
> 神仙成壽，以此為身寶矣。貪榮寵，勞精思以求財，美食以恣身，
> 此為愛身者也，不合於道也。〔註293〕

第十五章：「安以動之徐生」注：

> 人欲舉事，先考之道誡，安思其義不犯道，乃徐施之，生道不去。
> 〔註294〕

第二十章：「人之所畏，不可不畏。」注：

> 仙士畏死，信道守誡，故與生合也。〔註295〕

第二十四章：「其在道」，注：

> 欲求仙壽天福要在信道，守誡守信，不為貳過；罪成結在天曹，右
> 契無到而窮，不復在餘也。〔註296〕

第二十七章：「善結無繩約不可解」注：

> 結志求生，務從道誡。〔註297〕

《老子想爾注》對道誡非常重視，這是由於道「恍惚不可見」，「微而隱，無狀貌形像」，抽象不顯，因此不易被普遍接受，但可以透過具體的誡律，使廣大的信眾有一確實明白而簡約的條文遵循，其實質作用在於闡述教理，確立約束道眾的規範準則，並賦予神的權威，強制道眾遵守執行，以此作為修道成仙的手段。《老子想爾注》提出許多道誡，好讓教徒遵循，重要者有數條：

〔註291〕《老子想爾注校證》，第二十章注，頁26。
〔註292〕《老子想爾注校證》，頁12。
〔註293〕《老子想爾注校證》，頁16。
〔註294〕《老子想爾注校證》，頁19。
〔註295〕《老子想爾注校證》，頁25。
〔註296〕《老子想爾注校證》，頁31。
〔註297〕《老子想爾注校證》，頁34。

a、守一

第十章：「載營魄抱一，能無離乎？」注「一者道也……。今布道教誡教人，守誡不違，即為守一矣；不行其誡，即為失一也。」〔註298〕第四章：「道沖而用之又不盈」注「道貴中和，當中和行之；志意不可盈溢，違道誡。」〔註299〕

守一即守道，道貴中和，中和即是隨時保持空虛不盈，適中均衡的心態，使「情性不動，喜怒不發，五藏皆和同相生，與道同光塵。」〔註300〕

《老子想爾注》對《太平經》「守一」的養生術是持批判態度的。稱：「一者道也，今在人身何許？守之云何？一不在身也，諸附身者悉世間偽伎，非真道也；……世間常偽技指五藏以名一，瞑目思想，欲從求福，非也；去生遂遠矣。」《老子想爾注》將守一解釋為守誡，就與《太平經》不同。

b、清靜無欲

第十五章：「沌若濁，濁以靜之徐清。」注：

> 求生之人，與不謝，奪不恨，不隨俗轉移，真思志道，學知清靜，意當時如癡濁也。〔註301〕

第十六章「致虛極，守靜篤。」注：

> 道真自有常度，人不能明之，必復仙暮，世間常偽伎，因出教授，指形名道，令有處所，服色長短有分數，而思想之，苦極無福報，此虛詐耳。彊欲令虛詐為真，甚極，不如守靜自篤也。〔註302〕

第四章：：「挫其銳，解其忿」注：

> 銳者，心方欲圖惡；忿者，怒也，皆非道所喜。心欲為惡，挫還之；怒欲發，寬解之，勿使五藏忿怒也。自戒以道誡，自勸以長生，於此致當。忿爭激，急弦聲，所以者過。積死遲怒，傷死以疾，五藏以傷，道不能治，故道誡之，重教之丁寧。〔註303〕

第十三章：「吾所以有大患者，為吾有身」注：

> 吾，道也。我者，吾同。道至尊，常畏患不敢求榮，思欲損身；彼

〔註298〕《老子想爾注校證》，頁12。
〔註299〕《老子想爾注校證》，頁7。
〔註300〕《老子想爾注校證》，第四章注，頁7。
〔註301〕《老子想爾注校證》，頁19。
〔註302〕《老子想爾注校證》，頁19。
〔註303〕《老子想爾注校證》，頁7。

> 貪寵之人，身豈能勝道乎？爲身而違誡，非也。〔註304〕

思欲爲傷身之源，清靜爲長生之方。與、奪、忿、怒、爲惡之心，皆是思欲的外現，修道者當誡之，唯有保持無知無欲，人才能守道全身，否則「輕躁多違道度，則受罰辱，失其本身，亡其尊推矣」。〔註305〕

c、勤修善行

第二十一章「其中有信。」注：

> 古仙士實精以生，今人失精以死，大信也。今但結精便可得可得生乎？不也，要諸行當備。所以精者，道之別氣也，入人身中爲根本，持其半，乃先言之。夫欲寶精，百行當脩，萬善當著，調和五行，喜怒悉去，天曹左契，算有餘數，精乃守之。……精並喻像池水，身爲池堤封，善行爲水源，若斯三備，池乃全堅。〔註306〕

「道」樂「善」，故「常教爲善」，「信道爲善」，「信道行善」。〔註307〕

　　這是以倫理綱常作爲區分善惡的標準，以養德積善爲修道之首務。《老子想爾注》提倡行善積善，宣揚「道設生以賞善，設死以威惡」，〔註308〕「行善，道隨之；行惡，害隨之也。」〔註309〕怎樣才能長生呢？首要是結精保精，這是內修；但僅止於此還不夠，尚要修百行、著萬善、調和五行、盡去喜怒，才能保經長生。尤其修善行，像是水源，要無時無刻勤勉自己，這樣水源才能充沛不斷，而能達到長生之目的。這與《太平經》同樣一脈相傳的。

d、競行忠孝

第十八章：「國家昏亂，有忠臣。」注：

> 道用時，帝王躬奉行之，練明其意，以臣庶於此，吏民莫不有法效者。知道意賤死貴仙，競行忠孝質樸，口端以臣爲名，皆忠相類不別。今道不用，臣皆學邪文習權詐隨心情，面言善，內懷惡；時有一人行忠誠，便共表別之，故言有也。道用時，臣忠子孝，國則易治，時臣子不畏君父也，乃畏天神。孝其行不得仙壽，故自至誠，既爲忠孝，不欲令君父知，自嘿而行，欲蒙天報。設君父知之，必

〔註304〕《老子想爾注校證》，頁16。
〔註305〕《老子想爾注校證》，第二十六章注，頁33。
〔註306〕《老子想爾注校證》，頁27～28。
〔註307〕《老子想爾注校證》，第二十七章注，頁34。
〔註308〕《老子想爾注校證》，第二十章注，頁25。
〔註309〕《老子想爾注校證》，第二十九章注，頁37。

賞以高官，報以意氣，如此功盡，天福不至。〔註310〕

《想爾注》雖然將行忠孝奉爲道誡，但與儒家作法不同，它並不主張給忠孝以爲獎賞，只將其作爲內心的道德自律，誠心去做，上達天知，天賞自然降臨，否則一心以忠孝求得官祿爵位，刻意弄虛作假，表裡不一，欲讓人知道，反而會得到反效果。

　　e、禁止淫祀

　　第二十四章：「曰餘食贅行。物有惡之。」注：

　　　行道者生，失道者死；天之正法，不在祭餟禱祠也。道故禁祭餟禱
　　　祠，與之重罰。祭餟與邪通同，故有餘食器物，道人終不欲食用之
　　　也。故有道者不處。有道者不處祭餟禱祠之間也。〔註311〕

此謂以殺人或殺生祭鬼神，建廟祠供奉鬼神，這種做法不能爲人消災禍福，反而加重災難和貧困，更遑論藉此獲致長生。此與太平道禁止淫祠相同。漢末黃巾集團就曾經在任濟南相時廢除淫祠的曹操引爲同道，與之書曰：

　　　昔在濟南，毀壞神壇，其道乃與中黃太乙同。似若知道。〔註312〕

將「毀壞神壇」看作信奉道教的特徵之一。

　　f、知止知足

　　第三十六章：「將欲歙之，必固張之；將欲弱之，必固強之；將欲廢之，必固舉之；將欲取之，必固與之。是謂微明。」注：

　　　此四事即四怨四賊也，能知之者微且明，知則副道也。道人畏歙弱
　　　廢奪，故造行先自歙自弱自廢自奪，然後乃得其吉。及俗人廢言，
　　　先取張彊興之利，然後返凶矣。故誡知止足，令人於世間裁自如，
　　　便思施惠散財除殃，不敢多求。奉道誡者可長處吉不凶，不能止足
　　　相返不虛也。〔註313〕

歙、弱、廢、奪爲四怨，張、強、興、與爲四賊，知此爲微明，且合於道。得道之人自居四怨則得吉，俗人自取四賊反得凶，故道人知止知足。其實際做法則在惠施散財，藉此消除災愕。

　　以上是《老子想爾注》所主張，的道誡。《想爾注》的「道誡」內容本身

〔註310〕《老子想爾注校證》，頁23。
〔註311〕《老子想爾注校證》，頁32～32。
〔註312〕《全上古三代秦漢三國六朝文・全後漢文・移書曹公》卷一百六，頁1046。
〔註313〕《老子想爾注校證》，頁45～46。

主張清靜自然，知足寡欲，又兼具諸如忠孝誠信，行善積德之類的宗法倫理，道德信條，其思想來源不外乎道、儒二家，這相當符合兼糅的黃老思想的特色，但它以道誡的形式重新予以規定，就加重了自身的強制行性與權威性，由此也可以保障其宗教活動和管理約束信徒，這就完全屬於宗教性質。以道誡的形式來規範教民，雖非《老子想爾注》首創，明顯與《太平經》中如「致善除邪令人受道戒」、「虛無無爲自然圖道畢成誡」、「貪財色災及胞中誡」、「不孝不可久生誡」等息息相關，但到《老子想爾注》以明確而具體固定的條文，則讓教民更易遵循。〔註314〕

　　尚值得重視的是，《老子想爾注》特別標榜「眞道」，而非「邪道」。「人等欲事師，當求善能知眞道者；不當事邪僞伎巧，邪知驕奢也。」〔註315〕「勉信道眞，棄邪知守本樸。」〔註316〕何謂「邪道」？《老子想爾注》說：

　　　世間常僞伎稱道教，皆爲大僞不可用。何謂邪文，其五經半人邪，

　　　其五經以外，眾書傳記，尸人所作，悉邪耳。〔註317〕

這是指儒家經書。又說：

　　　今世間僞伎詐稱道，託黃帝、玄女、龔子、容成之文相教。〔註318〕

託黃帝、玄女之說，這一類如《素女經》關於採陰補陽、還精補腦的房中術。又說：

　　　今世間僞伎指形名道，令有服色名字、狀貌、長短非也，悉邪僞耳。

　　　〔註319〕

指形名道。又說：

　　　不勸民眞道可得仙壽，修善自勤，反言仙自有骨錄，非行所臻。云

　　　無生道，道書欺人。此乃罪人，爲大惡人。〔註320〕

〔註314〕此情形亦可從傳世《想爾九戒》見出端倪。《太上老君經律》前題「道德尊經想爾戒」載《想爾九戒》：「行無爲，行柔弱，行守雌，勿先動。行無名，行清靜，行諸善。行無欲，行知止足，行推讓。」即是《想爾注》中之誡條。故《雲笈七籤》卷三十八說：「九行備者，神仙；六行備者，壽；三行備者，增年。」意思說能持守九誡者，可以成仙；能持守六誡者，可以益壽；能持守三誡者，可以增年。
〔註315〕《老子想爾注校證》，第八章注，頁11。
〔註316〕《老子想爾注校證》，第十五章注，頁18。
〔註317〕《老子想爾注校證》，第十八章注，頁22。
〔註318〕《老子想爾注校證》，第九章注，頁11。
〔註319〕《老子想爾注校證》，第十四章注，頁17。
〔註320〕《老子想爾注校證》，第十九章注，頁23。

這是「仙骨自有」的思想。此論反對仙有骨籙，主張仙學可致，無疑是對《太平經》「仙籙有常」的批評。這裡以否定陳述表達的神仙可以學致的思想，表現了道教基本宗旨朝向成仙不死的重大突破。仙無骨籙，篤行可臻，為一切廣大的虔誠信徒打開仙界之門，有利於擴大黃老道傳布的社會基礎，從而使道教具有廣泛的吸引力。

（2）結精自守

《老子想爾注》成就神仙長生，第二個法門則是強調「寶精」思想。

> 古仙士實精以生，今人失精以死，大信也。今但結精便可得可得生乎？不也，要諸行當備。所以精者，道之別氣也，入人身中為根本，持其半，乃先言之。夫欲寶精，百行當脩，萬善當著，調和五行，喜怒悉去，天曹左契，算有餘數，精乃守之。惡人寶精，唐自苦，終不居，必自泄漏也。〔註321〕

第六章：「谷神不死，是為玄牝。」注：

> 谷者，欲也。精結為神，欲令神不死，當結精自守。牝者，地也，體性安。女像之，故不掔。男欲結精，心當像地似女，勿為事先。

「綿綿若存」注：

> 陰陽之道，以若結精為生。年以知命，當名自止。年少之時，雖有，當閑省之。綿綿者微也，從其微少，若少年則長存矣。〔註322〕

第九章「金玉滿堂，莫之能守」，注說：

> 人之精氣滿藏中，苦無愛守之者；不肯自然閉心而揣稅之，即大迷矣。

「富貴而驕，自遺咎。」注說：

> 精結成神，陽氣有餘，務當自愛，閉心絕念，不可驕欺陰也。〔註323〕

精是氣之一種，積精為神，神成仙壽。

道教認為「精」為生命之本，精的消耗即是對生命的損耗，精盡之時即是生命的完結。因此，道教十分重視保精養精之術，其術稱之為「房中術」，亦稱為「陰道」。馬王堆西漢古墓中出土的《養生方》中即有房中術的較為詳細的論說。《漢書·藝文志》則載有房中術的著作有：「《容成陰道》二十

〔註321〕《老子想爾注校證》，第二十一章注，頁27～28。
〔註322〕《老子想爾注校證》，頁9。
〔註323〕《老子想爾注校證》，頁12。

六卷、《務成子陰道》三十六卷、《堯舜陰道》二十三卷、《湯盤庚陰道》二十卷、《天老雜子陰道》二十五卷、《天一陰道》二十四卷、《黃帝三王養陽方》二十卷、《三家內房有子方》十七卷，總房中八家，百八十六卷」。並評論說：

> 房中者，情性之極，至道之際，是以聖王制外樂以禁內情，而爲之節文。傳曰：「先王之作樂，所以節百事也。」樂而有節，則和平壽考。及迷者弗顧，以生疾而隕性命。〔註324〕

葛洪說：

> 房中之法十餘家，或以補救傷損，或以攻治眾病，或以采陰益陽，或以增年延壽。〔註325〕

又說：

> 人不可以陰陽不交，坐致疾患。若欲縱情恣欲，不能節宣，則伐年命。善其術者，則能卻走馬以補腦，還陰丹以朱腸，采玉津於金池，引三五於華梁，令人老有美色，終其所稟之天年。〔註326〕

可見房中術講的是保精養精之道，保精的方法主要在節欲，即抑制男女性生活，才能青春永駐，生命長久。《老子想爾注》認爲大道教人節制情欲，保持精氣充盈而長壽。主張清心寡慾，結精自守，故能與仙人一樣長壽。所謂「能用此道，應得仙壽，男女之事，不可（不）勤也。」〔註327〕可見五斗米道相當注重房中術，只是當以節制爲先。後來北周甄鸞《笑道論》對此批評說「三張詭惑於西」，〔註328〕北魏道士寇謙之亦針對五斗米道提出了「清整道教，除去三張僞法，租米錢稅，及男女合氣之術。」〔註329〕即可看出《老子想爾注》中的結精之術的影響。

（3）練形秘術

除了遵守上述幾項道誡之外，《想爾注》又強調太陰練形之術。此爲道教練形秘術，爲修長生之一途，謂得道者死後，默練尸身於地下，可以重生成仙。書中有多處談到，第十五章：「夫唯不盈，故能蔽而新成。」注：

〔註324〕《漢書‧藝文志第十》，卷三十，頁1778～1779。
〔註325〕《抱朴子內篇校釋‧釋滯》，卷八，頁150。
〔註326〕《抱朴子內篇校釋‧微旨》，卷六，頁129。
〔註327〕《老子想爾注校證》，第六章注，頁9。
〔註328〕《廣弘明集》，卷之九，頁103。
〔註329〕《魏書‧釋老志第二十》，卷一百一十四，頁3051。

尸死爲弊，尸生爲成，獨能守道不盈溢，故能改弊爲成耳。〔註330〕

第十六章：「沒身不殆。」注：

太陰道積，練形之宮也。世有不可處，賢者避去，託死過太陰中；而復一邊生像，沒而不殆也。俗人不能積善行，死便眞死，屬地官去也。〔註331〕

第三十三章：「死而不亡者壽」注：

道人行備，道神歸之，避世託死過太陰中，復生去爲不亡，故壽也。俗人無善功，死者屬地官，便爲亡矣。〔註332〕

旨在勸人修道，修道者死後，並非眞死，可藉此術重生，而未修道者，死就完全死亡。

葛洪《抱朴子》說：

按《仙經》云，上士舉形昇虛，謂之天仙。中士遊於名山，謂之地仙。下士先死後蛻，謂之尸解仙。今少君必尸解者也。近世壺公將費長房去。及道士李意期將兩弟子去，皆託卒死，家殯埋之。積數年，而長房來歸。又鄉相識人見李意期將兩弟子在邯鄲。其家各發棺視之，三棺遂有竹杖一枚，以丹書符於杖，此皆尸解者也。〔註333〕

此太陰煉形之術，當即尸解之術，雖品列最下，死後殯埋數年，則又可復生。何以知此人是否「尸解」了呢？《眞誥》卷四〈運象〉中說，如果屍體「如生人」，「足不青，皮不皺」，「目光不毀」，〔註334〕就是「尸解」了的神仙所遺留的。

唯此修練的實際方法，並未記載，或是爲秘術的關係不便言之之故。《太平經》曾說古代大聖，「閉其九戶，休其四肢，使其渾沌」，使身體處在如「胞中之子」的狀態，不至於衰老腐朽。〔註335〕或其修鍊方式如《眞誥》卷四所記載的：

若其人暫死，適太陰，權過三官者，肉既灰爛，血沉脈散者，而猶五藏自生，白骨如玉，七魄營侍，三魂守宅，三元權息，太神內閑，

〔註330〕《老子想爾注校證》，頁19。
〔註331〕《老子想爾注校證》，頁21。
〔註332〕《老子想爾注校證》，頁43。
〔註333〕《抱朴子內篇校釋・論仙》，卷二，頁20。
〔註334〕《道藏》，第二十冊，頁515。
〔註335〕《太平經合校・戒六子訣第一百四》，卷六十八，頁259。

或三十年二十年，或十年三年，隨意而出，當生之時，即便收血育肉，生津成液，復質成形，乃勝於昔未死之容也。真人鍊形於太陰，易貌於三官者，此之謂也。〔註336〕

（4）辟穀食氣

最後，《想爾注》亦認爲辟穀食氣也是求長生的方法之一。第二十章：「我欲異於人，而貴食母。」注：

仙士與俗人異，不貴榮錄財寶，但貴食母者，身也，於內爲胃，主五藏氣。俗人食穀，穀絕便死；仙士有穀食之，無則食氣；氣歸胃。及腸重囊也。〔註337〕

食氣之術以呼吸外氣爲主，此法在先秦即已大行，《莊子·逍遙游》有藐姑射之山的神人「不食五穀，吸風飲露」，〈大宗師〉有「真人之息以踵，眾人之息以喉」，已見其端倪；《楚辭·遠遊》則言之甚明，有「服六氣」，「餐霞」的具體方法；至東漢，仲長統也說過：「呼吸精和，求至人之仿佛」。〔註338〕辟穀之術則是不食五穀，此必須佩配合食氣與導引，漢初張良學辟穀之術，長沙馬王堆帛書中的醫書也有相當多的記載，《卻穀食氣》就是當時方仙道流行的修煉方法的記載。《太平經》說：

請問不食而飽，年壽久久，至于遂存，此乃富國存民之道。比欲不食，先以導命之方居前，因以留氣。服氣藥之後，三日小飢，七日微飢，十日之外，爲小成無惑矣，已死去就生也。〔註339〕

《後漢書·方術傳》記載：

（郝）孟節能含棗核，不食可至五年十年。又能節氣不息，身不動搖，狀若死人，可至百日半年。〔註340〕

由此可了解《想爾注》吸收當時流行的思想。至於辟穀之術，詳細內容如何，《老子想爾注》也並未說明，但從後來葛洪的記載或許可以明白：

近有一百許法，或服守中石藥數十丸，便辟四五十日不飢，練松柏及術，亦可以守中，但不及大藥，久不過十年以還。或辟一百二百日，或須日日服之，乃不飢者。或先作美食極飽，乃服藥以養所食

〔註336〕《道藏》，第二十冊，頁515。
〔註337〕《老子想爾注校證》，頁26～27。
〔註338〕《後漢書·王充王符仲長統列傳第三十九》，卷四十九，頁1644。
〔註339〕《太平經合校·卷一百二十至一百三十六》，頁684。
〔註340〕《後漢書·方術列傳第七十二下》，卷八十二下，頁2751。

之物，令不消化，可辟三年。欲還食穀，當以葵子豬膏下之，則所

作美食皆下，不壞如故也。〔註341〕

此乃說明辟穀並非完全斷食，而是藉由減食而逐漸斷穀，斷穀前先服用藥丸
讓身體適應不食五穀的狀態，進而改變體質。

3、肯定仁義忠孝為治國之道

　　《老子》把道作為世界本源時，同時也把道規定為人生道德修養的最高
境界，主張見素抱樸、無知無欲、絕聖智、棄仁義。它認為獎勵與追求仁義
忠孝的社會是文明淪降的結果，在大道彰顯的社會根本不必強調，因為這些
都是自然而然，大家發自內心真誠的實行，沒有特別需要標榜的。一旦標榜
仁義忠孝，則不仁不義與不忠不孝也會氾濫並存，初始即使是善，最終則會
流於惡。因此《老子》對於高唱仁義忠孝的行為相當反感，認為要想讓人們
真正復歸仁義忠孝，不是通過倡導它們，而是完全拋棄它們，反璞歸真，回
到渾沌質樸的原始社會，才是根本之道。《老子》將道德和仁義對立起來，此
與儒家倫理觀念也是對立的。

　　黃老道家與《老子》在這方面有相當大的差異，黃老道家兼儒墨，合名
法，但這是以道為中心來進行，這在黃老帛書，或是《淮南子》明顯表現這
樣的趨勢。《想爾注》雖有抑儒崇道思想，如第十八章「智慧出，有大偽」注：

何謂邪文？其五經半入邪，其五經以外，眾書傳記、尸人所作，悉

邪耳。〔註342〕

二十一章「孔德之容，為道是從。」注：

道甚大，教孔丘為知；後世不信道文，但上孔書，以為無上；道故

明之。〔註343〕

把儒家一半的經典視為邪書，又將孔聖人貶謫在《想爾注》所昌言的道之下，
而認為世上之人但尊奉孔書，卻不信道文以為無知，明顯的將儒家地位壓低。

　　《老子想爾注》在道的指引下，同時也承認忠孝仁義，認為道用時，人
們才都行仁義，這與《老子》原書崇道德，輕賤仁義忠孝的觀點，改造成肯
定忠孝仁義，與黃老思想同一個路數。如「大道廢，有仁義。」注「上古用
道時，以人為名，皆行仁義。」「六親不和，有孝慈。」注「道用時，家家孝

〔註341〕《抱朴子內篇・雜應》，卷十五，頁 266～267。
〔註342〕《老子想爾注校證》，頁 22。
〔註343〕《老子想爾注校證》，頁 27。

慈。」「國家昏亂，有忠臣。」注「道用時，忠臣子孝，國則易治。」〔註344〕
又說：

> 臣忠子孝，出自然之心，王法無所復害，刑罰格藏，故易治，王者
> 樂也。〔註345〕

> 今道不用，臣皆學邪文習權詐隨心情，面言善，內懷惡。〔註346〕

這就與《老子》輕賤忠孝仁義，崇尚無爲而治不完全相同。因爲《老子想爾
注》認爲忠孝仁義爲道誡，實施忠孝仁義，是個人追求長生不死的條件之一，
而帝王用之於治國，就會天下太平，否則違背了就要流於邪惡紛爭，國家將
永無安寧。

　　基於此，道用時人皆行仁義，治國者就必須任用仁義之人。《老子想爾注》
解「絕仁棄義，民復孝慈」說：

> 治國法道，只任天下仁義之人，勿得強賞也。所以者，尊大其化，
> 廣開道心。人爲仁義，自當至誠，天自賞之；不至誠者，天自罰之。

> 〔註347〕

人以眞誠之心奉行仁義，就能得到天之獎賞；反之，就受天之責罰，此在倡
導仁政，宣揚忠孝仁義同時，也特別突出天神的權威。除任用仁義之人外，《老
子想爾注》並且倡導忠君，鼓勵賢人學道出仕，輔助明君治理天下。第三十
章：「以道佐人主者，不以兵彊天下。」注：

> 治國之君務修道德，忠臣輔佐務在行道，道普得溢，太平至矣。

> 〔註348〕

勸帝王行道守道，以道治國，勿恃強兵，作到忠臣孝子、天下太平，否則就
會出現「子不念供養，民不念田」、「城邑虛空」〔註349〕的情形。但由於《老
子想爾注》是宗教性質的，帝王雖是人間之主，也必須遵守道的一切，「王者
雖尊，猶常畏道，奉誡行之。」〔註350〕因此《老子想爾注》特別注重天神，
主張：

〔註344〕《老子想爾注校證》，第十八章注，頁22～23。
〔註345〕《老子想爾注校證》，第三十五章注，頁44。
〔註346〕《老子想爾注校證》，第十八章注，頁23。
〔註347〕《老子想爾注校證》，第十九章注，頁24。
〔註348〕《老子想爾注校證》，頁38。
〔註349〕《老子想爾注校證》，第十九章注，頁23～24。
〔註350〕《老子想爾注校證》，第三十七章注，頁46。

　　王者尊道，吏民仿效。不畏法律也，乃畏天神。〔註351〕

將信神確立為國家安亂的根源，這代表政教合一，以教領政的情形。對照於張魯在漢中以五斗米道治國垂三十年，即可見出其中的關聯。

　　就以上所言，由於《想爾注》採用神學的解釋，因此常常做出牽強附會的曲解。論道，論修鍊，論仁義都與《老子》大異其趣，但卻是典型的黃老一系。此以宗教化為根本思想來注解《老子》，是道家向道教轉化的一部代表作，為道教建立了一套比較完整的神學體系，為道教奠立了理論基礎，而且開創了道教徒系統利用《老子》的新時期，是研究早期道教史及道教思想史重要的文獻。

第三節　小　結

　　綜上所述，黃老思想是道教的思想基礎，道教自成立之初就依託黃老思想，可以說沒有道家黃老就沒有道教。黃老思想被道教吸收之後，為了宗教需要不得不進行改變。可以說二者既有關聯又有分別。道教思想的一些基本概念和主要範疇，是從黃老思想繼承而來的。道家黃老具有理性的無神論色彩，道教則具有有神論的神秘色彩，它實際上是道家黃老的宗教化、神學化和方術化。

　　尤其在黃老道教紛雜多樣的思想當中，修煉自我，期許成仙，是一個最根本的思想，這一種思想與黃老思想關係更是密切。在黃老思想中，不信成為神仙的可能性，但在黃老道卻大力倡導，並提出各種修行的方術。據《漢書・藝文志》記載，漢代將方術分為醫經、醫方、房中、神仙四類；《後漢書・方術列傳》包括天文、醫學、神仙、占卜、命相、遁甲、堪輿等。由《太平經》與《老子想爾注》探討的各種修煉方式觀之，舉凡養性、服食、符咒、禁忌、醫學等等理論，都吸收網羅，除了反映了秦漢間養生方術的大略情形，重要的是為往後道教修煉方術的發展初立規模。復以這些理論經過宗教的解釋與發揮，說明長生成仙的可能性和可行性，既可見到自然可信的一面，又有神秘難知的一面，無疑對勸導人們信教，如何去進行宗教實踐，擺脫死亡的悲哀，獲得長生成仙有較大的基礎與吸引力。在這些方術裡，道家黃老修養自身以內煉為主，這一方面，黃老道教無疑是完全吸收了，不同的是黃老

〔註351〕《老子想爾注校證》，第三十二章注，頁41。

道突破以往道家一般不講外丹和符籙科教，不講仁義善行的實踐，甚至反對
巫術和鬼神的情形，在以黃老道家養性修煉爲基礎之餘，黃老道進一步突出
這些修煉方式，無疑可以看出黃老道家與黃老道教相承又相異之處，由此也
看到黃老思想在東漢中晚期變化的主要線索。

第七章 結　語

　　先秦時期道家的派別最多，著作最豐富。《莊子・天下》將當時的學者概括爲八，除陰陽、儒、墨、名這四家外，其餘四家—宋銒、尹文之學；彭蒙、慎到之學；關尹、老聃之學；莊周之學，皆屬道家。《荀子・解蔽》和《尸子・廣澤》各列六家，道家俱各占了一半。《呂氏春秋・不二》所列十家，道家也占了五家，可見在先秦諸子中，道家的興盛。而道家之中以學黃老道德之術的居多，黃老是先秦勢力最龐大的學術家派。黃老一進入漢朝，立時成爲一代的思想指導，實在事出有因，而非憑空飛來。

　　綜觀兩漢黃老學術思想的特點，在橫向面上，黃老思想的三個基本議題：形上論、政治論和養生論。三者之中，形上的道論是基礎。道是最高和最初的宇宙潛在性、秩序和能力的體現。這不但是執政者立足的基石，執政者要與道的原則協調一致，否則災難勢必降臨。而且執政者必須隨時長養自己，保持身心的健全，避免影響治國理民的判斷力。這些面相，已如前面各章小結所述，兩漢的黃老對於先秦黃老思想既有繼承，又有發展。

　　對於黃老思想縱向的發展線索，有學者指出，從哲學上說，漢武帝以後的道家，是沿者兩條相反的路線、三種不同的途徑分化和發展的。一條路線的途徑是保持《呂氏春秋》、《淮南子》的傳統，並向前推進它們的思想。《論衡》的部分內容和河上公《老子注》可以作爲代表。另一條相反的路線有二條途徑，第一種通過解說《老子》，把道家向唯心主義作引申發揮，並使它更抽象更玄虛。嚴遵的《老子指歸》，可以作爲代表。第二種途徑是把道家思想宗教化神學化，逐漸形成早期的道教理論，《太平經》和《老子想爾注》可以作爲代表。在這些演變中，道家思想的神學化是主要傾向，結果其產生了道

教。〔註1〕這裡所說從《淮南子》到《老子河上公章句》正是兩漢黃老思想發展的路線，它們各自在黃老思想的一些範疇作出探討；而道家思想的宗教化，則是黃老思想的另一變形。

再者，欲知一時代的社會文化狀況，必究其時的主要學術思想。因而如能把握一時代的學術思想，也就從主要方面把握了此時代的基本體貌精神。比較特別的是，黃老思想曾作爲一種社會思潮，一種意識形態。而一種學術思想一旦成爲風靡一時的意識主流時，它就必然介入社會、干預現實，既可產生振奮鼓舞的積極作用，亦可產生打擊摧毀的消極作用。

黃老在戰國末期就已發展出自己的一套系統，又在漢初特定的歷史條件下取得了一些實踐經驗，這些經驗已成爲可供取法的思想典型。這種思想典型是由黃老思想家群體所共同持有的信念、範疇、理論、方法等總和，它不僅對當時的思想文化起著奠基與指導的作用，對後來各朝亦有深遠的影響。尤其偏重於政治思想是黃老的主要傾向，這就可以破除人們常把道家思想說成是遠離現實政治的、有濃厚消極因素的學說，這種評價對於老莊道家或許還有幾分正確，倘若把這種觀念套在漢代黃老道家身上，那就有誤了。漢代黃老道家並非老莊式的談虛弄玄，而是緊密聯繫當時的政治，這種具備政治特性的思想，對於後來中國歷朝雖然習慣採取儒家思想來治國，但當以儒家爲主的政治體制無法運作乃至於因戰爭、改朝換代而導致崩壞的時候，黃老道家因時變化，無所不宜的特點往往被用來作爲一種調整政策，達到救弊興利的目的，而與儒家思想形成一種互補的作用。

以上是黃老思想反映在兩漢的大致情形。另外尚有兩點，亦值得一說。

首先就黃老兼綜的思想特點所產生的影響而言。戰國時期，最早進行思想融合是從黃老這一系開始的，黃老思想繼承《老子》「容乃公」〔註2〕的開放心態，發揮「有容乃大」的精神，由這種特點帶起了互相吸收，互相兼融之風，各家除了固守自家根本學說之外，還不斷的吸收它家思想以壯大充實自己，如儒家的荀子有許多道家思想，法家韓非其學歸本於黃老，到後來的《呂氏春秋》更是融匯百家之說爲一書。

兩漢時期是一個政治上統一，經濟繁榮，思想活躍的時代。這個新時期，剛經過諸子興起，百家爭鳴的思想開放時代，無論政治、經濟、社會組織都

〔註1〕任繼愈主編《中國哲學發展史‧秦漢卷》，頁638～639。
〔註2〕《老子註譯及評介》，十六章，頁124。

起了鉅大的變革。漢代思想家以其雄渾的氣魄和擴大的模式，結束了先秦百家爭鳴，諸子蜂起的局面。殊途同歸，百川歸海，以更高的形態，融合吸收先秦各派思想於自己的體系中，從而成爲中國思想以後的發展，奠定了基礎與方向，這時期的學術趨向與面貌以雜而多方爲主要特點，此印證於黃老學說的多樣面貌，正足以說明兩漢學術的特性也是由黃老思想精神得來。例如漢武帝之後獨尊的儒學，已不是先秦孔孟學說的原貌，而是經過董仲舒吸收了道、法、陰陽等各家的思想，成爲各種學說的綜合體；又西漢流傳之儒家經典如禮記、學庸、易傳，以及思想家如陸賈、賈誼、韓嬰、劉向、揚雄、王充等儒生無不源於繼承黃老傳統精神，容納百家，兼採眾家之長的基礎上，以鑄自我的面貌。由此包容性的思想品格，推而廣之，爾後中國對於外國文化並非一概的排斥，而是加以選擇、吸取和改造，使之與中國文化相融合，成爲中國文化的一個有機的組成部分，從而大大地促造了民族文化的發展。

　　另一個就是黃老與老莊的牽連。人們常說黃老是兩漢道家的代表，而魏晉則以莊老爲道家的代表。〔註3〕這一點是可以確定的，因爲老莊思想雖然源於先秦，老莊合稱也首見於漢初的《淮南子‧要略》，但把老莊結合起來，成爲一種具普遍影響的哲學思想則是魏晉玄學。然而何以由黃老轉爲莊老，這需要說明。

　　就整個道家思想體系觀之，道家從《老子》開山之後，由此母體發展出許多家數，其中的黃老與《莊子》各自著重並發展了《老子》思想的一個側面。總體上，《老子》的思想傾向於消極面，《老子》嚮往和美安寧的社會，追求質樸純眞的人生，認爲典章制度、道德規範是人類純樸喪失的表現，它們非但不能解拯救人性，反而造成僞善和禍亂，故有「大道廢有仁義，智慧出有大僞」〔註4〕、「夫禮者，忠信之薄而亂之首」〔註5〕的批判性言論。因此，《老子》認爲聖人要無知無欲，以天道自然無爲作爲理民的依據，而不以仁義禮教治國。

〔註3〕 關於「老莊」或「莊老」之稱，王叔岷說老莊同舉，開始於《淮南子》，到了魏晉而著明，甚至有不稱「老莊」，而稱「莊老」。如《文選》干寶《晉紀總論》：「學者以莊老爲宗，而黜六經。」李善注引干寶《晉紀》：「劉弘教曰：太康以來，天下共尚無爲，貴談莊老。」《世說新語‧文學》：「諸葛宏年少不肯學問，始與王夷甫談，便已超詣。……宏後看莊老，更與王夷甫語，便足相抗衡。」置《莊》於《老》之上，是晉人好《莊子》，尤勝於《老子》的原因。（〈黃老考〉，《東方文化》十三卷二期，1977年3月）

〔註4〕 《老子註譯及評介》，十八章，134。

〔註5〕 《老子註譯及評介》，三十八章，212。

另一方面，《老子》思想又具備了積極面。如《老子》有尊王的思想，稱王爲「域中四大」之一；〔註6〕也有點法治的思想，如主張「恒有司殺者殺」，反對「代司殺者殺」；〔註7〕也重權謀，如說「將欲歙之，必固張之；將欲弱之，必固強之；將欲廢之，必固興之；將欲取之，必固與之。」〔註8〕因此，《老子》鼓勵人們要去「爲」、「長」、「養」、「利」萬物，只是當功成業就，則不應眷戀名位，必須功遂身退。《老子》一書可以說既是一部政治思想書，同時也是一部人生哲學的作品。

《老子》的思想由《莊子》繼承，也由黃老繼承，然二者繼承的重點不一。基本上，《莊子》發揮了《老子》的消極面，而且比《老子》更趨極端。《老子》講治道，《莊子》卻反對任何形式的統治，明顯者如《莊子》繼承《老子》非毀仁義，而且批判更爲沉痛，揭露「竊鉤者誅，竊國者侯」和「爲之仁義以矯之，則並與仁義而竊之」的可怕現實，發出「聖人生而大盜起」，「聖人不死，大盜不止」〔註9〕的偏激呼喊，要求廢除所有政治制度，禮儀規範，甚至連君王都應去除，人沒有了社會化的束縛，就能夠無拘無束，逍遙而遊。《莊子》注重個人的自由，講究個人的修養，心靈的超脫，忽視個人對於社會的責任心，表現了嚴重的偏向。《莊子》認爲「予無所用天下爲」〔註10〕、「孰弊弊焉以天下爲事」，〔註11〕完全漠視個人對於天下國家應盡的義務。可以說老莊之學否定禮教，主張出世，而且對於儒、墨、名、法諸家學說，一概否定，它無益於經世治國。相反的，黃老承認禮教，主張用世，重現實，政治思想是其重心，它發揚了《老子》的積極面又能兼綜各家之長而適合統治者的要求，這也爲何《老子》可以與重事功的黃帝結合的如此貼切。

以此特性比較黃老與老莊，二者雖然同樣繼承《老子》道論而開展其學說，但是漢人不甚重視《莊子》的原因，無疑是黃老主張法自然，無爲而治，沒有離開政治而說道；《莊子》僅談道體，不談政治，離開人類社會的現實生活，而談虛無縹緲的的玄奧之理。一般說來，人們不能接受，自然也遭到冷落。《莊子》在漢人眼中，僅作爲養性之書，而非治國之書。如《淮南子》以

〔註6〕二十五章，參帛書本。
〔註7〕《老子註譯及評介》，七十四章，頁337。
〔註8〕《老子註譯及評介》，三十六章，頁205。
〔註9〕《莊子集釋·胠篋第十》，卷四中，頁346，350。
〔註10〕《莊子集釋·逍遙遊第一》，卷一上，頁24。
〔註11〕《莊子集釋·逍遙遊第一》，卷一上，頁30。

「老莊」並舉，其思想以《老子》為基礎，自不殆言，而對於吸收《莊子》思想亦不餘遺力。據王叔岷的研究，淮南王劉安曾作《莊子要略》與《莊子后解》二書，而《淮南子》全書，其明引《莊子》之文僅一見，即〈道應〉「故莊子曰小年不及大年，小知不及大知，朝菌不知晦朔，蟪蛄不知春秋」四句，但暗用《莊子》的則觸篇皆是，曾舉二百餘條例子。〔註12〕然而《淮南子》吸收《莊子》的思想部份，主要是在描述道體以及個人修養心態、方法與境界上，而對於《莊子》鄙薄事功，消極無為則持批判態度。如對於《莊子》所謂「墮肢體，黜聰明，離形棄知，同於大通」〔註13〕的消極無為，《淮南子‧修務》則「以為不然」，這就足以解釋漢人心目中的《莊子》。又根據本文第一章的說明，兩漢與黃老有關係者五十餘人，注《老子》者十餘家，非毀者只有二家。〔註14〕而史書明言治《莊子》者僅兩人，一是嚴君平，〔註15〕二是班嗣，〔註16〕由此即可看到黃老與老莊的不同際遇。

　　儘管二者際遇殊異，然而黃老不能永遠保持顯學的地位，相同的，《莊子》也不會永遠被棄置。在漢武帝罷黜百家，獨尊儒術之前，黃老思想為政治的指導，學術方面也居於主流地位，此時學術的發展以黃老為中心而融通各家思想；獨尊儒術之後，黃老退出歷史舞台，儒家思想居於主流，此時反以儒家為中心，進行融通它家思想，黃老道家部分的政治思想反被儒家所吸收，成為儒家思想的一分子。在此之後，黃老只剩下修身養性之論。而修身之說，大致上道家各派並未有太大的差異，黃老思想是一種以道為基礎的君人南面

〔註12〕　〈《淮南子》引《莊》舉隅〉，《道家文化研究》第十四輯。

〔註13〕　《莊子集釋‧大宗師第六》，卷三上，頁284。

〔註14〕　楊樹達認為非毀老子者凡二人，一是轅固生。《漢書‧儒林傳》：「竇太后好老子書，召問固，固曰：此家人耳。」一是劉陶。《後漢書‧劉陶傳》：「陶著書數十萬言，又作《七曜論》，匡老子，反韓非，復孟軻。」（見《老子古義》附錄〈漢代老學者考〉，收錄於嚴靈峰無求備齋老子集成續編第十三函，台北：藝文印書館）

〔註15〕　見《漢書‧王貢兩龔鮑傳》：「蜀有嚴君平，……修身自保，非其服弗服，非其食弗食。卜筮於成都市，……得百錢足自養，則閉肆下簾而授《老子》。博覽亡不通，依老子、嚴周之指著書十餘萬言。」

〔註16〕　《漢書‧敘傳第七十上》記載桓譚欲借觀《莊子》，班嗣報說：「若夫嚴（莊）子者，絕聖棄智，修生保真，清虛淡泊，歸之自然；獨師有造化，而不為世俗所役者也。漁翁釣於一壑，則萬物不奸其志；栖遲於一丘，則天下不易其樂。不絓聖人之網，不嗅驕君之餌；蕩然肆志，談者不得而名焉，故可貴也。」（卷一百上，頁4205）

之術，此與《莊子》不搭調，但黃老思想中的修養理論與《莊子》相合，這就爲專講人生處世哲學的《莊子》思想的興起創造了條件。尤其經過西漢末年與東漢末年兩次政治動盪的因素，人們面對各種政治勢力之間的激烈鬥爭，許多人感到富貴榮華如浮雲，保終性命才眞實。而且王莽的篡漢，粉碎了士人對儒家君臣禮儀的信仰；黨錮禍亂之後，部分人或持和光同塵，不譴是非，以求在亂世保身安命；或以放浪形骸，毀棄禮教相尙，於是他們便紛紛遁入了道家老莊之學，亦促成老莊的思想受到重視。

可以說老與黃老、莊老三者有同有異，近年的研究已能明白。至於由黃老到莊老的變化所呈現的思想內容，或是漢代以後，尤其黃老與魏晉之道家玄學的交涉，目前學術界尙未能清楚論述，這是值得重視的課題，只是這已非本文所能處理，尙待來日詳發之。

最後，我們要說，二十世紀是一個特別的時代，大量的古籍文獻紛紛出土，其中以道家文獻爲大宗，又絕多數與黃老思想息息相關。在二十一世紀之初的今天，我們探求道家思想，比起前人有著更好的文獻基礎，眼界應該放的更遠更廣，心思也應該下的更深更密。道家思想並非完全是老莊之說，也非完全消極退縮之學，在以《老子》爲中心所發展出的兩大路線當中，莊老與黃老有著不同的走向，尤其黃老它是一種全面性的理論，進可外王，退可內聖。當我們重新發掘黃老思想，其目的也不再是只舉出黃老道家歸結出來的思想，而是由此通過深刻地認識歷史以資借鏡，並廣泛運用於現實人生，如此方能契合黃老重功用的特點。

引用書目

（以作者姓名筆畫多寡爲序）

一、專　著

1. 丁原明：《黃老學論綱》，濟南：山東大學出版社，1997 年 12 月第一版。

2. 二刷。

3. 上海師範大學古籍整理組點校：《國語》，台北：里仁書局，1981 年 12 月。

4. 尸佼撰，鄧雲生校點：《尸子》，百子全書本，長沙：岳麓書社，1994 年 9 月第二刷。

5. 不具撰人：《太平經目錄》，敦煌本 S4226 號殘卷。

6. 不具撰人：《老子變化經》，敦煌卷子斯 2295 號。

7. 不具撰人：《孝經緯》，收錄於《黃氏逸書考》第十五涵，台北：藝文印書館。

8. 不具撰人：《易緯》，收錄於《黃氏逸書考》第十五涵，台北：藝文印書館。

9. 不具撰人：《傳授經戒儀注訣》，《道藏》第三十二冊，北京：文物出版社、上海書店、天津古籍出版社，1994 年 8 月第一版第三刷。

10. 尹文撰，劉柯點校：《尹文子》，百子全書本，長沙：岳麓書社，1994 年 9 月第二刷。

11. 牛兵占、陳志強等通釋：《黃帝內經》，石家庄：河北科技學術出版社，1994 年 3 月第一版。

12. 王明：《太平經合校》，北京：中華書局，1997 年 10 月第五刷。

13. 王明：《抱朴子內篇校釋》，北京：中華書局，2002 年 3 月第五刷。

14. 王明：《道家與道教思想研究》，北京：中國社會科學出版社，1990 年 8

月第三刷。

15. 王夫之：《宋論》，台北：漢京文化事業公司，1984 年 7 月再版。

16. 王夫之：《讀通鑑論》，台北：漢京文化事業公司，1984 年 7 月再版。

17. 王卡點校：《老子道德經河上公章句》，北京：中華書局，1997 年 10 月第二刷。

18. 王有三：《老子考》，台北：東昇出版公司，1982 年 1 月初版。

19. 王利器：《呂氏春秋注疏》，成都：巴蜀書社，2002 年 1 月第一刷。

20. 王利器：《風俗通義校注》，台北：臺灣明文書局，1988 年 3 月再板。

21. 王利器：《鹽鐵論校注》，北京：中華書局，1992 年 7 月第一刷。

22. 王邦雄：《韓非子的哲學》，台北：東大圖書公司，1993 年 3 月第六版。

23. 王叔岷：《列仙傳校箋》，台北：中央研究院中國文哲研究所籌備處，1995 年 4 月初版。

24. 王重民：《敦煌古籍敘錄》，北京：中華書局，1979 年版。

25. 王肅注：《孔子家語》，台北：世界書局，1972 年 6 月第三版。

26. 王聘珍撰，王文錦點校：《大戴禮記解詁》，北京：中華書局，1992 年 1 月第三刷。

27. 王夢鷗：《禮記今註今譯》，台北：臺灣商務印書館，1992 年 10 月第五刷。

28. 王靜芝：《韓非思想體系》，台北：輔仁大學文學院發行，1988 年 10 月五版。

29. 王應麟：《漢制考》，台北：臺灣商務印書館影明汲古閣本，1977 年 2 月一版。

30. 司修武：《黃老學說與漢初政治平議》，台北：臺灣學生書局，1992 年 6 月初版。

31. 司馬光：《資治通鑑》，台北：宏業書局，1993 年 10 月。

32. 司馬遷撰，裴駰集解，司馬貞索隱，唐張守節正義：《史記》，北京：中華書局，1989 年 9 月第十一刷。

33. 田昌五、安作彰：《秦漢史》，北京：人民出版社，1993 年 8 月第一刷。

34. 田餘慶：《秦漢魏晉史探微》，北京：中華書局，1993 年 11 月第一版。

35. 任繼愈主編：《中國哲學史》，北京：人民出版社，1990 年 3 月第八刷。

36. 任繼愈主編：《中國哲學發展史·秦漢卷》，北京：人民出版社，1998 年 5 月第二刷。

37. 向世陵、馮禹：《儒家的天論》，山東：齊魯書社，1991 年 12 月第一刷。

38. 宇野精一主編，邱棨鐊譯：《中國思想（二）：道家與道教》，台北：幼獅

文化事業公司，1994 年 7 月五印。

39. 朱哲：《先秦道家哲學研究》，上海人出版社，2000 年 9 月第一刷。

40. 朱熹：《四書章句集注》，台北：大安出版社點校本，1986 年 4 月初版。

41. 朱禮：《漢唐事箋》，台北：廣文書局影元至德刊本道光二年山陰李銖橋覆版，1976 年 8 月初版。

42. 朱一新：《無邪堂答問》，台北：世界書局，1963 年 4 月初版。

43. 朱守亮：《韓非子釋評》，台北：五南圖書出版公司，1992 年 9 月初版。

44. 朱曉海：《黃帝四經考辨》，台北：臺灣大學中文所碩士論文，1977 年 6 月。

45. 江瑔：《讀子巵言》，台北：廣文書局，1982 年 8 月初版。

46. 牟鍾鑑、胡孚琛、王葆玄：《道教通論──兼論道家學說》，山東：齊魯書社，1993 年 12 月第二刷。

47. 余明光：《黃帝四經與黃老思想》，哈爾濱：黑龍江人民出版社，1989 年 8 月第一刷。

48. 余英時：《中國思想傳統的現代詮釋》，台北：聯經出版事業公司，1995 年 12 月第一版七刷。

49. 余英時：《歷史與思想》，台北：聯經出版事業公司，1995 年 3 月初版第十九刷。

50. 余嘉錫：《四庫提要辨證》，北京：中華書局，1980 年 5 月第一版。

51. 吳光：《古書考辨集》，台北：允晨出版社，1989 年 12 月。

52. 吳光：《黃老之學通論》，浙江：浙江人民出版社，1985 年第一版。

53. 吳光：《儒道論述》，台北：東大圖書公司，1994 年 6 月。

54. 吳競：《貞觀政要》，台北：臺灣中華書局，四部備要本據明刻本校刊，1979 年 7 月台三版。

55. 吳毓江校注，孫啟治點校：《墨子校注》，北京：中華書局，1993 年 10 月第一版。

56. 吳賢俊：《黃老評議》，台北：國立臺灣師範大學國文研究所碩士論文，1988 年 6 月。

57. 呂思勉：《經子解題》，台北：臺灣商務印書館，1986 年 10 月臺四版。

58. 呂思勉：《讀史札記》，台北：木鐸出版社，1983 年 9 月初版。

59. 呂振羽：《中國政治思想史》，國民叢書第四編第十九冊，上海書店據生活書店 1947 年版影印，1992 年 12 月。

60. 呂望撰，曾德明點校：《六韜》，百子全書本，長沙：岳麓書社，1994 年 9 月第二刷。

61. 宋衷注，孫馮翼集：《世本》，北京：中華書局，叢書集成初編，1985 年。

62. 宋敏求編：《唐大詔令集》，台北：臺灣商務印書館影文淵閣四庫全書第 426 冊。

63. 宋黎靖德編，王星賢點校：《朱子語類》，北京：中華書局，1999 年 6 月 第四刷。

64. 李攸：《宋朝事實》，北京：中華書局，叢書集成初編，1985 年新一版。

65. 李濤：《續資治通鑑長編》，台北：世界書局，1974 年 6 月三版。

66. 李定生、徐惠君：《文子要詮》，上海：復旦大學出版社，1988 年 7 月第 一刷。

67. 李昉等：《太平御覽》，台北：臺灣商務印書館，上海涵芬樓影印中華學 藝社借日本帝室圖書寮京都東福寺東京岩崎氏靜嘉堂文庫藏宋刊本， 1992 年 1 月臺一版第六刷。

68. 李昉等：《太平廣記》，北京：中華書局，1995 年 8 月第六刷。

69. 李訓詳：《先秦的兵家》，台北：國立臺灣大學出版委員會，1991 年 6 月 初版。

70. 李開元：《漢帝國的建立與劉邦集團——軍功受益階層研究》，北京：生 活讀書新知三聯書店，2000 年 3 月第一版。

71. 李鼎祚：《周易集解》，台北：臺灣商務印書館，四庫全書排印本，1996 年 12 月臺一版第二刷。

72. 李滌生：《荀子集釋》，台北：臺灣學生書局，1991 年 10 月六刷。

73. 李維武：《王充與中國文化》，貴州人民出版社，2000 年 10 月第一版。

74. 李學勤：《李學勤集》，哈爾濱：黑龍江教育出版社，1989 年 8 月。

75. 李歷城：《司馬遷之人格與風格》，台北：漢京文化公司，1983 年。

76. 杜光庭：《道德真經廣義》，《道藏》第十四冊，北京：文物出版社、上海 書店、天津古籍出版社，1994 年 8 月第一版第三刷。

77. 沈約注：《竹書紀年》，北京：中華書局，叢書集成初編，1985 年。

78. 汪中：《述學》，四部叢刊本，台北：臺灣商務印書館，1979 年 11 月台一 版。

79. 汪繼培箋，彭鐸校正：《潛夫論箋校正》，北京：中華書局，1997 年 10 月第二刷。

80. 邢昺：《爾雅注疏》，四部備要本據阮刻本校刊，台北：臺灣中華書局， 1977 年 12 月台三版。

81. 那薇：《漢代道家的政治思想與直覺體悟》，山東：齊魯書社，1992 年 1 月第一刷。

82. 周世榮：《長沙馬王堆三號漢墓竹簡養生方第一卷釋文》，《道藏外書》第

一冊，四川：巴蜀書社，1994 年 12 月第二刷。

83. 周叔迦輯撰，周邵良新編：《牟子叢殘新編》，北京：中國書店，2001 年 7 月第一刷。

84. 周桂鈿：《虛實之辨——王充哲學的宗旨》，北京：人民出版社，1996 年 2 月第二刷。

85. 周紹賢：《道家與神仙》，台北：臺灣中華書局，1987 年 3 月四版。

86. 屈萬里：《尚書釋義》，台北：中國文化大學，1980 年 8 月。

87. 屈萬里：《詩經釋義》，台北：中國文化大學，1988 年 5 月三版。

88. 房玄齡等：《晉書》，北京：中華書局，1987 年 11 月第三刷。

89. 林劍鳴：《秦漢史》，上海人民出版社，1991 年 9 月第二刷。

90. 林聰舜：《西漢朝前期思想與法家的關係》，台北：大安出版社，1991 年 4 月第一版第一刷。

91. 林麗雪：《王充》，台北：東大圖書公司，1991 年 9 月初版。

92. 金正耀：《道教與煉丹術論》，北京：宗教文化出版社，2001 年 2 月一刷。

93. 金春峰：《漢代思想史》，北京：社會科學出版社，1997 年 12 月修訂第二版。

94. 侯外廬等：《中國思想通史》，北京：人民出版社，1992 年 9 月第六刷。

95. 姜宸英：《湛園集》，台北：臺灣商務印書館，四庫全書珍本。

96. 柳宗元：《柳河東全集》，台北：世界書局，1975 年 5 月第四版。

97. 洪亮吉：《洪北江先生遺集》，台北：華文書局影清光緒三年授經堂重刻本，1969 年 4 月版。

98. 洪進業：《西漢初年的黃老及其盛衰的考察》，台北：國立臺灣大學歷史研究所碩士論文，1991 年 6 月。

99. 洪興祖補注、蔣驥山帶閣註：《楚辭》，汲古閣標點排印本，台北：長安出版社，1991 年 8 月出版。

100. 洪邁撰，夏祖堯、周洪武校點：《容齋隨筆》，長沙：岳麓書社，1995 年 10 月第三刷。

101. 皇甫謐：《高士傳》，台北：臺灣中華書局，四部備要本據漢魏叢書本校刊，1987 年 2 月台六版。

102. 紀昀等：《四庫全書總目提要》，台北：藝文印書館，1989 年 1 月六版。

103. 胡適：《中國中古思想史長編》，上海：華東師範大學出版社，1997 年 3 月第 2 刷。

104. 胡孚琛、李錫琛：《道學通論——道家道教仙學》，北京：社會科學文獻出版社，1999 年 1 月第一刷。

105. 胡家聰：《稷下爭鳴與黃老新學》，北京：中國社會科學出版社，1998 年 9 月第一版。

106. 范曄撰，李賢等注：《後漢書》，北京：中華書局，1996 年 5 月第八刷。

107. 韋政通：《中國哲學思想批判》，台北：水牛出版社，1986 年 10 月。

108. 卿希泰主編：《中國道教史》，成都：四川人民出版社，1996 年 12 月第一刷。

109. 唐玄宗：《道德真經疏外傳》，《道藏》第十二冊，北京：文物出版社、上海書店、天津古籍出版社，1994 年 8 月第一版第三刷。

110. 唐玄宗注：《孝經》，台北：臺灣商務印書館，1979 年版。

111. 唐君毅：《中國哲學原論——原道篇》，台北：臺灣學生書局，1986 年 10 月全集校訂版。

112. 夏曾佑：《中國古代史》，二十世紀中國史學名著叢書，石家莊：河北教育出版社，2002 年 1 月第二刷。

113. 夏曾佑：《中國歷史》，《中國學術論著集要》，台北：臺灣學生書店輯印，1970 年 7 月。

114. 徐天麟：《西漢會要》，北京：中華書局，叢書集成初編，1985 年。

115. 徐師漢昌：《鹽鐵論研究》，台北：文史哲出版社，1983 年 8 月初版。

116. 徐復觀：《中國人性論史》，台北：臺灣商務印書館，1999 年 9 月初版第十二刷。

117. 徐復觀：《兩漢思想史卷二》，台北：臺灣學生書局，1989 年 9 月初版第四刷。

118. 徐復觀：《兩漢思想史卷三》，台北：臺灣學生書局，1993 年 9 月初版第四刷。

119. 祝瑞開：《先秦社會和諸子思想新探》，福建人民出版社，1981 年 3 月。

120. 荊門市博物館：《郭店楚墓竹簡》，北京：文物出版社，1998 年 5 月第一版。

121. 袁宏：《後漢紀》，台北：臺灣商務印書館四部叢刊本，1967 年。

122. 馬總：《意林》，台北：臺灣中華書局四部備要本，1970 年 4 月。

123. 馬驌：《繹史》，台北：新興書局影清光緒金匱潘氏重修本，1983 年 10 月。

124. 馬伯通：《韓昌黎文集校注》，台北：華正書局，1975 年 4 月台一版。

125. 馬敘倫：《老子覈詁》，收錄於嚴靈峰《無求備齋老子集成續編》第十一涵，台北：藝文印書館。

126. 馬端臨：《文獻通考》，十通第七種，台北：臺灣商務印書館，1987 年 12 台一版。

127. 馬濟人：《道教與煉丹》，台北：文津出版社，1997 年 5 月。

128. 高恒：《秦漢法治論考》，廈門大學出版社，1994 年 8 月。

129. 高祥：《戰國末秦漢之際黃老學說之探討》，台北：國立臺灣師範大學國文研究所碩士論文，1988 年 6 月。

130. 高似孫：《子略》，台北：臺灣中華書局，四部備要本，據學津討原本刊校，1976 年 9 月臺三版。

131. 商鞅撰，楊雲輝校點：《商子》，百子全書本，長沙：岳麓書社，1994 年 9 月第二刷。

132. 國家文物局古文獻研究室編：《長沙馬王堆帛書〔壹〕》，北京：文物出版社，1980 年 3 月。

133. 尉繚撰，曾德明點校：《尉繚子》，百子全書本，長沙：岳麓書社，1994 年 9 月第二刷。

134. 常璩：《華陽國志》，北京：中華書局，叢書集成初編，1985 年。

135. 張君房纂輯，蔣力生等校注：《雲笈七籤》，北京：華夏出版社，1996 年 8 月第一刷。

136. 張金鑑：《中國政治思想史》，台北：三民書局，1989 年 1 月初版。

137. 張起鈞：《老子》，台北：協志工業叢書出版，1991 年 9 月第一版第十三刷。

138. 張舜徽：《周秦道論發微》，台北：木鐸出版社，1988 年 7 月初版。

139. 張舜徽：《漢書藝文志通釋》，湖北：湖北教育出版社，1990 年 3 月第一刷。

140. 張萬福：《傳授三洞經戒法籙略說》，《道藏》第三十二冊，北京：文物出版社、上海書店、天津古籍出版社，1994 年 8 月第一版第三刷。

141. 張蔭麟：《上古史綱》，台北：里仁書局，1982 年 9 月。

142. 張雙隸：《淮南子校釋》，北京：北京大學出版社，1997 年 8 月第一刷。

143. 曹操等注，郭化若譯：《十一家注孫子——附今譯、竹簡兵法》，台北：里仁書局，1982 年 10 月。

144. 梁啟超：《中國近三百年學術史》，北京：東方出版社，1996 年 3 月第一版。

145. 梁啟超：《飲冰室專集》，北京：中華書局，1989 年 3 月第一刷。

146. 梁啟超撰，賈馥茗標點：《先秦政治思想史》，台北：東大圖書公司，1987 年 2 月再版。

147. 脫脫等：《宋史》，北京：中華書局，1997 年 6 月四刷。

148. 莊萬壽：《道家史論》，台北：萬卷樓圖書有限公司，2000 年 4 月初版。

149. 莊耀郎：《原氣》，台北：國立臺灣師範大學《國文研究所集刊》第二十

九期。

150. 許抗生：《老子研究》，台北：水牛出版社，1992 年 1 月。

151. 許抗生：《帛書老子註譯與研究》，浙江：浙江人民出版社，1982 年 2 月第一版。

152. 許慎撰，段玉裁注：《說文解字》，台北：天工書局影經韻樓藏版，1987 年 9 月再版。

153. 許維遹：《呂氏春秋集釋》，台北：世界書局，1975 年 3 月四版。

154. 郭沂：《郭店竹簡與先秦學術思想》，上海教育出版社，2001 年 2 月第一刷。

155. 郭沫若：《十批判書》，北京：東方出版社，1996 年 9 月第二刷。

156. 郭慶藩編、王孝魚整理：《莊子集釋》，台北：群玉堂出版公司，1991 年 10 月初版。

157. 郭璞傳：《山海經》，北京：中華書局，叢書集成初編，1985 年。

158. 郭應哲：《戰國至漢初黃老學說的政治思想》，台北：臺灣大學政治研究所博士論文，1996 年 6 月。

159. 陳立：《白虎通疏證》，吳則虞點校，北京：中華書局，1997 年 10 月第二刷。

160. 陳國符：《道藏源流考》，北京：中華書局，1992 年 4 月第四刷。

161. 陳鼓應：《老子註譯及評介》，北京：中華書局，1994 年 8 月第五刷。

162. 陳鼓應：《黃帝四經今註今譯——馬王堆漢墓出土帛書》，台北：臺灣商務印書館，1995 年 6 月初版。

163. 陳德安、齊峰主編：《道家道教教育研究》，北京：教育科學出版社，1997 年 9 月第一版。

164. 陳遵嬀：《中國天文學史》，台北：明文書局，1984 年 2 月。

165. 陳麗桂：《秦漢時期的黃老思想》，台北：文津出版社，1997 年 2 月第一刷。

166. 陳麗桂：《戰國時期的黃老思想》，台北：聯經出版事業公司，1991 年 4 月初版。

167. 陳麗桂編：《兩漢諸子研究論著目錄》，台北：漢學研究中心，1998 年 4 月。

168. 陳櫻寧：《道教與養生》，北京：華文出版社，1989 年 7 月第一版。

169. 陳壽撰，裴松之注：《三國志》，北京：中華書局，1990 年 4 月第十刷。

170. 陸玉林、彭永捷、李振綱《中國道家》，北京：宗教文化出版社，1998 年 6 月第二刷。

171. 陸佃注，馮孝忠校點：《鶡冠子》，百子全書本，長沙：岳麓書社，1994

年 9 月第二刷。

172. 陸德明:《經典釋文》,北京:中華書局,叢書集成初編,1985 年新一版。

173. 陶弘景:《真誥》《道藏》第二十冊,北京:文物出版社、上海書店、天津古籍出版社,1994 年 8 月第一版第三刷。

174. 陶鴻慶著,王元化主編,陳引馳編校:《陶鴻慶學術論著》,浙江:浙江人民出版社,1998 年 6 月第一刷。

175. 章太炎:《太炎文錄初編》,章氏叢書,章氏國學講習會編,國民叢書三編影上海書店 1924 年版。

176. 章太炎:《國故論衡》,台北:廣文書局,1967 年 11 月初版。

177. 章學誠撰、葉英校注:《校讎通義校注》,台北:漢京文化事業公司,1986 年 9 月。

178. 傅亞庶:《劉子校釋》,北京:中華書局,1998 年 9 月第一刷。

179. 傅偉勳:《從西方哲學到禪佛教》,北京:三聯書店,1989 年 5 月版。

180. 傅斯年:《傅斯年全集》,台北:聯經出版事業公司,1980 年 9 月年初版。

181. 傅勤家:《中國道教史》,台北:臺灣商務印書館,1992 年 9 月第十刷。

182. 勞思光:《新編中國哲學史》,台北:三民書局,1993 年 8 月增訂七版。

183. 彭耜:《道德真經集注》,《道藏》第十三冊,北京:文物出版社、上海書店、天津古籍出版社,1994 年 8 月第一版第三刷。

184. 揚雄撰,胡漸逵校點:《法言》,百子全書本,長沙:岳麓書社,1994 年 9 月第二刷。

185. 湯一介:《中國傳統文化中的儒釋道》,北京:中國和平出版社,1988 年 10 月初版。

186. 焦竑:《焦氏筆乘續集》,台北:臺灣商務印書館,1983 年 6 月臺二版。

187. 賀凌虛:《西漢政治思想論集》,台北:五南圖書出版公司,1988 年 1 月初版。

188. 馮友蘭:《中國哲學史》,台北:藍燈文化事業公司,1989 年 10 月初版。

189. 馮友蘭:《中國哲學史料學初稿》,上海人民出版社,1962 年版。

190. 馮友蘭:《中國哲學史新編》,台北:藍燈文化事業公司,1991 年 12 月初版。

191. 馮友蘭著,涂又光譯:《中國哲學簡史》,台北:藍燈文化事業公司。

192. 馮達文:《回歸自然──道家的主調與變奏》,廣東人民出版社,1992 年 7 月。

193. 黃釗:《道家思想史綱》,湖南:湖南師範大學出版社,1991 年 7 月第一刷。

194. 黃暉：《論衡校釋》，北京：中華書局，1995 年 5 月第二刷。

195. 黃震：《黃氏日抄》，台北：臺灣商務印書館，影文淵閣四庫全書本第 708 冊。

196. 黃中業：《秦國的法制建設》，遼寧：遼寧書社出版，1991 年 5 月。

197. 黃宗羲：《明夷待訪錄》，台北：臺灣中華書局，四部備要本海山仙館叢書本校刊，1977 年 6 台二版。

198. 黃錦鋐：《秦漢思想研究》，台北：學海出版社，1979 年 1 月初版。

199. 黃懷信、張懋鎔、田旭東：《逸周書彙校集注》，上海古籍出版社，1995 年 12 月第一刷。

200. 楊寬：《戰國史》，上海人民出版社，1991 年 11 月第八刷。

201. 楊伯峻：《列子集釋》，北京：中華書局，1997 年 10 月第五刷。

202. 楊伯峻：《春秋左傳注》，高雄：復文出版社。

203. 楊明照：《抱朴子外篇校箋》，北京：中華書局，1997 年 10 月第一刷。

204. 楊數達：《老子古義》，收錄於嚴靈峰無求備齋老子集成續編第十三函，台北：藝文印書館。

205. 楊燕起、陳可青、賴長揚：《歷代名家評史記》，北京師範大學出版社，1986 年 3 月第一版。

206. 葛洪：《神仙傳》，台北：臺灣商務印書館影印文淵閣四庫全書第 1059 冊，1983 年。

207. 葛兆光：《中國思想史》，上海：復旦大學出版社，2002 年 2 月第二刷。

208. 葛兆光：《道教與中國文化》，上海人民出版社，1991 年 3 月第三刷。

209. 董說：《七國考》，北京：中華書局，叢書集成初編，1985 年新一版。

210. 董思靖：《道德真經集解序說》，《道藏》第十二冊，北京：文物出版社、上海書店、天津古籍出版社，1994 年 8 月第一版第三刷。

211. 廖吉郎：《劉向》，《中國歷代思想家（四）》，台北：臺灣商務印書館，1999 年 2 月更新版第一刷。

212. 熊鐵基：《秦漢新道家》，上海人民出版社，2001 年 3 月第一刷。

213. 熊鐵基：《秦漢新道家略論稿》，上海人民出版社，1984 年 3 月第一刷。

214. 熊鐵基等：《中國老學史》，福建人民出版社，1995 年 7 月第一版。

215. 管仲撰，劉皓宇校點：《管子》，百子全書本，長沙：岳麓書社，1994 年 9 月第二刷。

216. 蒙文通：《中國哲學思想探原》，台北：臺灣古籍出版公司，1997 年 10 月初版。

217. 蒙文通《古學甄微》，成都：巴蜀書社，1987 年 7 月第一刷。

218. 蒙培元:《中國心性論》,台北:臺灣學生書局,1990 年 4 月初版。

219. 趙翼:《二十二史箚記及補編》,鼎文書局據趙氏湛貽堂原刻本斷句排印本,1975 年 3 月初版。

220. 劉熙:《釋名》,台北:臺灣商務印書館,四部叢刊影明嘉靖翻宋刻本。

221. 劉文典撰,馮逸、喬華點校:《淮南鴻烈集解》,北京:中華書局,1997 年 1 月第二刷。

222. 劉向撰,胡漸逵校點:《新序》,百子全書本,長沙:岳麓書社,1994 年 9 月第二刷。

223. 劉向撰,陳守凡校點:《說苑》,百子全書本,長沙:岳麓書社,1994 年 9 月第二刷。

224. 劉師培:《劉申叔遺書》,江蘇古籍出版社,1997 年 11 月第二刷。

225. 劉煦等:《舊唐書》,北京:中華書局,1997 年 3 月六刷。

226. 劉澤華:《先秦政治思想史》,天津:南開大學出版社,1984 年 8 月。

227. 樓宇烈:《王弼集校釋・老子道德經注》,台北:華正書局,1992 年 12 月初版。

228. 歐陽修等:《新唐書》,北京:中華書局,1997 年 3 月六刷。

229. 蔣祖怡編撰:《王充卷》,鄭州:中州書畫社,1983 年 5 月。

230. 蔣錫昌:《老子校詁》,台北:東昇出版事業,1980 年 4 月初版。

231. 鄭玄注:《儀禮》,北京:中華書局,叢書集成初編,1985 年。

232. 鄭國瑞:《文子研究》,高雄:中山大學中文所碩士論文,1997 年 6 月。

233. 鄭圓鈴:《司馬遷黃老理論之研究》,台北:國立臺灣師範大學國文研究所博士論文,1997 年 6 月。

234. 蕭清:《中國古代貨幣史》,人民出版社,1984 年 7 月。

235. 蕭公權:《中國政治思想史》,台北:聯經出版事業公司,1993 年 12 月初版第八刷。

236. 蕭萐父、李錦全:《中國哲學史》,1982 年 12 月第一版,北京:人民出版社。

237. 賴炎元:《韓詩外傳今註今譯》,台北:臺灣商務印書館,1986 年 4 月五版。

238. 賴炎元:《韓詩外傳考徵》,台北:臺灣師範大學國文研究所叢書第一種,1963 年 7 月初版。

239. 錢穆:《中國思想史》,錢賓四先生全集第 24 冊,錢賓四先生全集編委會編,台北:聯經出版事業公司,1998 年 5 月初版。

240. 錢穆:《中國思想通俗講話》,錢賓四先生全集第 24 冊,錢賓四先生全集編委會編,台北:聯經出版事業公司,1998 年 5 月初版。

241. 錢穆：《先秦諸子繫年》，台北：東大圖書公司，1990 年 9 月。

242. 錢穆：《秦漢史》，台北：東大圖書公司，頁 53，1992 年 9 月六版。

243. 錢志熙：《唐前生命觀和文學生命主題》，北京：東方出版社，1997 年 6 月第一刷。

244. 戴濬：《管子學案》，上海：學林出版社，1994 年 6 月第一刷。

245. 繆文遠：《戰國策新校注》，四川：巴蜀書社，1992 年 5 月第二刷。

246. 鍾肇鵬：《王充年譜》，濟南：齊魯書社，1983 年 3 月。

247. 瞿兌之：《秦漢史纂》，台北：鼎文書局，1979 年 2 月初版。

248. 舊題何義門批校精抄本，徐文珊點校：《原抄本日知錄》，台北：明倫書局，1979 年。

249. 薩孟武：《中國社會政治史》，台北：三民書局，1998 年 10 月增訂七版。

250. 魏收：《魏書》，北京：中華書局，1997 年 3 月第六刷。

251. 魏源：《老子本義》，台北：漢京文化事業出版公司，1980 年 9 月。

252. 魏源：《魏源集》，台北：鼎文書局，1978 年 11 月初版。

253. 魏徵：《隋書》，北京：中華書局點校本，1987 年 12 月第三刷。

254. 羅光：《中國哲學思想史‧兩漢南北朝篇》，台北：臺灣學生書局，1985 年 8 月再版。

255. 羅大經：《鶴林玉露》，台北：臺灣開明書店，1975 年 4 月台三版。

256. 羅根澤編著：《古史辨》第六冊，台北：明倫出版社據樸社初印版重印，1970 年 3 月。

257. 羅根澤編著：《古史辨》第四冊，台北：明倫出版社據樸社初印版重印，1970 年 3 月。

258. 瀧川龜太郎：《史記會注考證》，台北：漢京文化事業有限公司，1983 年 9 月。

259. 嚴可均：《全上古三代秦漢三國六朝文》，北京：中華書局，1995 年 11 月第六刷，影光緒黃崗王毓藻刻本。

260. 嚴振益、鍾夏：《新書校注》，北京：中華書局，2000 年 7 月北京第一刷。

261. 嚴遵撰，王德有點校：《老子指歸》，北京：中華書局，1997 年 10 月北京第二刷。

262. 蘇軾：《蘇軾全集》，上海古籍出版社，2000 年 5 月第一刷。

263. 蘇輿：《春秋繁露義證》，鍾哲點校，北京：中華書局，1996 年 9 月第二刷。

264. 釋道宣：《廣弘明集》，台北：臺灣商務印書館，四部叢刊影明汪道昆本。

265. 饒宗頤：《老子想爾注校證》，上海古籍出版社，1991 年 11 月。

266. 饒宗頤：《敦煌六朝寫本張天師道陵著老子想爾注校箋》，1956 年 4 月香港版。

267. 饒宗頤主編，王輝著：《秦出土文獻編年》，台北：新文豐出版公司，2000 年 9 月臺一版。

268. 顧實：《漢書藝文志講疏》，台北：廣文書局，1980 年 12 月臺二版。

269. 龔鵬程：《道教新論》二集，嘉義：南華管理學院，1998 年 7 月。

270. 龔鵬程：《漢代思潮》，嘉義：南華大學編譯出版中心，1999 年 8 月。

271. 鶡熊：《鶡子》，台北：臺灣商務印書館影文淵閣四庫全書第 839 冊，1983 年。

二、期刊論文

1. 丁山：〈陳侯因齊簋銘黃帝論五帝〉，《中央研究院歷史語言所集刊》第三本第四分。

2. 丁原明：〈楚學與漢初黃老之學〉，《文史哲》1992 年第 4 期。

3. 丁原明：〈鶡冠子及其在戰國黃老之學中的地位〉，《文史哲》1996 年第 2 期。

4. 上海市重型機械製造公司工人歷史研究小組：〈黃老之學是維護封建統治的法家重要流派〉，《文物》1976 年第 3 期。

5. 尹振環：〈道家的無爲論〉，《中國哲學史研究》1993 年第 4 期。

6. 王中江：〈道的突破──從老子到金岳霖〉，《道家思想研究》第八輯，上海古籍出版社，1995 年 11 月第一刷。

7. 王介英：〈論莊子由技入道所開拓的精神境界〉，《道家文化研究》第十四輯，北京：三聯書店，1998 年 7 月。

8. 王叔岷：〈司馬遷與黃老〉，《台大文史哲學報》第三十期，1981 年 12 月。

9. 王叔岷：〈黃老考〉，《東方文化》十三卷二期，1977 年 3 月。

10. 王博：〈論《黃帝四經》產生的地域〉，《道家文化》第 3 輯，上海古籍出版社，1993 年 8 月第一刷。

11. 王博：〈論楊朱之學〉，《道家文化》第十五輯，北京：三聯書店，1999 年 3 月第一刷。

12. 王曉波：〈漢初的黃老之治與法家思想〉，《食貨月刊》十一卷十期，1982 年 2 月。

13. 王曉波：〈論氣──就教於余英時先生〉，《食貨月刊》第十四期。

14. 王讚源：〈淮南子與法家法論比較〉，台灣師範大學《國文學報》，第十四期，1985 年 6 月。

15. 田昌五：〈再談黃老思想和法家路線——讀長沙馬王堆三號漢墓出土帛書札記之二〉，《文物》1976 年第 4 期。

16. 白光華：〈我對淮南子的一些看法〉，《道家文化研究》第六輯，上海古籍出版社，1995 年 6 月第一刷。

17. 安樂哲：〈《淮南子》「主術」篇中「法」的概念〉，《大陸雜誌》第 61 卷第 4 期。

18. 朱伯崑：〈莊學生死關的特徵及其影響〉，《道家文化研究》第四輯，上海古籍出版社，1994 年 3 月。

19. 江陵張家山漢簡整理小組：《江陵張家山漢簡《奏讞書》釋文（一）》，《文物》1993 年第 8 期。

20. 江陵張家山漢簡整理小組：《江陵張家山漢簡《奏讞書》釋文（二）》，《文物》1995 年第 3 期。

21. 江榮海：〈慎到應是黃老思想家——兼論黃老思想與老子、韓非的區別〉，《北京大學學報》1989 年第 1 期。

22. 牟鍾鑑：〈《呂氏春秋》道家說之論證〉，《道家文化研究》第十輯，上海古籍出版社，1996 年 8 月第一刷。

23. 牟鍾鑑：〈道家學說與流派述要〉，《道家文化研究》第一輯，上海古籍出版社，1992 年 6 月。

24. 余明光、譚建輝：〈黃老學術黃老道教之轉變〉，《中國哲學與哲學史》1996 年第 10 期。

25. 余明光：〈黃老思想初探〉，《中國哲學史》1985 年第 5 期。

26. 吳相武：〈《老子想爾注》之年代和作者考〉，《道家文化研究》第十五輯，北京：三聯書店，1999 年 3 月第一版。

27. 吳湘武：〈關於《河上公注》成書年代〉，《道家文化研究》第十五輯，北京：三聯書店，1999 年 3 月第一版。

28. 李申：〈氣範疇研究〉，《中國哲學》第十三輯。

29. 李零：〈說「黃老」〉，《道家文化研究》第五輯，上海古籍出版社，1994 年 11 月。

30. 李增：〈帛書《黃帝四經》道生法思想之研究〉，1999 年元月輔仁大學哲學系主辦之「本世紀出土思想文獻與中國古典哲學研究兩岸學術研討會」會議論文集。

31. 李增：〈淮南子之道論〉，《大陸雜誌》第 69 卷第 6 期。

32. 李學勤：〈記在美國舉行的馬王堆帛書工作會議〉，《文物》1979 年 11 期。

33. 李學勤：〈馬王堆帛書與鶡冠子〉，《江漢考古》1983 年 2 期。

34. 沈清松：〈漢墓出土黃帝四經所論道法關係初探〉，國立政治大學中文系

所主編《漢代文學與思想學術研討會論文集》，台北：文史哲出版社，1991年 10 月初版。

35. 谷方：〈河上公老子章句考證——兼論其與抱朴子的關係〉，《中國哲學》第七輯，北京：三聯書店，1982 年版。

36. 阮芝生：〈論留侯與三略（上）〉，《食貨月刊》十一卷第二期，1981 年 5 月。

37. 周桂鈿：〈氣，元氣及其一元論〉，《中國哲學史研究》1983 年第 4 期。

38. 知水：〈論稷下黃老之學產生的歷史條件〉，《中國哲學史》1988 年第 5 期。

39. 金谷治：〈法思想在先秦的發展〉，《中國文化》第 1 輯，復旦大學出版社，1984 年。

40. 金谷治：〈漢初道家的派別〉，《日本學者研究中國史論著選譯》第七卷，北京：中華書局，1993 年 7 月版。

41. 金春峰：〈也談老子河上公章句之時代及其與抱朴子之關係〉，《中國哲學》第九輯，北京：三聯書店，1983 年。

42. 金春峰：〈論黃老帛書的主要思想〉，《求索》1986 年第 2 期。

43. 姜廣輝：〈試論漢初黃老思想——兼論馬王堆漢墓出土四篇古佚書屬漢初作品〉，《中國哲學史研究集刊》第二輯，上海人民出版社，1982 年。

44. 胡家聰：〈《尹文子》與稷下黃老學派——兼論《尹文子》並非偽書〉，《文史哲》1984 年第 2 期。

45. 胡家聰：〈《管子》中道家黃老之作新探〉，《中國哲學史研究》1987 年第 4 期。

46. 胡家聰：〈黃老帛書經法的政治哲學——兼論淵源於稷下之學〉，《中國哲學史研究》1988 年第 4 期。

47. 唐蘭：〈《黃帝四經》初探〉，《文物》1974 年第 10 期。

48. 唐蘭：〈馬王堆出土《老子》乙本卷前古佚書的研究〉，《考古學報》1975 年第 1 期。

49. 唐蘭：〈馬王堆出土《老子》乙本卷前古佚書的研究——兼論其與漢初儒法鬥爭的關係〉，《考古學報》1975 年第 1 期。

50. 徐中舒：〈陳侯四器考釋〉，《中央研究院歷史語言所集刊》第三本第四分。

51. 徐道麟：〈王充論〉，《中國哲學思想論集（第三冊）·兩漢魏晉隋唐篇》，台北：水牛出版社，1992 年 5 月再版二刷。

52. 商志馥：〈馬王堆一號漢墓「非衣」試釋〉，《文物》1972 年第 9 期。

53. 康立：〈十大經的思想和時代〉，《歷史研究》1975 年第 3 期。

54. 張家山漢簡整理組：〈張家山漢簡《引書》釋文〉，《文物》1990 年第 10

期。

55. 張廣保：〈論道教心性之學〉，《道家文化研究》第七輯，上海古籍出版社，1995 年 6 月第一刷。

56. 莊萬壽：〈道家流變史論〉，《師大學報》1990 年第 36 期。

57. 許抗生：〈略說黃老學派的產生和演變〉，《文史哲》1979 年第 3 期。

58. 郭店楚簡整理小組：〈荊門郭店一號楚墓〉，《文物》1997 年 7 期。

59. 陳世驤：〈「想爾」老子道德經燉煌殘卷論證〉，《清華學報》新一卷第二期，1957 年 4 月。

60. 陳鼓應：〈關於《黃帝四經》的幾點看法——序余明光先生《黃帝四經今注今譯》〉，《哲學研究》1992 年第 8 期。

61. 陳鼓應：〈道家的社會關懷〉，《道家文化研究》第十四輯，北京：三聯書店，1998 年 4 月第一刷。

62. 陳麗桂：〈《老子河上公章句》所顯現的黃老養生之理〉，《中國學術年刊》第二十一期，2000 年 3 月。

63. 勞思光：〈帛書資料與黃老研究〉，《華梵人文思想專輯》。

64. 彭浩：〈談《奏讞書》中的西漢案例〉，《文物》1993 年第 8 期。

65. 曾資生：〈兩漢的黃老思想〉，《東方雜誌》第四十一卷第五號，1945 年 3 月。

66. 湯用彤：〈讀《太平經》書所見〉，《國學季刊》第五卷第一號，1935 年 3 月。

67. 項退結：〈從董仲舒、淮南子至王充的「天」與「命」〉，國立政治大學中文所系主編《漢代文學與思想學術論文集》，台北：文史哲出版社，1991 年 10 月初版。

68. 楊向奎：〈論西漢新儒家的產生〉，《文史哲》1955 年 9 月號。

69. 楊樹藩：〈西漢中央政制與儒法兩家思想〉，《簡牘學報》第五期，1977 年 1 月。

70. 葛榮晉：〈試論《黃老帛書》的「道」和「無為」〉，《中國哲學史研究》1981 年第 3 期。

71. 葛榮晉：〈試論黃老帛書的道和無為思想〉，《中國哲學史研究》1981 年第 3 期。

72. 董光璧：〈道家思想的現代性和世界意義〉，《道家思想研究》第一輯，上海古籍出版社，1992 年 6 月。

73. 董英哲：〈《經法》等佚書是田駢的遺著〉，《人文雜誌》1982 年第 1 期。

74. 裘錫圭：〈馬王堆老子甲乙本卷前後佚書與道法家——兼論心術上、白心為慎到田駢學派作品〉，《中國哲學》1980 年第 2 期。

75. 裘錫圭：〈湖北江陵鳳凰山十號漢墓出土簡牘考釋〉，《文物》1974 年第 7 期。

76. 熊德基：〈《太平經》的作者和思想及其與黃巾和天師道的關係〉，《歷史研究》1962 年第 4 期。

77. 熊鐵基：〈從《呂氏春秋》到《淮南子》——論秦漢之際的新道家〉，《文史哲》1981 年第 2 期。

78. 趙吉惠：〈黃老思想論略〉，《中國歷史文獻研究集刊》第三集，1983 年 2 月。

79. 趙吉惠：〈論黃帝四經的思想史文獻價值〉，《中國歷史研究文獻》第一輯。

80. 趙吉惠：〈關於「黃老之學」、《黃帝四經》產生時代考證〉，《哲學文化》1990 年第 12 期。

81. 趙雅博：〈秦漢之際的黃老學派思想〉，《中國國學》1992 年 11 月第 20 期。

82. 劉杲：〈劉子政生卒年月及其著述考辨〉，《文學年報》第二期。

83. 劉長林：〈《管子》論攝生和道德自我超越〉，《道家文化研究》第五輯，上海古籍出版社，1994 年 11 月第一刷。

84. 劉長林：〈氣概念的形成及哲學價值〉，《哲學研究》1991 年第 10 期。

85. 劉昭瑞：〈《太平經》與考古發現的東漢鎮墓文〉，《世界宗教》1992 年第 4 期。

86. 劉昭瑞：〈承負說的源起〉，《世界宗教研究》1995 年 4 期。

87. 劉笑敢：〈莊子後學中的黃老派〉，《哲學研究》1985 年第 6 期。

88. 劉景泉：〈黃老之學考述〉，《南開史學》1982 年第 1 期。

89. 劉節：〈《管子》中所見之宋銒一派學說〉，《古史考存》1943 年 5 月。

90. 劉榮賢：〈莊子外雜篇中的黃老思想〉，《中山人文學報》第九期。

91. 劉蔚華、苗潤田：〈黃老思想源流〉，《文史哲》1986 年第 1 期。

92. 鄧公玄：〈中國主流思潮的衝激及其混融〉，《中國學術史論集（三）》，台北：中華文化出版事業委員會，1956 年 10 月初版。

93. 戴君仁：〈雜家與淮南子〉，收錄於陳新雄、于大成編《淮南子論文集》，台北：西南書局 1979 年 9 月初版。

94. 鍾肇鵬：〈呂氏春秋道家說之論證〉，《道家文化研究》第十輯，上海古籍出版社，1996 年 8 月第一刷。

95. 鍾肇鵬：〈黃老帛書的哲學思想〉，《文物》1987 年第 2 期。

96. 薩拉·奎因：〈董仲舒和黃老思想〉，《道家文化研究》第三輯，上海古籍出版社，1993 年 8 月。

97. 魏啟鵬：〈《黃帝四經》思想探源〉，《中國哲學》1980 年 10 月第 4 期。

98. 羅光:〈氣──中國哲學的基本概念第三講〉,《輔仁學誌》第八期。

99. 羅慶康:〈試論西漢繇役制度的特點〉,《先秦、秦漢史》1986 年第 2 期。

100. 譚家健:〈鶡冠子試論〉,《江漢論壇》1986 年第 2 期。